Edgar Haupt: Wintergärten und Glasanbauten im Detail

Edgar Haupt

Wintergärten und Glasanbauten im Detail

- Projektbeispiele
- Entwurf und Planung
- Konstruktionsdetails
- Kosten

Impressum
Wintergärten und Glasanbauten im Detail
3. Auflage
Herausgeber Edgar Haupt
Hauptstraße 38
51519 Odenthal-Blecher
Satzbau@netcologne.de

Die Deutsche Bibliothek – CIP-Einheitsaufnahme
Wintergärten und Glasanbauten im Detail
Projektbeispiele, Entwurf und Planung,
Konstruktionsdetails, Kosten

Herausgeber Edgar Haupt - 3. Auflage -
Augsburg: WEKA Baufachverlage GmbH
Verlag für Architekten und Ingenieure, 2001
ISBN 3-8277-1680-2
NE: Edgar Haupt (Hrsg.)

Edgar Haupt, Dipl.-Ing. Architektur
freier Journalist, Autor von Fachbüchern und
Fachpublikationen für Architekten und
Bauunternehmen lebt und arbeitet in Odenthal
in der Nähe von Köln

Verlag für Architekten und Ingenieure
Berliner Allee 28 b–c
D-86153 Augsburg
Telefon (08 21) 50 41-0
Telefax (08 21) 50 41-1 08

WEKA Firmengruppe GmbH & Co.KG
Kissing – Augsburg – Zürich – Paris – Mailand –
Amsterdam – Wien – Awans – New York

Umschlagfoto: Eckelt Glas, A-Steyr
Satz und Grafik-Design: Petra Pawletko
Druck: Verlagsdruckerei Kessler, Bobingen
Repro: high-end, dtp-service, Lothar Hellmuth
Produktmanagement: Stephanie Keller
Printed in Germany 2000
ISBN 3-8277-1680-2

INHALT

1 Einleitung

2 Fachbeiträge

3 Projekte

4 Anhang

Autoren

Herausgeber und Autor Fachbeiträge
Dipl.-Ing. Architektur Edgar Haupt
Journalismus und Kommunikation
Odenthal

Autor neuer Projekte
Dipl.-Ing. Architektur Ansgar Strunk
Journalismus und Architektur (UV-A)
Wuppertal

Autor aktualisierter Projekte
Dipl.-Ing. Architekt Bernhard Kolb
Fachpublizist und Autor
München

Dank

Allen Architekturbüros und ihren Mitarbeitern, den Bauherren, den Unternehmen, den Autoren, den Fotografen und den Mitarbeitern der WEKA Baufachverlage GmbH soll an dieser Stelle herzlich gedankt sein für ihr Engagement und ihre Bereitschaft zur Mitarbeit und Unterstützung dieses Projektes.

1 Vorwort

Der Wintergarten – mehr als eine Bauaufgabe

Der Wintergarten prägt das Erscheinungsbild vieler Wohnhäuser

Kein Bauelement hat in den letzten Jahrzehnten das Erscheinungsbild der Wohnhäuser so nachhaltig beeinflusst wie der Wintergarten. Ende der 70er-Jahre wiederentdeckt als symbolträchtiger Bestandteil des solaren und energiesparenden Bauens, hat er heute in vielen Fällen allerdings wieder seine ursprüngliche Bedeutung erhalten: Genau wie in den Bürgerhäusern des letzten Jahrhunderts ist er Ausdruck von hohem Wohnkomfort. Prekärerweise fungiert der Wintergarten dabei mitunter durchaus als weithin sichtbares Aushängeschild für das vermeintlich ökologische Bewusstsein seiner Bewohner. Sicher ist der ein oder andere Wintergarten auch energetisch wirksam. Doch die Mehrzahl der verwirklichten Beispiele hat eher negativen Einfluss auf die Energiebilanz eines Hauses – sei es aufgrund ungeeigneter Bauformen und Konstruktionen oder nicht angepassten Nutzerverhaltens.

Markt und Wert

Die gebaute Realität beweist es, der Wintergarten ist heute in erster Linie ein Wohnraum, der höchste Anforderungen zu erfüllen hat. Eine Marktuntersuchung des Fachverbandes Holzwintergarten e.V. (1) liefert dazu eindeutige Zahlen: Jährlich werden in Deutschland etwa 30.000 Wintergärten gebaut, 96% der Bauherren bewohnen ganzjährig ihren Wintergarten, die Baukosten liegen im Durchschnitt bei DM 57.000 (DM 100.000 sind allerdings keine Seltenheit), das Investitionsvolumen betrug 1996 DM 1,7 Milliarden. Der finanzielle Aufwand spiegelt eindrucksvoll die hohe Wertschätzung der Wintergärten. Der Traum vom Wohnen im grünen Glashaus, „ein postmodernes Abenteuer mit begrenztem Risiko“(2), darf schon etwas kosten. Leider garantiert der Preis nicht automatisch die Erfüllung der hoch gesteckten Wünsche. Im Gegenteil: Die emotionale Überbewertung des Wintergartens vor dem Bauen führt nachher schnell zu Enttäuschungen und nicht selten wegen mangelnder Nutzbarkeit und Bauschäden zum Rechtsstreit. In der Gutachterpraxis ist eine beständige Zunahme von Beanstandungen zu verzeichnen.

Markt und Möglichkeiten

Die aus den Zeiten der Energiekrise stammenden Erwartungen an den Wintergarten als sprichwörtlich „Eierlegende Wollmilchsau“ – Gewächshaus, Energiesystem und Sonnenwohnraum zugleich – sind seitdem durch eine Vielzahl praktischer Erfahrungen und wissenschaftlicher Untersuchungen widerlegt worden. Als hartnäckig erweisen sich dennoch die „schönen Bilder“ in den Köpfen der Bauwilligen – ein idealer Ansatzpunkt für die Vermarktungsstrategien der Wintergartenanbieter. Unter dem Slogan „bezahlt für vier Jahreszeiten“ suggerieren hochwertige und kostspielige Ausstattungen eine allzeitige und problemlose Nutzbarkeit des gläsernen Sonnenwohnraumes. Die ökologisch sinnvolle Forderung nach einer (jahres)zeitlich begrenzten Nutzung des in jedem Sinne teuren Stückes gilt heute weithin als asketische Zumutung.
Durch den Boom im Wintergartenbau eröffnen sich auch für das Handwerk neue Absatzmärkte. Schreiner, Zimmermann, Schlosser und Glaser versuchen mithilfe von Profil- und Glasherstellern auf individuelle Art oder mit Systemlösungen ihr Glück. Doch anders als in ihren angestammten Arbeitsbereichen, die sich auf ein einigermaßen klar umgrenztes Leistungsbild konzentrieren, werden sie im Wintergartenbau mit unterschiedlichsten und vor allem gewerkefremden Anforderungen konfrontiert. Das System Wintergarten verlangt neben vielfältigen handwerklichen Fähigkeiten ebenfalls Kenntnisse aus der Bauchemie (Dichtstoffanwendung) und der Klimatechnik, etwas gärtnerische Erfahrung wäre wohl auch empfehlenswert. Kein Wunder also, dass so mancher Handwerker überfordert ist und klimatechnische Belange meist vernachlässigt werden. Andererseits klagen erfahrene Wintergartenbauer über die unzureichenden, nicht glasbaugemäßen Planungen der Architekten. Ein ganzheitliches Denken, das alle systemimmanenten Aspekte des Wintergartens, vom Entwurf über das energetische Verhalten bis zum Einfluss der Nutzung bis zum zu erwartenden Raum-

Grüne Wohnwelten sind Sinnbild für Bauherrenwünsche – ein hoher Anspruch, der auf die jeweilige Bauaufgabe abgestimmt werden sollte

Ein Pionier des ökologisch motivierten Wintergartenbaus ist die „Grüne Arche" von Prof. Per Krusche, München

klimas umfasst, würde beiden Berufsgruppen weiterhelfen.

Erfahrungen umsetzen

Nach 20 Jahren Wintergartenbau ist es an der Zeit, ideologisch motivierte Wunschvorstellungen des „Bauens mit der Sonne", zumindest soweit es den Wintergarten betrifft, gegen einen „gesunden" Pragmatismus einzutauschen. Fehler sind zum Lernen da – aus den langjährigen Erfahrungen bietet sich heute ein breites Spektrum an bewährten Wintergartenkonzepten, von denen einige hier vorgestellt werden. Die Auswahl der Projekte illustriert explizit auch die vielfältigen Gestaltungsmöglichkeiten in unterschiedlichsten Bauaufgaben – Anregung für eigene Projekte, wenn auch stets im Rahmen des Klimasystems Wintergarten. Der Schwerpunkt des Buches auf der Konstruktion folgt der alten Weisheit, dass Qualität im Detail liegt. Qualität und Nutzbarkeit eines jeden Wintergartens beruhen auf einer ganzen Reihe von konstruktiven Details und deren funktionalen Wirkungen, die sich im Stand der Technik wiederfinden. Darüber hinaus ist ein Wintergarten dennoch mehr als die einfache Summe der Teile: Die dezidierte Abstimmung der unterschiedlichsten genannten Einflussfaktoren. Die Neubearbeitung des vorliegenden Buches zeigt die Kriterien erfolgreicher Planungs- und Baukonzepte. Basis sind die genannte allgemeine Entwicklung wie auch die eigene langjährige Praxis des Herausgebers im Wintergartenbau. Das Buch gibt Hilfestellung für Planung und Verwirklichung eigener Bauprojekte. Die Forderung an zeitgemäße Wintergartenkonzepte sollte dabei stets lauten: Ansprüche, vom Wohnkomfort bis zur Ökologie, Funktionalität und Nutzbarkeit auf einem realistischen Niveau vereinen – oder, angelehnt an ein Marketingprinzip: Keep It Simple (KIS).

Edgar Haupt

(1) Adresse siehe Anhang
(2) Horst Küsgen „Wer im Glashaus sitzt",
Bauök Papiere 54, Institut für Bauökonomie, Stuttgart

2 Fachbeiträge

Grundlagen Entwurf und Planung

Eine Frage der Form

Funktionalität und Nutzbarkeit eines Wintergartens beruhen auf dem individuellen Entwurf, die Lebensdauer auf der Konstruktion und der tatsächlichen Nutzung. Die Planung verlangt ein hohes Maß an Einzelabstimmung, in der Ausführung können durchaus Systemlösungen eingesetzt werden. Voraussetzung für die funktionsgerechte Wintergartenplanung ist es, den Wintergarten als ein komplexes raumklimatisches System zu begreifen und dessen Bestimmungsfaktoren mit ihren Wechselwirkungen zu kennen. Das Prinzip: Einen Wintergarten so zu bauen, dass der „Betrieb" so weit als möglich durch gestalterisch-konstruktive Maßnahmen gelenkt wird. Alle natürlichen Vorgänge wie eingestrahlte Sonnenenergie, Wärmeströme, Luftzirkulation und Luftfeuchtigkeit können so entweder genutzt oder in ihren negativen Auswirkungen gemildert werden – kurz: Gestaltung statt (Klima-)Technik. Grundlage des Entwurfes sind daher die Form, die technisch-konstruktiven und bauphysikalischen Qualitäten der Bauteile und nicht zuletzt der Standort und der Nutzungsschwerpunkt. Es besteht ein Ursache-Wirkungs-Geflecht aus Form, Konstruktion und Funktion, das bis ins Detail Auswirkungen auf das klimatische „Verhalten" und die Konstruktion des Wintergartens hat. Umgekehrt liegt der Grund für das „Nichtfunktionieren" eines Wintergartens, sprich Überhitzung oder Tauwasseranfall, Schäden am Tragwerk oder am Glas, auf der Vernachlässigung wesentlicher Kausalzusammenhänge.

Individuelle Bau- und Nutzungskonzepte

Am Anfang jeder Planung steht die eindeutige Klärung der späteren Nutzung. Denn nach dem Nutzungsschwerpunkt – Gewächshaus, Energiesystem oder Wohnraum – richten sich Form, Größe und Konstruktion des Wintergartens (siehe Kapitel Typologie). Wieviel Sonne und damit auch Wärme in den Wintergarten gelangen kann und wieviel Energie ein solcher umgekehrt verlieren kann, hängt ebenfalls ab von der Form und dem Ausführungsstandard der Konstruktion.
Egal, was der Nachbar hat oder die Bauzeitschriften an schönen Bildern zeigen: Jeder Wintergarten muss an die Nutzungswünsche der zukünftigen Bewohner und die örtlichen Gegebenheiten, wie Hausform und -ausrichtung sowie das Platzangebot angepasst werden. Selbst das gute Wintergartenkonzept des Nachbarn kann nicht unbedingt 1:1 übertragen werden. Andererseits geben die Erfahrungen von Wintergartenbewohnern wertvolle Hinweise für die eigene Planung, auch beim Finden eines geeigneten Wintergartenbauers. Doch ersetzen diese nicht den persönlichen „Findungsprozess", für den man sich Zeit nehmen sollte. Übereiltes Umsetzen zweifelhafter Angebote von übereifrigen Handwerkern haben bisher selten zum Erfolg geführt.

10 Punkte der Wintergartenplanung

Die folgende Checkliste dient als Leitfaden bei der Planung eines Wintergartens. Anhand der 10 Punkte kann ein individueller Fragebogen erstellt werden, der alle Wünsche und Bauaspekte erfasst – eine praktische Hilfe für die konkrete Umsetzung.

1. Baurecht
Besteht ein Bebauungsplan mit verbindlichen Gestaltungsvorgaben? Gibt es Einschränkungen durch das Maß der baulichen Nutzung? Wieviel Spielraum lassen Grundflächenzahl (GRZ) und Geschossflächenzahl (GFZ) bei der nachträglichen Bebauung zu; oder ist die zulässige Bebauung schon erfüllt, also eventuell gar kein Wintergarten möglich?

2. Standort
Gibt es einen oder mehrere Standorte, und wie günstig sind die jeweiligen Bedingungen für Lichteinfall, natürliche Klimatisierung und die Integration in die Wohnorganisation?

3. Nutzung
Wie soll der Wintergarten genutzt werden: Als Wohnraum, Energiesystem oder Gewächshaus? Lassen sich die unterschiedlichen baulichen und funktionalen Bedingungen der Bautypen mit den Nutzungswünschen vereinen, oder müssen Abstriche gemacht werden?

4. Form und Ausführung
Können die baulichen Voraussetzungen zur passiven Sonnenenergienutzung und der natürlichen Klimatisierung erfüllt werden (ein- oder zweigeschossig bauen)? Lassen sich Standortbedingungen und Nutzungswünsche eher durch ein Glashaus oder einen teilmassiven Anbau verwirklichen?

5. Baustandard
Welche Materialien (Holz, Aluminium, Glas, Kunststoffplatten) sind gestalterisch wünschenswert? Erfüllt die gewählte Konstruktion die konstruktiven und bauphysikalischen Bedingungen für Wärme- und Feuchteschutz?

6. Ausstattung
Wie gut sind die baulichen Voraussetzungen für die wirksame Klimatisierung mit Lüftung, Beschattung und Beheizung („tote Ecken")? Mit welchen Systemen wird dies am besten erfüllt?

7. Bepflanzung
Welche Art von Bepflanzung ist realisierbar? Muss der Wintergarten der Bepflanzung angepasst werden oder umgekehrt? Welcher Pflegeaufwand kann geleistet werden?

8. Budget
Welches Budget steht für Bau und Betrieb zur Verfügung? Welcher Standard ist zu verwirklichen ohne Abstriche an Nutzbarkeit und Bauqualität?

9. Wintergartenbauer
Können Planung und Baubegleitung in Eigenregie erfolgen oder ist es sinnvoller einen Architekten oder Wintergartenbauer von Anfang an einzuschalten? Lassen sich Qualifikation, Kompetenz und Kundendienst der Fachleute durch Referenzen nachweisen?

10. Bauabwicklung
Kann der Wintergartenbau aus einer Hand ausgeführt werden, oder sind Fremdgewerke notwendig? Ist Selbstbau, auch von Teilleistungen, sinnvoll und zu bewerkstelligen?

Nutzungskonzept und Baustandard müssen sorgfältig und individuell aufeinander abgestimmt werden

Klimasystem Wintergarten

Passive Sonnenenergienutzung

Sonnenenergie durch bauliche Maßnahmen nutzbar zu machen, bedeutet Glasflächen als Sonnenkollektoren, massive Bauteile als Wärmespeicher und die Raumluft als Wärmeverteiler einzusetzen. Die Prinzipien des „Bauens mit der Sonne" gelten für jedes Gebäude; Wintergärten bilden dabei eigenständige „klimatische" Systeme. Der energetische Nutzungsgrad eines Wintergartens basiert auf der sonnengerechten Planung, abhängig von den örtlichen Einstrahlungsbedingungen, kurz – den Sonnenständen. Je nach Breitengrad und den Jahreszeiten ändern sich die Sonnenstände und damit auch die Einstrahlungswinkel.

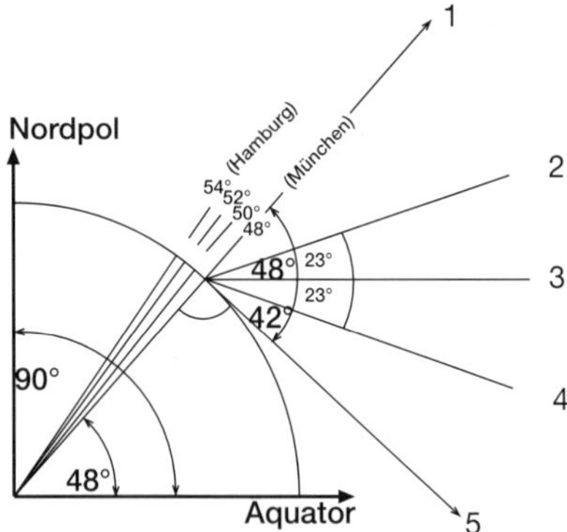

Breitengrad und Sonnenstände bestimmen die Einstrahlungswinkel der Sonne über das Jahr

1 Zenit
2 Sommersonnenwende
3 Tag und Nachtgleichen
4 Wintersonnenwende
5 Horizont

Der Breitengrad ist definiert durch den Zenitwinkel bei Tag- und Nachtgleiche; die Differenz zwischen Winter- und Sommersonnenwende beträgt an allen Orten der nördlichen Halbkugel 46°. Für Standort München heißt das beispielsweise: aufgrund des Zenitwinkels von 48° (= Breitengrad) steht die Sonne im Frühjahr und im Herbst 42° über dem Horizont (Differenz von 48 zu 90; Zenit und Horizont bilden einen Winkel von 90°); im Sommer steht sie bei maximal 65° (42+23), im Winter bei 19° (42-23).

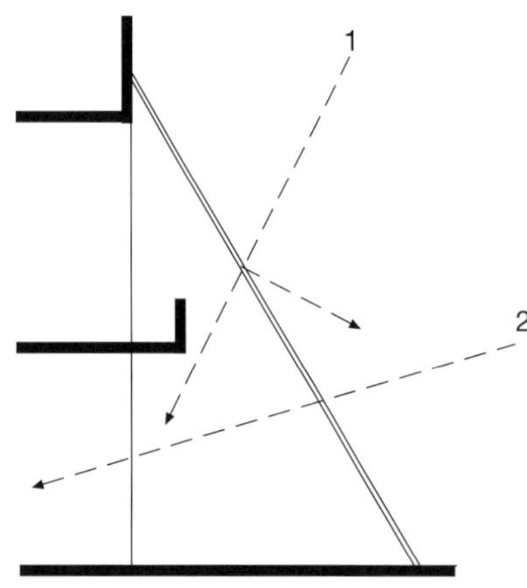

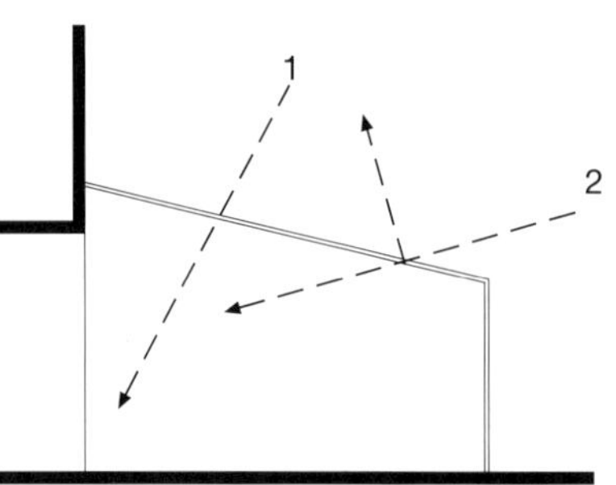

Auswirkungen der Dachform und Dachneigung auf Sonneneinstrahlung und Wärmebilanz bei unterschiedlichen Sonnenständen

1 Sommersonne
2 Wintersonne

In der passiven Sonnenenergienutzung sind vor allem die flacheren Sonneneinstrahlungen in den kühleren Jahreszeiten von Bedeutung. Neigung und Größe der Glasflächen sollte sich daher an den Einstrahlungsbedingungen in Frühjahr, Herbst und Winter orientieren. Ein eingeschossiger Wintergarten etwa, mit flach geneigtem Glasdach und zudem weit ausladendem Baukörper, bietet viel Einstrahl-, aber auch entsprechend viel Abstrahlfläche. Folgen sind schnelle Erwärmung durch die hoch stehende Sommersonne und wenig Einstrahlung bei flacher Wintersonne. Im Winter führt die Gebäudegeometrie zusätzlich zu hohen Wärmeverlusten. Günstiger ist dagegen das thermische Verhalten eines steil geneigten und zudem weniger tiefen Wintergartens: wenig Abstrahlfläche im Verhältnis zu großen Einstrahlflächen. Hoch stehende Sommersonne wird zumindest teilweise reflektiert, tief stehende Sonne kann bis weit in den Wintergarten und angrenzende Räume gelangen. Optimal sind zweigeschossige Bauten.

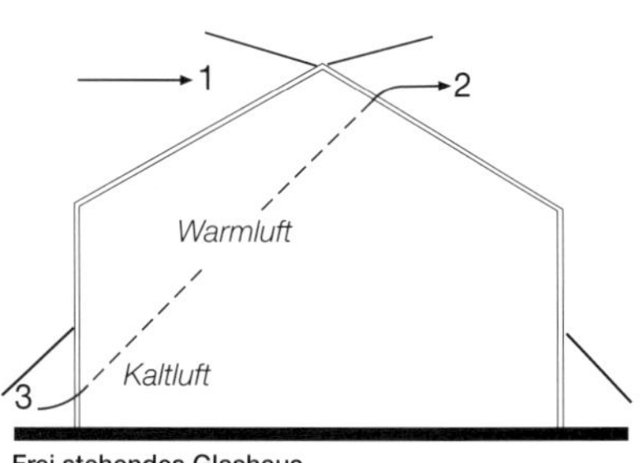

Frei stehendes Glashaus

1 Winddruck
2 Abluft
3 Zuluft

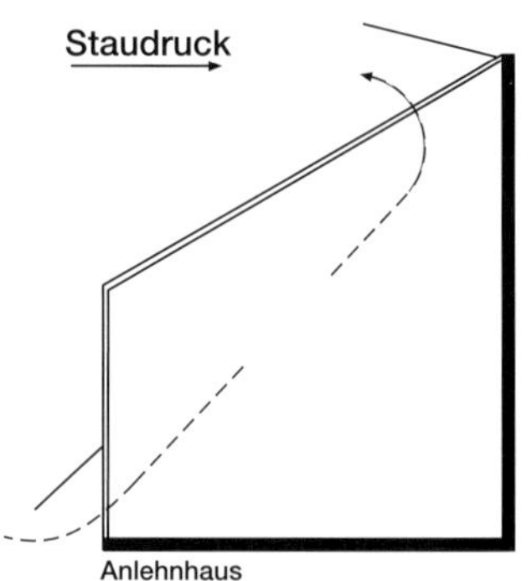

Anlehnhaus

Einfluss und Wirkungszusammenhänge von Dachneigung und Bauform auf die natürliche Lüftung

Luft- und Wärmeströme

Die Gebäudeform hat erheblichen Einfluss auf die Luftzirkulation. Wirkungsvolle Lüftung benötigt freie Luftströmung und natürliche Thermik. Der Warmluftauftrieb, bekannt als Kamineffekt, funktioniert am besten bei einem großen Höhenunterschied. Fazit: Steile Glasflächen im Wintergarten begünstigen nicht nur die Energiebilanz sondern auch die natürliche Lüftung. Optimal sind freistehende Satteldächer – hier unterstützt der Wind die innere Thermik; die schlechteste Alternative sind flach geneigte Anlehnhäuser – hier wirkt Wind sogar als Staudruck. Damit warme Raumluft am höchsten Punkt abströmen kann, muss allerdings kalte Außenluft nachströmen können. Je größer der Temperaturunterschied, desto höher ist die Luftgeschwindigkeit und umso wirkungsvoller der Luftaustausch.

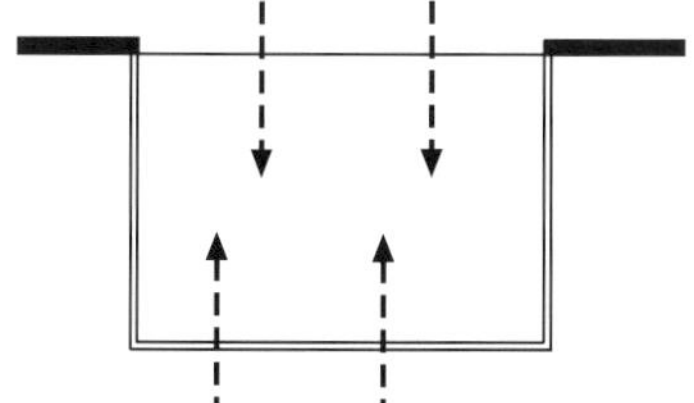

nicht transparenter Anteil der Schräge	Einsparung (kWh)	(%)	nicht transparenter Anteil der Schräge	Einsparung (kWh)	(%)	nicht transparenter Anteil der Schräge	Einsparung (kWh)	(%)
0°	1670	-13,6	36%	1452	-11,8	100%	237	-1,9

Einfluss nicht verglaster Dachflächen eines nach Süden orientierten Wintergartens auf die Heizeinsparung des Kernhauses im Vergleich zu einem Haus ohne Glasvorbau

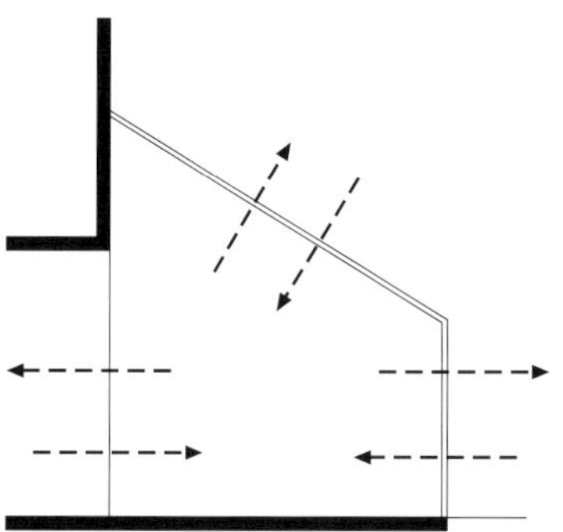

Wärmeströme als Maß der thermischen Qualität der Bauteile zwischen Kernhaus, Wintergarten und Außenbereich – zugleich Kennzeichen für Temperatur- und Luftfeuchtigkeitsverhältnisse

Die Wärmeströme sind das Maß für die Energiebilanz eines Wintergartens. Gewinne und Verluste resultieren dabei wiederum aus der Form und den thermischen Qualitäten der Hüllflächen. Schlechte thermische Qualitäten führen zu häufigen und deutlichen Temperaturschwankungen und stark ausgeprägten Wärmeströmen, außerdem bei Abkühlung zu erhöhter Tauwasserbildung in und an der Konstruktion (siehe auch Kapitel Konstruktionsprinzipien). Für eine positive Bilanz der Wärmeströme zwischen Haupthaus, Wintergarten und Außenbereich ergeben sich folgende Notwendigkeiten: Thermische Trennung von Kernhaus und Wintergarten sowie höchst möglicher Wärmeschutz der Außenbauteile. Da Glas vergleichsweise schlechte Dämmeigenschaften hat, empfiehlt sich dort, wo der Wärmeverlust potenziell am größten ist, der Einsatz nicht transparenter, gut gedämmter Leicht- oder Massivbauteile. Die Verkleinerung der Glasflächen bedeutet bei richtiger Platzierung und Neigung keinen Verlust. Denn über große Senkrechtverglasungen nach Süden und Westen oder Teilverglasungen im Dach lassen sich ausreichend große Mengen an Energie gewinnen, und eben Energieverluste, wenn die Sonne nicht scheint, vermeiden.

Bauteile und Raumklima

Entscheidend für das Raumklima im Wintergarten ist nicht nur das Verhältnis zwischen transparenten und nicht transparenten Bauteilen, sondern die thermische Qualität der Bauteile, und zwar insbesondere bei vollverglasten Wintergärten. Kriterien für die Verglasung sind die Lichtdurchlässigkeit (g-Wert) und die Wärmedämmeigenschaft (k-Wert). Hohe Lichtdurchlässigkeit bedeutet auch potenziell hohen Energiegewinn aufgrund der Umwandlung von Licht- in Wärmeenergie. Damit diese auch genutzt werden, bedarf es eines hohen Wärmeschutzes. Und nur Wärmeschutzgläser (k-Wert 0,9 bis 1,3 W/m^{2}K) bieten die Voraussetzung tauwasserfreier Konstruktionen.

Qualitätskriterium für die nicht transparenten Bauteile ist ebenfalls der Wärmeschutz – bei leichten und schweren Bauteilen. Durch die gezielte Verwendung schwerer und leichter Bauteile kann das Raumklima beeinflusst werden. Ein Wintergarten mit vorwiegend Leichtbauteilen (etwa einem Holzboden) erwärmt sich schnell, kühlt auch schnell wieder ab. Massive Bauteile wie Mauerwerk oder Steinfußböden eignen sich zur Wärmespeicherung – sie speichern aber auch Kälte. Massive Bauteile können über längere Phasen mit gleichmäßiger Sonneneinstrahlung durchaus ausgleichend auf das Raumklima wirken. Da ihr thermisches Verhalten sehr träge ist, können „schwere Wintergärten" kaum auf schnelle Temperaturwechsel reagieren. In jedem Fall haben nicht transparente gedämmte Bauteile positiven Einfluss auf den Feuchtehaushalt, sei es durch den hohen Wärmeschutz (Erhöhung der Raumluft- und Bauteiloberflächentemperaturen) oder durch die Hygroskopizität der Baustoffe. Je gleichmäßiger die Raumtemperaturverhältnisse, um so weniger sind Probleme mit Tauwasseranfall zu erwarten.

Die Vorteile teilverglaster Wintergärten sprechen keineswegs grundsätzlich gegen vollverglaste Wintergärten. Der hohe Glaseinsatz vieler Wintergärten erfordert aufgrund hoher Sonneneinstrahlung und Überhitzungsgefahr einen entsprechend großen Aufwand zur Klimatisierung, sprich den Einbau mechanischer oder automatischer Lüftungen sowie Beschattungsanlagen. Das einseitige Beharren auf dem Wintergarten als bewohnbarem, rundum verglastem Gewächshaus versperrt jedoch die Sicht auf einen differenzierten Umgang mit dem Baustoff Glas. Die thermische Behaglichkeit, abhängig vom Verhältnis der Raumlufttemperatur zur Oberflächentemperatur der Raumumschließungsflächen, wird durch nicht transparente und gedämmte Bauteile erheblich verbessert. „Solarknick", „abbe Ecken", Erker und Giebel, allesamt weit verbreitete Erscheinungsformen des Wintergartens, behindern die natürliche Klimatisierung. Die Kombination aus transparenten und nicht transparenten Bauteilen ermöglicht andererseits eine dezidierte Lenkung des Lichteinfalles. Je nach Standort, Orientierung und Anbindung entstehen so zu jeder Jahreszeit, abhängig vom Sonnenstand, vorhersehbare Licht- und Temperaturverhältnisse – im Wintergarten und im anschließenden Kernhaus.

Standortbestimmung

Grundsätzlich sind für einen Wintergarten viele Standorte denkbar. Günstig bezüglich Lichtangebot, Strahlungsintensität und Tages-Temperaturverlauf im Wintergarten sind die Ausrichtungen nach Süden und besser noch nach Südwesten (Abend-Wintergarten). Die weitgehende An- oder Einbindung eines Wintergartens an oder in das Kernhaus sind die Voraussetzung für stabile thermische Verhältnisse, aber auch eine gute Integration in die täglichen Wohnorganisation. Nicht selten resultieren gute Standorte für Wintergärten aus der Infragestellung von Wohngewohnheiten und folglich Änderungen in Grundriss-/Wohnorganisation des gesamten Hauses. Nicht immer ist der „nahe liegenste“ Bauplatz, wie die Südterrasse vor dem Wohnzimmer, auch der beste.

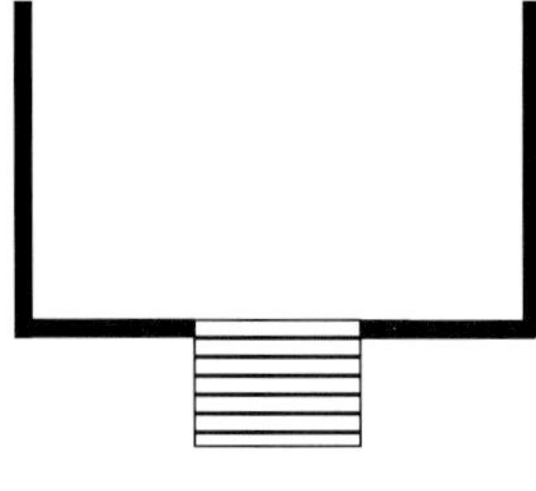

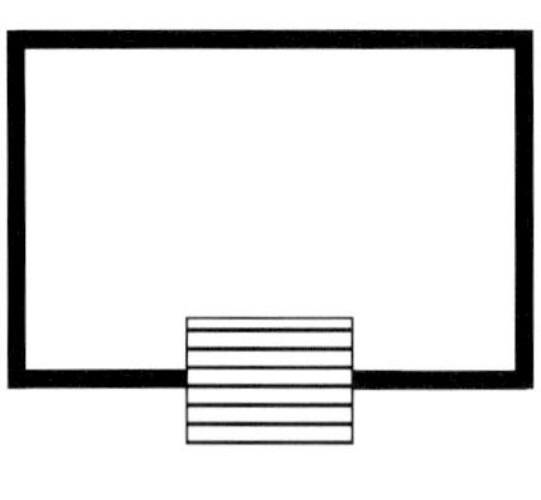

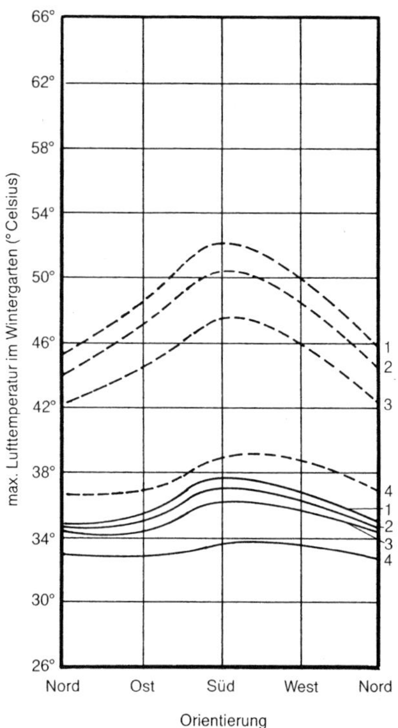

Die Temperaturen im vollverglasten Wintergarten steigen, abhängig von Luftwechsel und Sonnenschutz bei Südorientierung leicht über 50°C

Südwestlage und gute Anbindung gewährleisten gute Nutzbarkeit; die seitliche Anlehnung vereinfacht Statik und Konstruktionsaufwand des Holzskelettbaus

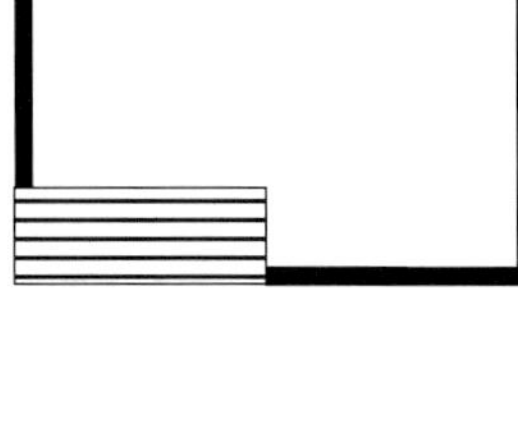

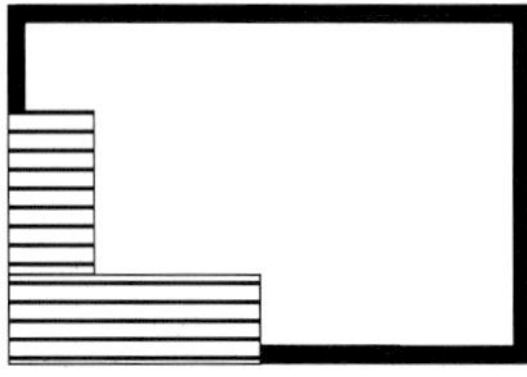

Lage und Einbindung bestimmen das Spektrum des Raumklima zwischen großen Schwankungen oder Ausgeglichenheit

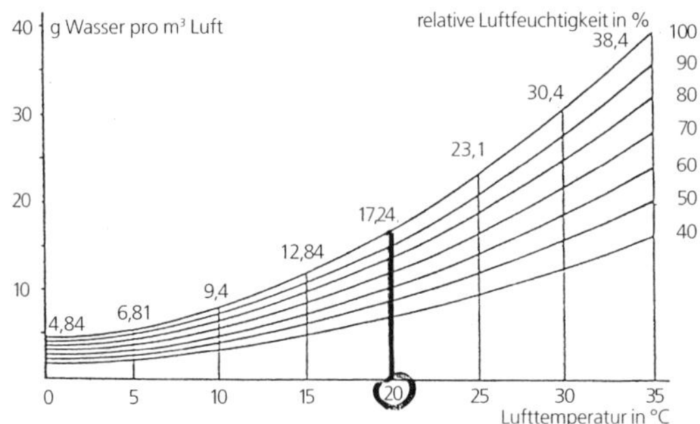

Maximaler Feuchtigkeitsgehalt der Luft in Abhängigkeit von der Temperatur					
t_ [°C]	Feuchtigkeitsgehalt [g/m³]	t [°C]	Feuchtigkeitsgehalt [g/m³]	t [°C]	Feuchtigkeitsgehalt [g/m³]
-20	1,05	6	7,28	25	22,93
-15	1,58	8	8,28	26	24,24
-10	2,30	10	9,39	28	27,09
-8	2,69	12	10,64	30	30,21
-6	3,13	14	12,03	32	33,64
-4	3,64	16	13,59	34	37,40
-2	4,22	18	15,31	38	41,51
±0	4,98	20	17,22	39	46,00
2	5,60	22	19,33	40	50,91
4	6,39	24	21,68		

Das Taupunkt-Diagramm zeigt den Zusammenhang zwischen Temperatur- und relativer Luftfeuchtigkeit. Warme Luft nimmt mehr Feuchtigkeit auf als kalte: bei einer Temperatur von 20°C etwa 17g Wasserdampf/m³ Luft sinkt die Temperatur um 5°C, sinkt die Aufnahmekapazität auf 13g/m³, 4g Wasser kondensieren

Licht und Schatten bestimmen die Temperaturen und die Behaglichkeit im Wintergarten

Ideallösung: zweigeschossige Senkrechtverglasung für hohen Lichteinfall, massives Dach zur Beschattung, oben unterm Massivdach Integration in Wohnbereich, unten thermisch getrenntes Glashaus, im zweigeschossigen Seitenteil Pflanzen

Wintergarten-Typologie

Ein Wintergarten kann nicht alles – in der Praxis hat sich die Unterscheidung in drei Wintergarten-Typen als sinnvoll erwiesen:
- das Gewächshaus zur Pflanzenzucht,
- das Energiesystem zur passiven Sonnenenergienutzung oder als Pufferzone
- der Wohnraum als ständig nutzbares Sonnenzimmer.

Diese Einteilung trägt den unterschiedlichen Nutzungen Rechnung, die nicht alle zusammen in einem einzigen Wintergarten vereinbar sind. Ein feucht-warmes Raumklima etwa, in dem Pflanzen prächtig unterm Glasdach gedeihen, wird für Menschen schnell unerträglich. Und Energie kann man im gut durchlüfteten Gewächshaus bestimmt nicht gewinnen; andererseits ist der Aufenthalt für Pflanze und Mensch im „Luftkollektor“ bei Temperaturen über 40°C – die und noch mehr benötigt das System zum effektiven Wärmegewinn – nahezu unerträglich. Jeder der drei Typen stellt für seine Nutzung andere Anforderungen an Entwurf und Konstruktion. Grundlage sind die beschriebenen Kriterien der Sonnennutzung und des klimagerechten Bauens (siehe Kapitel Klimasystem).

Kennzeichen Gewächshaus

- großflächige Verglasungen
- exponierte Lage zur Sonne
- flache Dachneigungen für die Sommersonne
- umfangreiche Pflanzkulturen
- großer Luftraum über der Bepflanzung
- groß dimensionierte Lüftungs- und Verschattungseinrichtungen,
- extreme Temperaturschwankungen (auch Frost) möglich
- hohe Luftfeuchtigkeit und Tauwasseranfall in den kälteren Jahreszeiten
- temporär zum Aufenthalt geeignet

Kennzeichen Energiesystem

1. Energiekollektor:
- verglaste, steile Südfassade (45 bis 60°C)
- am besten zweigeschossig für guten Warmluftauftrieb
- direkte oder indirekte Luftführung (Hypokausten) zu Kernhaus und Wärmespeicher
- geringer Anteil an Speichermassen
- geringer Anteil an Lüftungs- und Verschattungseinrichtungen
- wenig bis keine Bepflanzung
- sehr hohe Lufttemperaturen
- temporär zum Aufenthalt geeignet

Energiesystem für passive und aktive (Solaranlage im Glasdach) Sonnenenergienutzung

2. Energiepuffer:
- unbeheizte Zwischen- oder Vorzone
- große Temperatur- und Luftfeuchtigkeitsschwankungen
- wenig bis mittlere Bepflanzung
- temporär zum Aufenthalt geeignet

Kennzeichen Wohnraum

- Wärmeschutz-Verglasung aller Glasflächen
- eventuell Reduzierung des Glasanteils in Dach und Wänden
- nicht transparente Bauteile hoch wärmegedämmt
- hoher Anteil an Speicherflächen in Wänden und Böden
- weitgehende bauliche und organisatorische Einbindung ins Kernhaus
- thermische Trennung von Wintergarten und Kernhaus
- umfangreiche Lüftungs- und Verschattungseinrichtungen
- geringe Temperatur- und Luftfeuchtigkeitsschwankungen
- ausgeglichenes Temperaturniveau um 24°C
- hohe Behaglichkeit
- mäßige Bepflanzung
- zum dauerhaften Aufenthalt geeignet

In der Praxis wird ein Wintergarten „von jedem etwas“ haben. Die Schwerpunktbildung schafft jedoch klare Bedingungen für Bauentscheidungen und die spätere Nutzbarkeit. Alle Kriterien sind vor Ort auf Umsetzbarkeit zu prüfen, insbesondere bei der Wahl des Standortes. Ein weiteres Kriterium neben der Nutzung, wenn auch eng miteinander verbunden, ist die Bauaufgabe. So bieten sich im Geschosswohnungs- oder Gewerbebau eine Vielzahl von zusätzlichen Möglichkeiten, die im Einfamilien- oder Reihenhaus aus funktionalen oder finanziellen Gründen nicht verwirklichbar sind: Beispielsweise verglaste Loggien und Laubengänge als Erschließungs- und Aufenthaltsbereich, Glashallen als Energiepuffer und gleichzeitig witterungsfeste Spielstraßen, Glashäuser als Pausenraum, Kommunikationszone und begrünte Klimaanlage. Bauaufgabe und Wintergartentyp stehen in enger Korrelation zueinander. Die Gliederung der Projektbeispiele nach Bauaufgaben trägt dem Rechnung.

Wintergarten in Wohnraum integriert

Energiepuffer als Erschließungs-, Wohn- und Spielstraße

Temporär nutzbares Gewächshaus mit üppiger Bepflanzung

Energiebilanzen

Merkmal der passiven Sonnenenergienutzung ist die Optimierung der baulichen Maßnahmen, um einen möglichst hohen Energiegewinn im Winter und in den Übergangszeiten zu erreichen. Nach Nutzung und Bauart können Wintergärten in zwei Arten von Energiesystemen unterschieden werden: Energiepuffer und -kollektor. Dem Kernhaus vorgelagert, wirkt ein Wintergarten stets als energetischer Puffer – unabhängig von der Himmelsrichtung, jedoch mit unterschiedlich hoher Wirksamkeit. Als nicht beheizte Zwischenzone verringert der Puffer den Wärmeverlust angrenzender Räume und verzeichnet bei guter Sonnenorientierung durchaus Wärmegewinne. Das Glashaus als Warmluftkollektor erfordert eine ganze Reihe baulicher und technischer Vorkehrungen: Südlage, steile Glasflächen, Zweigeschossigkeit und gezielte Luftführung, um nur die wichtigsten zu nennen (siehe Kapitel Wintergarten-Typologie).

Die potenzielle Ausbeute solarer Gewinne hängt in erster Linie von der Größe der Südfenster-Fläche ab. Diese ist Grundlage zur Bestimmung des Jahres-Heizwärmebedarfs, mit dem wiederum die energetische Wirksamkeit von Verglasungen, also auch bei Wintergärten, ermittelt wird. Wichtigster Parameter ist der Fassadenüberdeckungsgrad, das Verhältnis von transparenten zu massiven Außenflächen. Die Grenze für solaren Strahlungsgewinn liegt bei circa 40% Südglasflächen-Anteil. Bis dorthin sinkt der Jahres-Heizwärmebedarf, darüber hinaus nimmt er wieder zu. Aufgrund dessen wurden in der gültigen Wärmeschutzverordnung von 1995 die solaren Wärmegewinne begrenzt. Diese dürfen auf der Südfassade bis zu einem Fensterflächenanteil von zwei Dritteln der Fassadenfläche berücksichtigt werden.
Messergebnisse aus den 80er-Jahren stellten für Häuser mit Wintergärten Heizenergie-Einsparungen zwischen sieben und 40% zu vergleichbaren Gebäuden ohne Glashaus fest. Wintergarten bedeutete in allen Fällen jedoch unbeheizte und temporär genutzte Pufferzone.

Der energetische Wirkungsgrad von Wintergärten ist in der Regel niedrig; die Ursachen dafür sind vielfältig. So ist die Wärmekapazität von Luft gering und der Wärmeübergang von Luft auf Speichermedien mangelhaft. Ein wesentlicher Faktor ist außerdem das nicht systemgerechte Verhalten der Nutzer. Ein Energiesystem als Wohnraum nutzen zu wollen, scheitert schon an der Behaglichkeitsgrenze von maximal 24 bis 26°C Raumtemperatur. Ein bewohntes Glashaus muss bei starker Sonneneinstrahlung ausreichend gelüftet werden, energetisch effektive Lufttemperaturen werden selten erreicht. Das gilt auch für viele Pflanzkulturen. Fazit: Bewohnte Wintergärten mit zudem üppigen Bepflanzungen können zweifellos als energetische Pufferzone dienen; das energieerzeugende Wohngewächshaus hingegen ist in den meisten Fällen nicht verwirklichbar. Wegen des geringen Wirkungsgrades und der verhältnismäßig hohen Baukosten ist ein Wintergarten kaum als Energiesparmaßnahme geeignet. Die „Wirtschaftlichkeit" beruht vielmehr auf den besonderen Wohnqualitäten, die ein Wintergarten als Licht- und Wärmespender schafft.

Praxisbeispiel Reihenhausanlage Tübingen

Gebaute und wissenschaftlich ausgewertete konkrete Objekte sind am besten geeignet, das Zusammenwirken von baulichen Maßnahmen und tatsächlichem „Betrieb" zu dokumentieren. Das Modellvorhaben in Tübingen besteht aus fünf Reihenhäusern, die nach den Prinzipien der Grünen Solararchitektur errichtet wurden. Entwickelt wurden sie vom Planungsbüro LOG ID in Zusammenarbeit mit mehreren öffentlichen Trägern und wissenschaftlichen Stellen. Die Ziele des Vorhaben: Erforschung des Energieverbrauchs und der Wirkung des Glashauses auf die Energiebilanz des gesamten Gebäudes; Schaffung besonderer Wohnqualitäten; Möglichkeit der Planzenkultivierung zur Verbesserung des Wohnklimas; Prüfung der Akzeptanz und des Verhaltens der Bewohner. Es wurde ein umfangreiches Messprogramm über zwei Heizperioden durchgeführt.

Daten
- Planung und Projektleitung: LOG ID, Dieter Schempp
- Standort: Tübingen
- Planung und Fertigstellung: 1985–1994
- Wohnflächen: 115 bis 170 m^2, Glashaus 51 m^2/Haus
- Baukosten brutto ohne Grundstück: DM 430.000 bis 500.000

Kostenanteil Glashaus: DM 85.000

Besondere Kennzeichen
- Hochwärmegedämmte Kernhäuser mit nach Süden oder Westen vorgelagerten, bepflanzten Glashäusern
- Nutzung als Wärmekollektor beziehungsweise als Kältepuffer: thermische Trennung zwischen Glashaus und Wohnräumen.

Die wichtigsten Ergebnisse
- Die untersuchten Gebäude lagen mit ihrem Brutto-Heizenergieverbrauch um circa 60 bis 70% unter dem bundesdeutschen Mittelwert. Es wurde ein rechnerischer Heizölbedarf von 8 bis 12 Litern Heizöl/m^2 Wohnfläche ermittelt. Die Glashausbelüftung erwies sich als sehr wirksam: Die Innentemperaturen liegen im Sommer nur ein Grad über der Außenlufttemperatur.
- Keine Beschattungseinrichtung notwendig; Beschattung erfolgt teilweise durch subtropische Pflanzen.
- Die relative Luftfeuchtigkeit in den Glashäusern liegt zwischen 60 bis 90%. In den Kernhäusern werden überwiegend über 60% erreicht, verursacht durch die Pflanzen im Glashaus und den hohen Luft-umsatz von Glashaus zu Kernhaus.
- Um eine bessere Luftqualität und Behaglichkeit zu erreichen und um Schimmelbildung und Bauschäden zu vermeiden, ist ein häufiger Luftwechsel im Kernhaus notwendig.
- Das hohe Wohlbefinden der Bewohner führt zu hoher Akzeptanz des Glashauses und einem positiven Verhältnis zu Pflanzen, wenn auch Störungen durch Schädlinge nicht zu verhindern sind. Auch heizt sich das Glashaus zeitweise zu stark auf.
- Als reiner Klimapuffer betrachtet, sind die Kosten der Glashäuser im Verhältnis zur Energieeinsparung zu hoch (Quelle: Veröffentlichungen LOG ID).

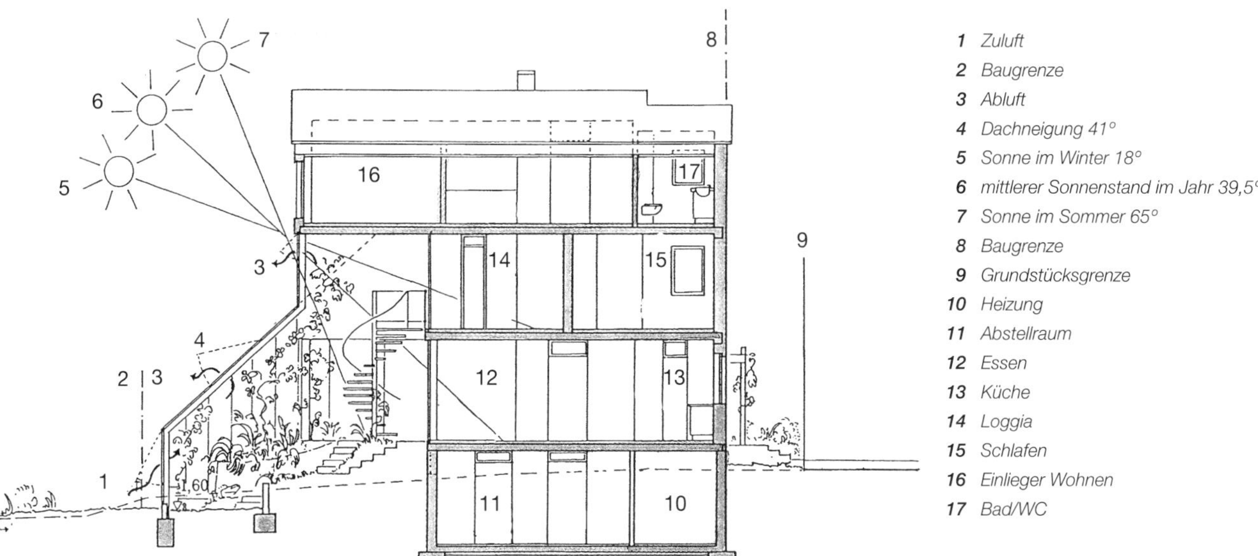

Der Schnitt zeigt das Konzept: teilweise Integration des Glashauses, dennoch thermische Trennung zum Kernhaus

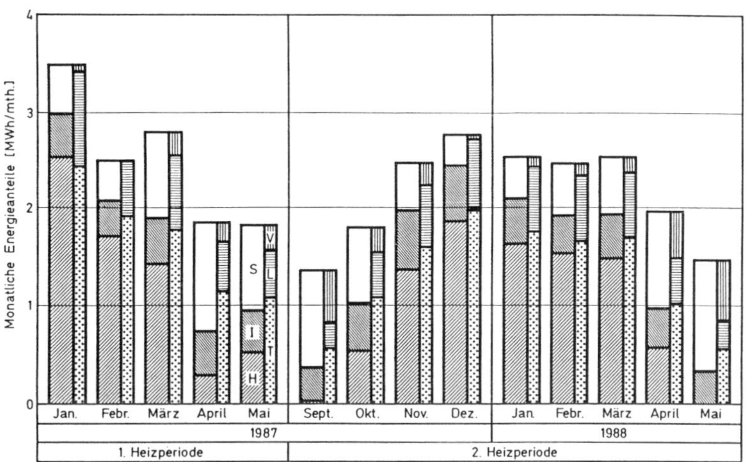

Monatliche Anteile der Energiebilanz von Haus 1. Die linken Säulen stellen die Gewinne, die rechten die Verluste dar. Die einzelnen Anteile:

Gewinne	*Verluste*
K: Heizenergie	*T: Transmissionswärmeverluste*
I: Interne Gewinne	*L: Lüftungsverluste bei Mindestluftwechsel*
S: Solarenergiegewinne	*V: Zusätzlicher Lüftungsverlust bei geöffneten Fenstern*

Ansicht der Reihenhausanlage mit den Solarglashäusern

Baurecht

Ein Wintergarten, ob Neu- oder Anbau, ist grundsätzlich genehmigungspflichtig. Wintergärten unterliegen den üblichen Anforderungen an Standsicherheit, Brand-, Schall- und Wärmeschutz. Außerdem müssen sie die Vorgaben örtlicher Bebauungspläne erfüllen. Für die häufigsten Anwendungsfälle, also bei Ein-, Mehrfamilien- und Reihenhäusern, bestehen kaum Genehmigungsprobleme. Allerdings sind in allen Fällen, in denen die Rechte oder die Sicherheit Dritter berührt werden, Auflagen bezüglich Brandschutz und Nachbarschaftsrecht zu beachten.
Baurecht ist Ländersache, dennoch wird die baurechtliche Behandlung des Wintergartens in der gesamten Bundesrepublik einheitlich gehandhabt. Grundlage der folgenden Ausführungen ist die nordrhein-westfälische Bauordnung, deren wesentliche Aussagen zum Wintergarten auch für die übrigen Bundesländer zutreffen. Bei jedem Bauvorhaben ist jedoch eine Abstimmung mit der örtlichen Genehmigungsbehörde notwendig. Da der Wintergarten nicht als eigenständiger Begriff in den Bauordnungen definiert ist, folgt dessen baurechtliche Einordnung der Nutzungsart. Unterschieden wird in Aufenthaltsraum oder Nebenanlage. Ein Aufenthaltsraum ist zum dauernden Aufenthalt von Menschen bestimmt oder geeignet. Als solcher gilt dieser als Bestandteil des Hauptgebäudes und ist bei der Berechnung der zulässigen Grundflächenzahl (GRZ) beziehungsweise Geschossflächenzahl (GFZ) auf das Maß der baulichen Nutzung anzurechnen. Eine Nebenanlage dagegen ordnet sich in ihrer Funktion der Hauptnutzung eines Gebäudes unter, und wird bei der Berechnung demnach nicht berücksichtigt. Eine Nebenanlage wäre zum Beispiel ein Wintergarten, der als Gewächshaus oder als Pufferzone genutzt wird.

Brandschutz und Nachbarschaftsrecht

Entscheidende Kriterien bei der baurechtlichen Beurteilung und auch wesentlicher Verhinderungsgrund von Wintergärten sind die Anforderungen bezüglich Brandschutz und Nachbarschaftsrecht. Diese schlagen sich nieder in den Regelungen der Abstandsflächen zum Nachbargrundstück und der Grenzbebauung. Wintergärten werden im Brandschutz wie das Haupthaus eingestuft. Unterschieden wird in:

- frei stehende Wohngebäude geringer Höhe mit nicht mehr als einer Wohnung (das typische Einfamilienhaus)
- frei stehende Wohngebäude geringer Höhe mit nicht mehr als zwei eigen- oder fremdgenutzten Wohnungen (das Einfamilienhaus mit Einliegerwohnung)
- Wohngebäude geringer Höhe mit einer oder mehr als einer Wohnung als Doppel- oder Reihenhaus
- sonstige Gebäude außer Hochhäusern, einzeln oder in dichter Bebauung stehende Mehrfamilienhäuser.

Als Wohngebäude geringer Höhe werden alle Gebäude bezeichnet, deren Oberkante fertiger Fußboden (OKFF) des obersten Geschosses nicht mehr als sieben Meter über dem Gelände liegt – also bis zu drei Geschosse hohe Wohnhäuser. In offener Bauweise – frei stehende Wohnhäuser – müssen Wintergärten Abstandsflächen von drei Metern einhalten. Die Ausführung – Glas in Dach und Wand – ist frei. Bei Unterschreitung der Abstandsflächen bis hin zur Grenzbebauung – Doppelhäuser oder geschlossene Bauweise aus Reihenhäuser – müssen die Wände zum Nachbarn als massive Gebäudeabschlusswände ausgeführt werden. Glasdächer, und auch solche aus Kunststoff, sind dagegen bei allen Gebäuden geringer Höhe ohne Auflagen erlaubt – seit dem 01.06.2000, dem In-Kraft-Treten der neuen Landesbauordnung auch in Nordrhein-Westfalen.

Jedes Unterschreiten der Abstandsflächen tangiert das Nachbarschaftsrecht. Sobald eine Bebauung bis hin zur Grundstücksgrenze geplant wird, muss das Einverständnis des Nachbarn eingeholt und diese schriftlich beim Bauamt niedergelegt werden. Die Zustimmung wird als Baulast ins Grundbuch eingetragen (Baulastenverzeichnis). Eine Baulast ist immer eine Sache auf Gegenseitigkeit: Beide Nachbarn erhalten das gleiche Baurecht. Einzige Auflage des Bauamtes kann ein einheitliches Profil für beide Wintergärten sein. Eine Grenzbebauung ohne Zustimmung des Nachbarn ist nur in Ausnahmefällen möglich. So sind Bebauungen, die nach dem Baurecht – einem öffentlichen Recht – zulässig sind, auch nach dem Nachbarschaftsrecht – einem Privatrecht – erlaubt. Dies betrifft zum Beispiel Baulücken oder Erweiterungen von Bebauungen, die bisher nicht das maximal zulässige Bebauungsmaß ausgefüllt haben. Wintergärten bei Mehrfamilienhäuser unterliegen strengen Auflagen. Aufgrund des hohen Gefährdungspotenzials gilt hier das Vereinfachte Genehmigungsverfahren nicht mehr. Nur bei Nachweis sicherer Brandabschnitte und entsprechender Fluchtwege sind bei großen Gebäuden in geschlossener Bauweise Glasanbauten möglich.

Schallschutz, Belüftung und Belichtung

In stark von Lärm belasteten Gebieten muss das Glashaus als Aufenthaltsraum besondere Schallschutzanforderungen erfüllen. Schalldämm-Maße von 40 bis 45 Dezibel für die Umfassungsbauteile sind die Regel. Da der Konstruktions- und Kostenaufwand für solche Bauteile hoch ist, empfiehlt sich hier nur der Wintergarten als eingeschränkt nutzbare Nebenanlage. Beim nachträglich Anbau müssen die hinter dem Glashaus gelegenen Wohnräume weiterhin ausreichend belüftet und belichtet werden können – entweder über nicht zum Glashaus weisende Fenster oder zusätzliche Lüftungsmöglichkeiten im Wintergarten selbst.

Wärmeschutz- und Energiesparverordnung

In der geltenden Wärmeschutzverordnung (WSVO) von 1995 werden Wintergärten als Neubauten und als nachträgliche Anbauten erfasst. Sowohl im Energiebilanzverfahren als auch im Bauteilverfahren sind Anforderungen an den k-Wert von Verglasungen definiert. So muss bei Neubauten die Verglasung beheizter Wohnräume generell einen mittleren äquivalenten k-Wert von 0,7 W/m^{2}K aufweisen. Im Altbau sind bei Wohnraumvergrößerung um mehr als zehn Quadratmeter Gebäudenutzfläche oder Erweiterungen um

Brandschutzrechtlich korrekte Ausführung eines Wintergartens an einem zweigeschossigen Haus: massive Wand auf der Grundstücksgrenze zum Nachbarn, aber Glasdach, da der Brandüberschlag zum Obergeschoss als geringes Risiko bei Gebäuden geringer Höhe angesehen wird

oder Erweiterungen um mindestens einen beheizten Raum ebenfalls die Bestimmungen für Neubauten anzuwenden. Beim Altbau müssen Heizkörper vor außen liegenden Fensterflächen an ihrer Rückseite mit einer thermisch wirksamen Abdeckung versehen werden. Der k-Wert der Verglasung darf in diesem Fall den Wert von 1,5 W/m^{2}K nicht überschreiten. Für Nebenanlagen, die nicht zum dauernden Aufenthalt von Personen bestimmt sind, gelten die Auflagen der WschVO nicht. Voraussetzung: Die maximale Temperatur von 12°C darf nicht überschritten werden. An Bauteile zwischen Kernhaus und Glashaus, ob Wand oder Fenster, bestehen keine besonderen Anforderungen. Allerdings können für Bauteile zwischen Kernhaus und unbeheiztem Glashaus rechnerische Abminderungsfaktoren angesetzt werden. Im sommerlichen Wärmeschutz darf bei großflächigen Verglasungen – über 50% der Fassade – das Produkt (gF x f) aus Gesamtenergiedurchlassgrad (gF in Prozent und Fensterflächenanteil (f in Prozent) den Wert 0,25 nicht überschreiten. Um im Sommer die Wärmelast zu reduzieren und im Winter einen möglichst hohen Lichteinfall und damit Wärmegewinn zu gewährleisten, empfiehlt sich die Verwendung eines Glases mit niedrigem k-Wert, mittlerem g-Wert (um die 60%) kombiniert mit Verschattungseinrichtungen.

Die künftige Energiesparverordnung (EnSV) wird für den baulichen Wärmeschutz von Wintergärten wenig Veränderung bringen. Mit der EnSV wird vornehmlich die Haustechnik in das energetische Bilanzverfahren einbezogen. Doch nach wie vor gilt – gut gedämmt ist halb geheizt.

Wintergarten in der Reihenhauszeile: Die seitlichen Wände als massive Gebäudeabschlusswände ermöglichen eine Grenzbebauung – mit oder ohne Nachbarbebauung

Konstruktionsprinzipien

Bauweisen

Wintergärten werden heute in drei Bauweisen errichtet: als klassische Gewächshauskonstruktion, als Pfosten-Riegel-Konstruktion (Fassaden- und Glasdachbau) oder als „Fensterkonstruktion". Dem vollverglasten Wintergarten typologisch nahe ist die Gewächshausbauweise: thermisch nicht getrennte Stahlskelette, meist mit Einfachscheiben verglast. Aufgrund mangelnder thermischer Eigenschaften finden solche Systeme im Wohnwintergarten keine Anwendung. Einfachkonstruktionen aus Stahl werden vornehmlich in der Mischnutzung Wintergarten/Gewächshaus und in Pufferzonen eingesetzt, beispielsweise im Geschosswohnungsbau als Laubengang- oder Balkonverglasung. Weit verbreitet im Wintergartenbau ist die Pfosten-Riegel-Konstruktion – eine Skelettbauweise, bei der Tragwerk und Verglasungssystem eine untrennbare funktionale Einheit bilden. Gebräuchllich sind Pfosten-Riegel-Konstruktionen aus einem Material, vornehmlich Aluminium oder Stahl, für Tragwerk und Verglasungssystem. Den größten Marktanteil haben Mischkonstruktionen: Das Tragwerk aus Holz und das Verglasungs-/Profilsystem aus Aluminium. Holzprofile im Außenbereich sind wegen eingeschränkter Witterungsbeständigkeit nur für Senkrechtverglasungen geeignet.
Bei der „Fensterkonstruktion" schließlich werden Fensterelemente – Festverglasungen, Fenster und Türen – in unterschiedlichster Form zusammengefügt. Konstruktive und gestalterische Nachteile sind der hohe Rahmen- respektive Fugenanteil. Vorteil ist der im Vergleich zu den anderen Bauweisen niedrige Preis. Die Glasdächer werden bei „Fensterkonstruktionen" in Pfosten-Riegel-Bauweise ausgeführt. Für alle Bauweisen gelten dieselben Anforderungen. Qualität und Unterschiede liegen im Detail: Im konstruktiven, aber vor allem im technischen wie etwa der wirksamen thermischen Trennung und der Falzbelüftung des Verglasungssystems oder dem Material des Isolierglas-Randverbundes. Nicht die hochwertige (Glas)Fläche entscheidet über die Eignung und Beständigkeit einer Konstruktion, sondern Rahmen und Fuge – eben Details und Bauanschlüsse.

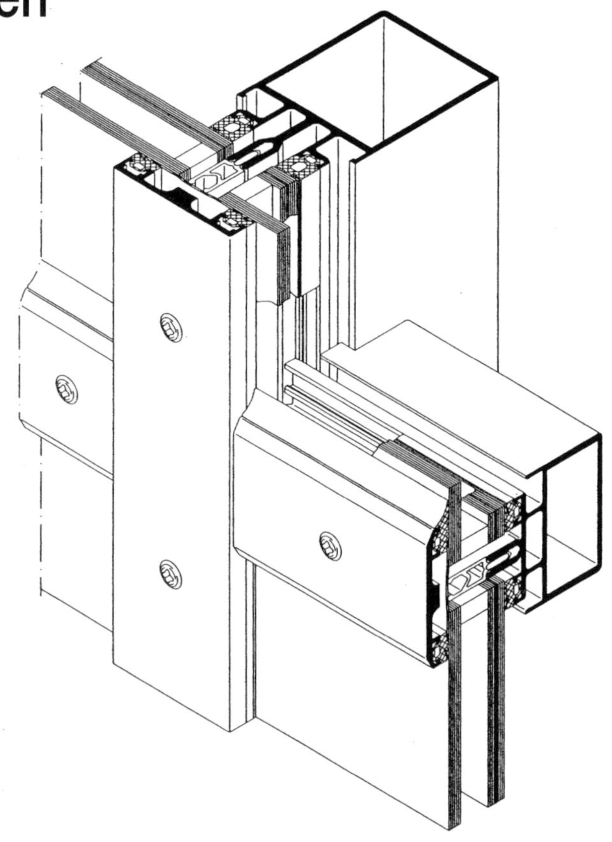

Pfosten-Riegel-Konstruktion (Aluminium) aus Tragwerk, Glas und Profilsystem zur Trockenverglasung

Grundlagen der Konstruktion

Eine gute Konstruktion ist mehr als die Summe hochwertiger Teile. Die Anforderungen an die Wintergartenkonstruktion resultieren aus den funktionalen Wechselwirkungen zwischen Tragwerk und Verglasungssystem.
Die Aufgaben des Tragwerkes sind Lastaufnahme und Lastabtragung. Die Berechnung der Lasten erfolgt nach DIN 1055. In dieser werden drei Lastarten mit unterschiedlicher Bemessung aufgeführt. Die Eigenlast-Berechnung erfolgt aus dem Gewicht der Konstruktion. Die Windlast resultiert aus Gebäudeform und -höhe und den daraus abzuleitenden Staudruckwerten. Die Schneelast schließlich ist abhängig von der geographischen Lage und wird anhand festgelegter Schneelastzonen ermittelt. Alle drei Lastenberechnungen beziehen sich auf die Sparrenlängen- und abstände des Tragwerks (Durchbiegungsbegrenzung). Konstruktiv sinnvoll sind Sparrenabstände zwischen 80 und 100 cm. Und zwar aufgrund der Glasstatik. Denn über ein Meter freie Scheibenspannweite hinaus werden erhöhte Glasstärken notwendig, die eine Verglasung erheblich verteuern. Für die Aussteifung der Konstruktion gelten die üblichen Anforderungen an Skelettbauten.
Das Verglasungssystem – Standard ist die so genannte Trockenverglasung – dient zur Befestigung der Glasscheiben und dichtet die Konstruktion nach außen und innen ab. Als Mittler zwischen innen und außen hat es die Aufgabe, das Glas mittels Dichtprofilen, Hinterlüftung und Kondensatableitung vor schädigenden Einflüssen zu schützen. Die isolierglasgerechte Verglasung bestimmt daher die Detaillösungen in Traufe, Glasstoß, Fenster- oder Wandanschluss.

Wintergarten statt Balkon – Pufferzonen aus einfacher Stahlkonstruktion im Sozialen Wohnungsbau

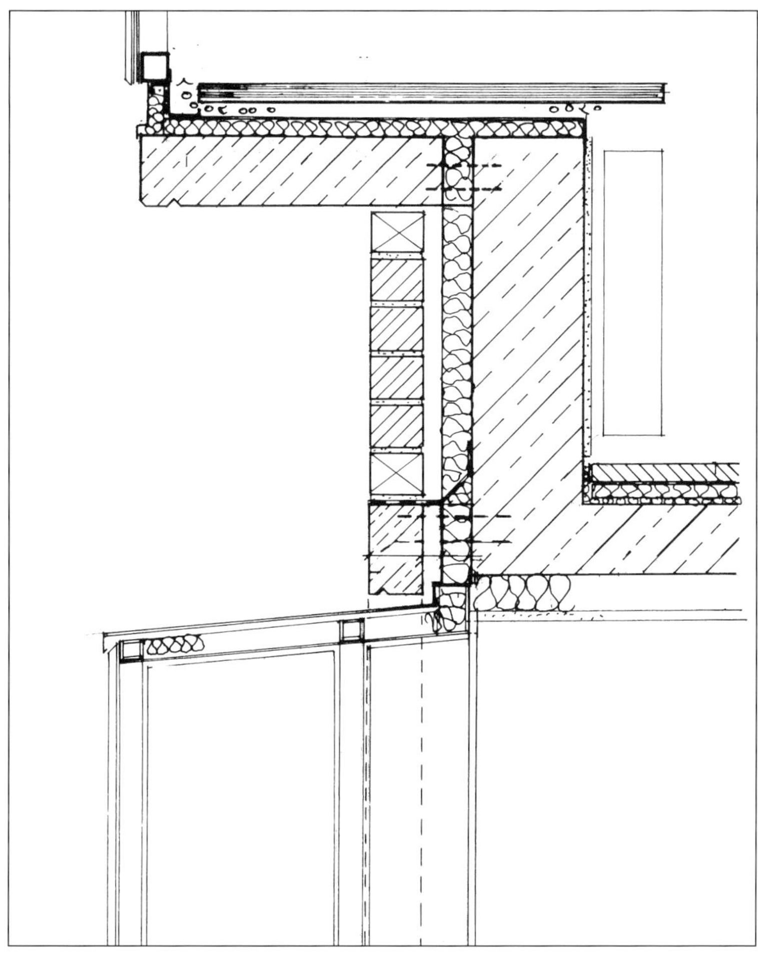

Schnitt der Pufferzonen-Konstruktion

Form und Konstruktion

Ein Wintergarten hat, wie andere Bauwerke auch, in erster Linie eine Reihe von Schutzfunktionen zu erfüllen: Schutz der Bewohner, des Bauwerkes selbst, Witterungsschutz, Wärmeschutz und Feuchteschutz. Erstes Ziel bei der Konzeption einer Wintergartenkonstruktion ist der Feuchte(Tauwasser-)schutz. Aufgrund raumklimatischer Schwankungen muss in jedem Wintergarten mit Kondensat gerechnet werden. Auch Konstruktionen mit Wärmeschutzverglasung sind nicht per se tauwasserfrei. Außerdem sollten bei der Planung zusätzliche Feuchtebelastungen durch Bepflanzungen berücksichtigt werden – 10 bis 30 Liter pro Tag (= drei Gießkannen) Verdampfung im Pflanzbeet sind keine Seltenheit. Feuchteschutz heißt gleichzeitig Wärmeschutz. Denn niedrige k-Werte und die Dichtheit der Gebäudehülle vermindern nicht nur Wärmeverluste, sondern gleichzeitig auch den Anfall von Kondensat – sichtbares Kondensat an den Scheiben sowie nicht sichtbares im Verglasungsystem und in den Bauteilanschlüssen. Feuchteschutz heißt auch Wahl einfacher Geometrien. Denn in allerlei Ecken und Versprüngen sammelt sich leicht Kondensat, das dort nur langsam oder gar nicht trocknen kann und die Konstruktion schädigt. Und nicht zuletzt ermöglichen einfache Formen auch einfache und funktionssichere Ausführungen.

Ebenenmodell

Eine gute Hilfe für die Planung einer feuchte- und wärmeschutztechnisch hochwertigen Konstruktion bietet das Funktionenschema des Instituts für Fenstertechnik (i.f.t.) Rosenheim; ein Modell, das für Fenster und Fassaden gleichsam anzuwenden ist.

- Trennung von Raum- und Außenklima (1)
  Die Trennung verläuft in der inneren Konstruktionsebene; die Temperatur dieser Ebene muss immer über der Taupunkttemperatur der Raumluft liegen. Die Ebene darf nicht unterbrochen werden.

- Funktionsbereich (2)
  Hier werden durch Material und Verglasungstechnik Wärme-, Feuchte- und auch Schallschutz sichergestellt. Die Randbereiche (Glasfalz und Abdeckungen) müssen mit dem Außenklima verbunden, vom Raumklima aber getrennt sein. Der Funktionsbereich muss dauerhaft trocken bleiben, dennoch eintretende Feuchtigkeit über die konstruktiv geschützten Verbindungen nach außen gelüftet werden können.

- Wetterschutz (3)
  Die Wetterschutzebene muss dauerhaft vor Feuchteeintritt von außen schützen und eine kontrollierte Abführung gewährleisten.

Als Prinzip gilt: In getrennten Dichtebenen konstruieren, oder wie eine Faustformel des Glaserhandwerkes besagt: „Innen dichter als außen“.

Funktionsmodell in der Praxis

Ein Beispiel für die Umsetzung des Funktionsschemas vom i.f.t. Rosenheim ist der Wintergarten am Wohnhaus König, konzeptioniert und gebaut von LOG ID, Tübingen. Der Wintergarten wird hier als begrünter Wohnraum genutzt. Außerdem soll soweit wie möglich passive Sonnenenergie gewonnen werden.

Beispiel Firstanschluss Wintergarten/ Hauswand: Tragwerk und Verglasung bestehen aus einer thermisch getrennten Stahlkonstruktion. Die Trennung von Raum- und Außenklima (Funktionsebene 1) erfolgt über Dichtprofile (Glasauflage und Fensterdichtung), weiterhin eine Blechabdeckung und einer Folie als Dampfsperre im nicht verglasten Anschlussbereich. Der Funktionsbereich (Funktionsebene 2) besteht aus Wärmeschutzglas und Wärmedämmung. Wichtig ist der durchgehende Dämmebene von der Verglasung über den Anschluss bis zur Außendämmung der hinterlüfteten Holzfassade. Zum Funktionsbereich gehören auch besagte thermische Trennung, dazu die Hinterlüftung der Verglasung. Der Wetterschutz (Funktionsebene 3) erfolgt im Bereich der Verglasung über die Glashalteleisten und deren Dichtungsprofile sowie die Fensterdichtungen, im nicht transparenten Anschluss über eine doppelte Dichtung aus einer Folie (zum direkten Schutz der Wärmedämmung) und einem hinterlüfteten Abdeckblech aus Aluminium. Die Hinterlüftungen der

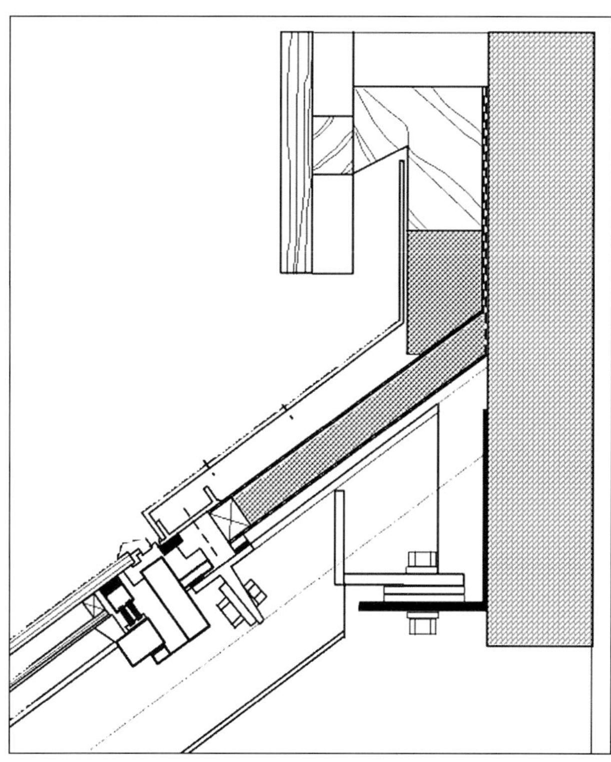

Ansicht und Schnitt eines nach dem Ebenenmodell konstruierten Wandanschlusses

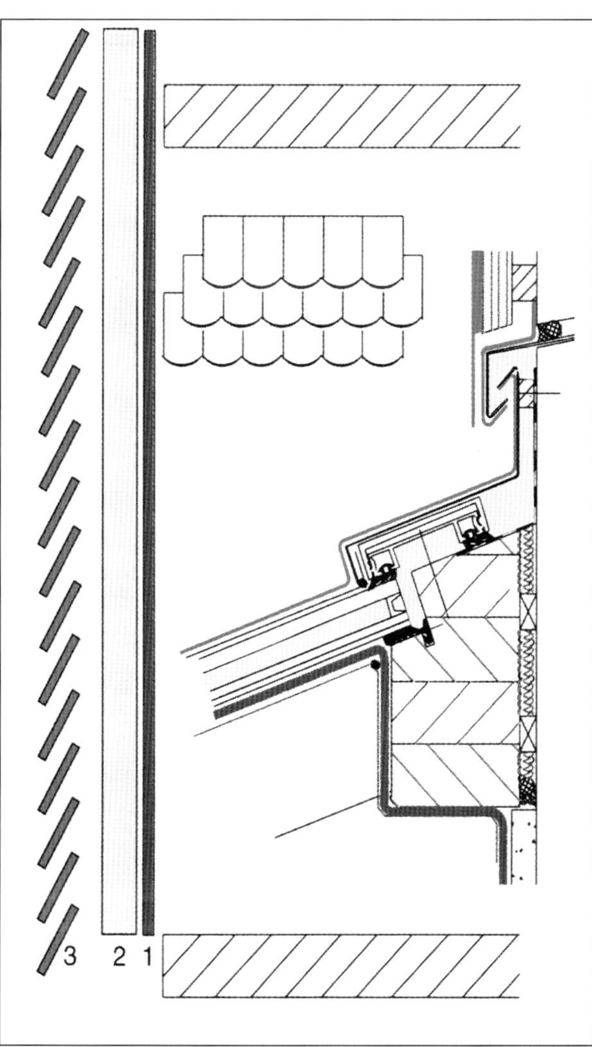

Ebenen 2 und 3 ermöglichen die Abführung von eindringender Feuchtigkeit, sei es Niederschlag (in geringen Mengen) oder Kondensat.
Günstig ist hier der Überstand der Fassade. Er gewährleistet den dauerhaften Schutz der Andichtung am First des Wintergartendaches.

Ebenen und Funktionsebenen einer Wintergartenkonstruktion

1 Trennung von Raum- und Außenklima
2 Funktionsbereich
3 Wetterschutz

Verglasung

Glas und Rahmen

Die thermische Qualität einer Glaskonstruktion wird nicht nur durch die Glasfläche bestimmt, sondern auch durch den Rahmen. Je höher die Wärmedämmqualität des Glases, um so größer ist der Einfluss des verhältnismäßig kleinen, aber wärmetechnisch schlechteren Rahmenanteils auf den Wärmefluss und die Energiebilanz. Zum Rahmen gehört auch die Fuge; an deren Dichtheit werden ebenfalls hohe Anforderungen gestellt. Da die thermischen Qualitäten des Glases immer höher sind, als die des Rahmens, empfiehlt sich für die Konstruktion die einfache Grundregel: Rahmenanteil minimieren! Liegt der Rahmenanteil unter fünf Prozent der Verglasungsflächen, darf er nach der Wärmeschutzverordnung (WSVO) sogar beim Nachweis vernachlässigt werden. In jedem Fall ergänzen sich Glas und Rahmen zu einem Funktionssystem mit unterschiedlichen Aufgaben. Und dort, wo die beiden Komponenten zusammengefügt werden, nämlich im Profilsystem, liegen die wahren technischen und thermischen Qualitätskriterien einer Glaskonstruktion.

Das Profil(Trockenverglasungs-)system als Mittler zwischen innen und außen hat folgende Funktionen:
- thermische Trennung,
- Dampfdichtung und Dampfdruckausgleich,
- Hinterlüftung,
- Ableitung von Tauwasser,
- Glasauflage und Lastverteilung,
- Abdichtung nach außen.

Die Wirksamkeit der thermischen Trennung ist die Grundlage für die Einordnung der Verglasungs- oder Profilsysteme in die Rahmenmaterialgruppen (RMG) der DIN 4108. Die Rahmengruppen gelten für alle Verglasungskonstruktionen. Die thermische Trennung als eine Art Wärmedämmung innerhalb der Rahmen/Profile bestimmt deren Wärmeleitfähigkeit und damit die Einordnung. Der Grenzwert für die Einstufung in die RMG 2.1. liegt bei 2,8 W/m²K, für RMG 1.0 bei 2,0 W/m²K. Relevant für die Berechnung

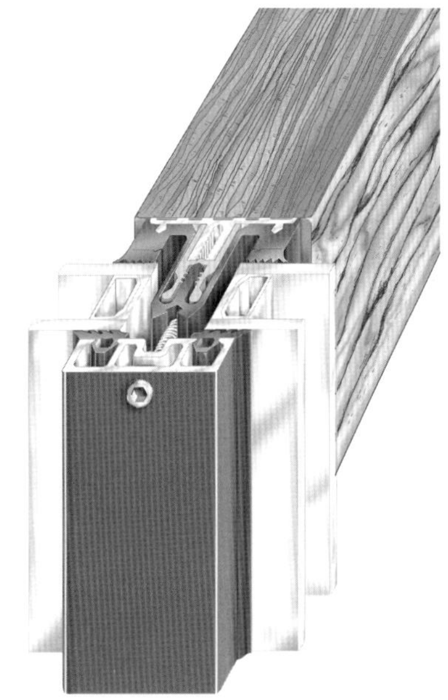

Im Profilsystem liegen die Qualitätskriterien einer Glaskonstruktion: Thermische Trennung, Hinterlüftung und Dichtheit nach außen und innen

nach WSVO ist der Gesamt-k-Wert der Verglasung kF aus Rahmen und Glas.

Im Wohnwintergarten sollte aus Wärme- und Feuchteschutzgründen nur Wärmefunktionsglas verwendet werden. Zudem die WSVO kaum rechnerischen Spielraum für normales Isolierglas lässt. Die k-Wert-Angaben für Gläser gelten nur in den mittleren Bereichen der Scheiben, zu den Rahmen hin verschlechtern sich die Werte. Durch Rahmenmaterial und Randabdeckung der Scheiben vermindern sich die wärmedämmenden Qualitäten, die Wärmebrückenwirkung reicht in ungünstigen Fällen bis zu 30 cm in die Scheibe hinein! Zur Wärmebrücke zählt auch der Randverbund (RV) der Isolierglaseinheiten. Die Größenordnung ist abhängig vom Material und der Wärmeleitfähigkeit des Abstandhalters,
Aluminium: Lambda = 200 W/mK,
Kunststoff: Lambda = 0,2 W/mK.

Fazit: Nur Wärmefunktionsgläser mit k-Werten unter 1,5 W/m²K und einem Randverbund aus Kunststoff ermöglichen in Einheit mit einer wirksamen thermischen Trennung tauwasserfreie Konstruktionen – und das auch nur bei relativen Luftfeuchtigkeiten nicht über 50%. In der Praxis muss berücksichtigt werden, dass durch Veränderungen der Konvektionsströme positive (Heizkörper unterm Fenster) oder negative Einflüsse (tiefe Fensternischen) sich die Temperaturen und damit auch der potenzielle Anfall von Tauwasser verändern.

Rahmenmaterial	k-Wert Rahmen W/m²K	Verglasungsart	k-Wert Verglasung W/m²K	k-Wert Fenster Aluminium W/m²K	k-Wert Fenster Kunststoff W/m²K
Holz	1,41	Isolierglas Wärmeschutzglas	3,0 1,3	2,44 1,49	2,39 1,43
Kunststoff	2,11	Isolierglas Wärmeschutzglas	3,0 1,3	2,77 1,81	2,70 1,72
Aluminium	2,37	Isolierglas Wärmeschutzglas	3,0 1,3	2,87 1,85	2,83 1,79

Thermischer Einfluss des Randverbundes in Abhängigkeit von Rahmenmaterial und Art der Verglasung

k-Wert W/m²K	Glassorte	g-Wert	Lichtdurchlässigkeit	äquivalenter k_F-Wert Süd W/m²K	West/Ost W/m²K	Nord W/m²K
5,8	Einfachglas	87 %	91 %	3,71	4,36	4,97
3,0	Isolierglas	77 %	82 %	1,15	1,73	2,27
1,6	Wärmeschutzglas [1]	72 %	76 %	-0,13	0,41	0,92
1,3	Wärmeschutzglas [2]	62 %	76 %	-0,19	0,28	0,71
1,0	Warmglas, zweifach [2] mit Edelgasfüllung-Xenon	58 %	76 %	-0,39	0,04	0,45
0,7	Warmglas, dreifach [3], mit Edelgasfüllung	48 %		-0,45	-0,09	0,24
0,4	iplus 3X	42 %	64 %	-0,60	-0,29	0,001

Abhängigkeiten von g-Wert, Lichtdurchlässigkeit und k-Wert

Zweifach und Dreifach

Gläser im Wintergarten sollten zur passiven Sonnenenergienutzung neben einem niedrigen k-Wert ein günstiges Verhältnis von k-Wert und g-Wert (Gesamtenergiedurchlassgrad) bei gleichzeitig hoher Lichtdurchlässigkeit aufweisen. Ein gutes Preis-Leistungs-Verhältnis bieten Zweischeibengläser mit einem k-Wert um 1,0 W/m^{2}K mit einem g-Wert von 60% und mehr. Dreischeibenverglasungen zeichnen sich zwar durch sehr gute k-Werte aus, die Lichtdurchlässigkeit und folglich der potenzielle Energiegewinn sind allerdings geringer als beim genannten Zweischeiben-Wärmefunktionsglas. Nicht zuletzt sind die Kosten für Dreischeibenverglasungen für den üblichen Wohnwintergarten sehr hoch.

Verglasungstechnik und Glaswahl
Die Vorschriften für die Verglasung von Isolierglasscheiben, ob Senkrecht- oder Überkopfverglasung sind seit 1999 einheitlich zusammengefasst in den „Technischen Regeln für die Verwendung von linienförmig gelagerten Verglasungen". Der Geltungsbereich erstreckt sich auf zwei-, drei- und vierseitig gelagerte, nicht auf einseitig und punktförmig gelagerte Verglasungen. Nicht erfasst werden geklebte (structural glazing) und gebogene Verglasungen. Die Regeln gelten für Glasprodukte aus Float-/Spiegelglas und Verbundsicherheitsglas (VSG), nicht für teilvorgespannte Gläser (TVG) wie Einscheibensicherheitsglas (ESG). Deren Verwendung bedarf einer Zustimmung im Einzelfall.
Die wichtigsten Regelungen betreffen Glasstatik sowie Glaseinstand/Glasfalz. Die Bemessung der Scheibenstärken erfolgt über die zulässige Biegespannung. Die Glasstärken sollten aufgrund der vielfältigen Einflussgrößen nur noch über standardisierte Computerprogramme erstellt werden. Faustformel für die Bemessung von Dachverglasungen: Bei zunehmender Neigung wird die Belastung geringer; statisch günstig sind Neigungen um 35°. Aus Gründen thermischer Beanspruchung sollte die Neigung nicht unter 10° liegen. Günstige Glasstärken liegen bei Sparrenabständen von 80 bis 100 cm. Um eine sichere Lastabtragung zu gewährleisten und die thermische Belastung der Randzonen einer Isolierglaseinheit möglichst gering zu halten, darf der Glaseinstand in der Verglasungskonstruktion 15 mm nicht überschreiten. So wird außerdem der Randverbund vor Schädigungen geschützt, insbesondere die herkömmliche Abdichtung mit nicht UV-beständigem Thiokol. Für Überkopfverglasungen besteht die Vorschrift, splitterbindende Glasarten einzusetzen. In der Regel wird Verbundsicherheitsglas (VSG) verwendet, und zwar in der unteren Scheibe! Drahtglas eignet sich wegen der erheblichen thermischen Nachteile des Materialmixes aus Metall und Glas nicht. ESG ist nur für splitterbindende Verglasung zugelassen. ESG kann bei hohen statischen oder thermischen Belastungen als obere Scheibe der Isolierglaseinheit verwendet werden.

Profillose Verglasung

Mit der Entwicklung des UV-beständigen Randverbundes bieten sich neue Gestaltungsmöglichkeiten für den Wintergarten. Die profillose Verglasung eignet sich insbesondere für wenig belastete Senkrechtverglasungen und den Glasstoß im Dach. Hier kann durch profillose Verglasungen ein Wasserrückstau im Horizontalbereich vermieden werden, wie bei Verglasungen mit Profilen durchaus möglich (siehe Regeldetails Aluminium-Konstruktion). Für die profillose Verglasung sind nur hochwertige Dichtstoffe auf chemisch neutraler Silikonbasis für die ebenfalls hohen Anforderungen durch Witterung und Statik (Wind- und atmosphärische Kräfte) zu verwenden.

Mehrscheiben-Isolierglas mit Argonfüllung im SZR

k_V = 1,3 W/m²K

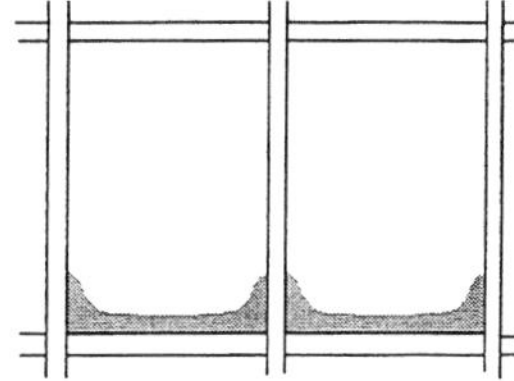

Außentemperatur -15 °C

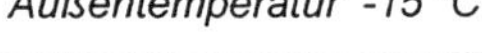

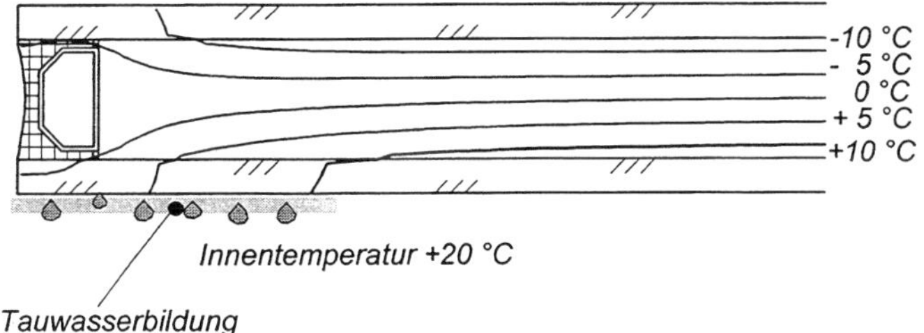

Tauwasserbildung in Bereichen unter 10°C

Mehrscheiben-Isolierglas mit Argonfüllung im SZR, k_V = 1,3 W/m^{2}K – geringe Tauwasserbildung am Glasrand

Mehrscheiben-Isolierglas mit Luftfüllung im SZR

k_V = 3,0 W/m²K

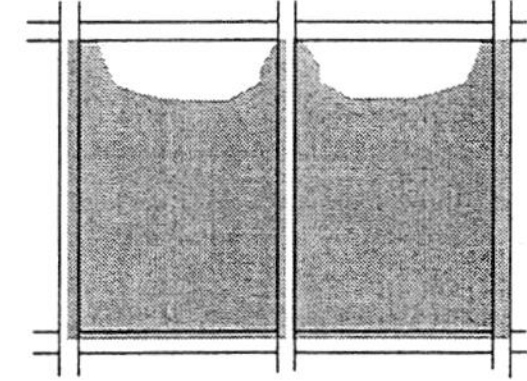

Außentemperatur -15 °C

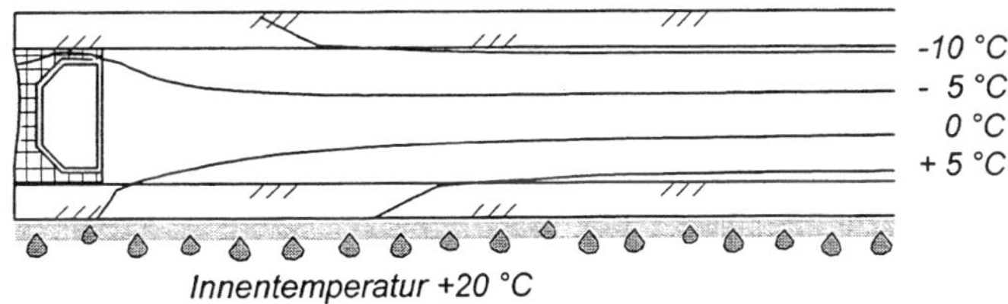

Mehrscheiben-Isolierglas mit Luftfüllung im SZR, k_V = 3,0 W/m^{2}K – starke Tauwasserbildung am Glasrand

Gebogene Dachkonstruktion mit transparenten Elementen aus „Makrolon"

Glas und Dichtung

Kunststoff-Verglasungen

Für die Verglasung von Wintergärten können eine Reihe von Halbzeugen aus Kunststoff verwendet werden: Stegdoppel-, Stegdreifach- und Stegvierfachplatten unterschiedlicher Materialien und Qualitäten. Die Platten werden wie Gläser in die Verglasungsprofile eingesetzt. Verwendung finden Platten aus Acrylglas, bekannt unter dem Markennamen „Plexiglas", sowie aus Polycarbonaten, z.B. „Makrolon". Da bruchfest und splitterbindend, sind die Platten als Überkopfverglasung zugelassen. Die Standardlängen von vier Metern (auch Überlängen) ermöglichen stoßfreie Dachverglasungen. Und auch aufgrund des geringen Gewichtes und der einfachen Verarbeitung sind die Kunststofferzeugnisse geradezu prädestiniert für das Wintergartendach. Die Lichtdurchlässigkeit von Plexiglas-Stegdoppelplatten beträgt, abhängig vom Produkt, 86 bis 92%, die k-Werte liegen zwischen 2,8 W/m^{2}K (zweifach) und 1,6 W/m^{2}K (vierfach). Die Angebotspalette umfasst Platten unterschiedlicher Eigenschaften: Von besonderer Schlagfestigkeit über erhöhten Sonnenschutz bis zu wasserspreitender Oberflächenbeschichtung, von transparent, eingefärbt oder nicht durchsichtig, bis UV-beständig oder UV-durchlässig. Platten aus „Plexiglas" zeichnen sich durch hohe Witterungs- und Alterungsbeständigkeit sowie hohe Steifigkeit aus. Kennzeichen der Platten aus „Makrolon" ist die hohe Bruchsteifigkeit. Kalt einbiegbar, werden solche Platten auch für Bogenkonstruktionen verwendet.

Dichtsysteme

Der Glasbau verlangt eine dezidierte Abstimmung von Glas und Kunststoffplatten mit deren Dichtung. Angesichts der hohen mechanischen, thermischen und verarbeitungstechnischen Anforderungen ist es angemessen, von Dichtsystemen zu sprechen: der kombinierten Anwendung von spritzbarem Dichtstoff, ausgehärtetem Dichtprofil (Trockenverglasung) und Dichtungsbändern unterschiedlicher Zusammensetzung und Eigenschaften. Neben der direkten Abdichtung von Glasfugen gilt besonderes Augenmerk der funktions- und wärmeschutzgerechten Dichtung von Bauteilanschlüssen. Entscheidungskriterien für die Wahl eines Dichtsystems/Dichtstoffes sind

- Materialeigenschaften im Funktionszustand (Volumenänderung, Haft- und Dehnverhalten, elastisches Rückstellvermögen, Bindemittelabwanderung),
- Verträglichkeit mit angrenzenden Haftflächen (Baustoffe und Anstrichsysteme)
- Verarbeitbarkeit und Standfestigkeit. Voraussetzung für die sichere Bauwerksdichtung ist die konstruktiv geeignete Ausbildung der Fugen, um Dichtstoffe fachgemäß verarbeiten zu können.

Dichtstoffe

Dichtstoffe werden klassifiziert nach ihren physikalischen Eigenschaften und ihrer chemischen Rohstoffbasis. Physikalisch werden Dichtstoffe unterschieden in härtende Dichtstoffe und solche, die plastisch oder elastisch bleiben.

- Härtender Dichtstoff wie Leinölkitt geht aus dem verarbeitungsfähigen Zustand in einen starren Zustand über. Kitt wird daher im Glasbau heute kaum noch verwendet.
- Plastischer Dichtstoff kann auch nach der Verarbeitung seine Form verändern, sich mechanischem Druck anpassen. Je besser er sich nach seiner Verformung wieder in den Ursprungszustand zurückversetzt, je größer also sein Rückstellvermögen ist, desto elastischer ist er. Mischbegriffe wie plastoelastisch oder elastoplastisch betonen die jeweilige Stärke des Materials.

Transparente Stegdoppelplatte aus Plexiglas und wasserspreitender Beschichtung

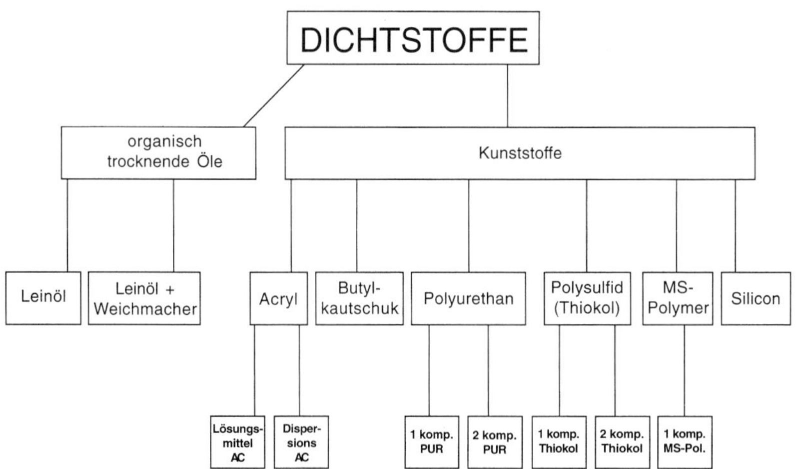

Einteilung der Dichtstoffe nach ihrer Rohstoffbasis

Teilweise besteht ein direkter Zusammenhang zwischen Rohstoffbasis und physikalischer Einteilung. Es lassen sich aber auch bei Einsatz des gleichen Rohstoffes durch Rezeptabwandlungen bestimmte Eigenschaften besonders herausarbeiten. Zu den gebräuchlichsten Dichtstoffen gehören die Silikone. Diese werden unterschieden in sauer vernetzende, neutral und basisch vernetzende Systeme. Acetate, also sauer vernetzende Systeme, reagieren mit Luftfeuchtigkeit unter Abspaltung von Essigsäure. Ihre Haftung auf Glas und Aluminium ist sehr gut, bei Zinkblech, Eisen, Stahl, Kupfer und Messing besteht Korrosionsgefahr. Neutral vernetzende Silikone zeichnen sich aus durch leichte Verarbeitung, gutes Haftverhalten auf fast allen Untergründen sowie hohe UV-Beständigkeit. Alkalisch vernetzende Dichtstoffe sind kaum gebräuchlich. Gute Haftung zeigen sie nur auf zementgebundenen Flächen oder Kunststoffen, die selbst basische Eigenschaften besitzen. Zwar wenig geeignet für den Glasbau, aber aus Kostengründen häufig angewendet werden nicht witterungsbeständige Acrylate. Im Innenbereich können diese jedoch mit guten Ergebnissen verarbeitet werden.

Dichtprofile

Dichtprofile aus Kunstkautschuk werden im Glasbau vornehmlich bei der Trockenverglasung eingesetzt. Die Vorteile der Pressdichtungen liegen in der Vereinfachung der Abdichtungsarbeiten, in der Lösbarkeit und Wiederverschließbarkeit der Verbindung sowie der hohen Beständigkeit der verwendeten Ausgangsstoffe: EPDM und Silikon-Kautschuk. Etyhlen-Propylen-Terpolymer-Kautschuk (EPDM)

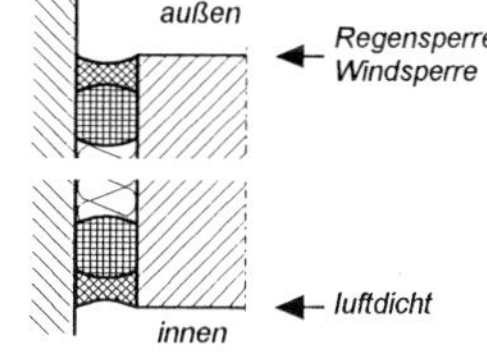

Einstufige Fugenausbildung

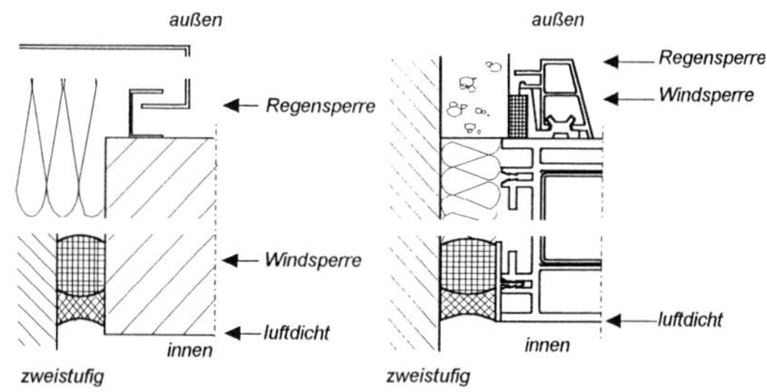

Zweistufige Fugenausbildung: Regen und Wind werden in räumlich getrennten Fugen abgewiesen

Möglichkeiten der funktions- und dichtstoffgerechten Fugenausbildung

ist ein elastisches, witterungs- und UV-beständiges Dichtmaterial mit hohem Rückstellvermögen und Alterungsbeständigkeit. Vulkanisierter Silikonkautschauk verfügt ebenfalls über hohe UV-, Witterungs- und Temperaturbeständigkeit. Vorteilhaft ist der geringe Druckverformungsrest (DV), die weitgehende Rückstellung eine Profiles nach Verformung durch Belastung. Im Gegensatz zu EPDM-Profilen sind Silikon-Profile auf einfache Weise kalt vulkanisierbar – dauerhaft verklebbar mit sich selbst und verschiedenen Untergründen. Daher werden Dichtprofile aus Silikon insbesondere bei der Dachverglasung eingesetzt.

Dichtungsbänder

Bänder aus Butylkautschuk oder Bitumen werden zur Dichtung breiter Anschlussfugen eingesetzt. Die Bänder können kaum mechanische Kräfte aufnehmen, ihre zulässige Gesamtverformung liegt bei lediglich fünf Prozent. Basis der Butylbänder ist Butylkautschuk, ein gas- und wasserdampfdichtes, witterungs- und alterungsbeständiges Material, zudem unempfindlich gegen viele Chemikalien. Zum Schutz vor UV-Strahlung wird es mit Vlies-, Alu- oder Kunststofabdeckung versehen. Bitumenbänder bestehen aus zähem Bitumen mit Alukaschierung. Bitumen haftet problemlos auf den meisten Untergründen. Die starke Klebrigkeit des Bitumens ist ein Handicap in der Handhabung und führt schnell zu Verschmutzungen. Anschlüsse an Glas sollten vermieden werden.

Konstruktionsbeispiele

Holz-Aluminium-Mischkonstruktion

Weit verbreitet im Wintergartenbau ist die Mischkonstruktion Holz-Aluminium, eine Pfosten-Riegel-Konstruktion mit dem Tragwerk aus Holz und dem Verglasungssystem aus Aluminium. Auf diese Weise werden die Vorteile beider Materialien optimal miteinander verbunden. Holz hat schon materialbedingt einen guten Dämmwert (je nach System mit Werten um 1,5 W/m^{2}K für den Rahmen). Für Holz spricht auch das breite Gestaltungsspektrum. Das Profilsystem aus Aluminium ist witterungsbeständig und gewährleistet in Kombination mit Profilen aus EPDM oder Silikon eine funktionsgerechte Verglasung. Alu-Profilsysteme bestehen meist aus zwei Profilschienen. Das innere Alu-Profil dient der planen Glasauflage und der formstabilen Glasfalzausbildung: der Glasfalzbelüftung und der sicheren Ableitung von Kondensat innerhalb des Profilsystems. Das äußere Alu-Profil ermöglicht eine langfristig sichere Abdichtung. Schiene und die Distanzhalter sorgen für einen definierten Verglasungsdruck. Die Distanzhalter dienen zusätzlich zur thermischen Trennung. Insgesamt ist das Profilsystem nach außen (Regen, Schnee, Wind) und innen (Wasserdampf aus Luft) dicht (siehe Ebenenmodell Kapitel Konstruktionsprinzipien). Vorteil des Systems ist die leichte und schnelle Handhabung der Komponenten.

Der Markt bietet eine ganze Reihe unterschiedlicher Verglasungssysteme als Mischkonstruktion, die sich ähneln, aber in den Details durchaus unterschiedlich sind. Die Qualität liegt jedoch in den Detaillösungen sowie in der Flexibilität, diese an ein konkretes Projekt anpassen zu können. Die Qualität einer Wintergartenkonstruktion hängt demnach ab vom System selbst, nicht zuletzt aber auch vom Anwender, dem Wintergartenbauer. Beispielhaft wird hier das Holz-Aluminium Wintergartensystem Serie 55/75 der Firma BUG-Alutechnik vorgestellt. Die Beschränkung auf ein System ermöglicht die Darstellung der wichtigsten Details, hier der Dachverglasung, im Kontext – genauso wie Wintergartenbauer und Planer denken sollten. Die Auswahl ist redaktionell und ist nicht als Wertung anderer Systeme zu verstehen. Vielmehr soll die Darstellung an einem Beispiel das Auge insgesamt für gute Detaillösungen schärfen, denn gute Details sehen auch gut aus.

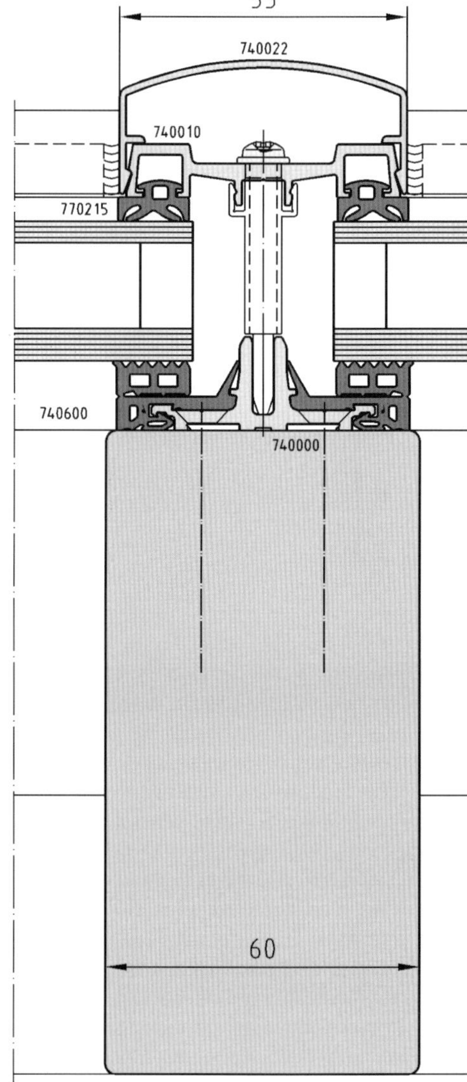

Systemschnitt

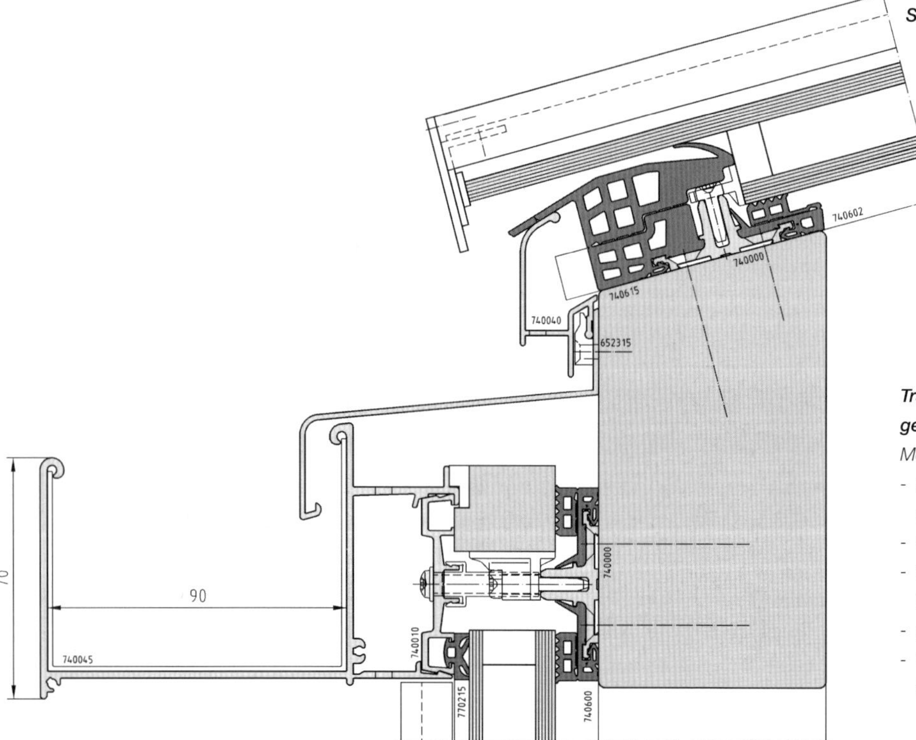

Traufpunkt: Übergang von senkrechter zu geneigter Verglasung

Merkmale

- *sicherer Wasserablauf über Stufenisolierglas und ein Blech über der Dachrinne*
- *Glaseinstand 15 mm*
- *Glasfalzdichtung durch Glasauflageprofil und Traufdichtung*
- *gezielte Kondensatableitung*
- *Verklotzung (Lastabtragung) an der unteren Scheibe*

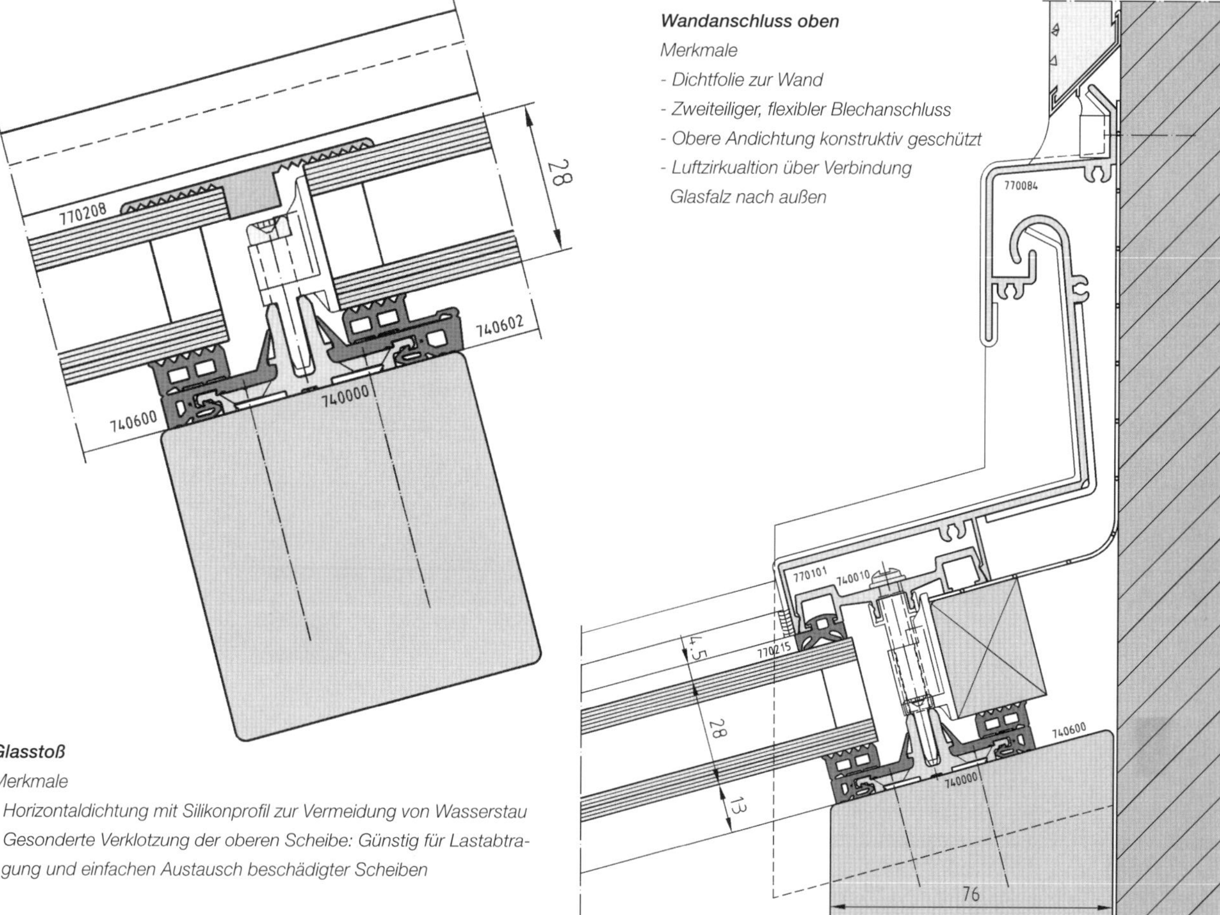

Wandanschluss oben

Merkmale

- *Dichtfolie zur Wand*
- *Zweiteiliger, flexibler Blechanschluss*
- *Obere Andichtung konstruktiv geschützt*
- *Luftzirkualtion über Verbindung Glasfalz nach außen*

Glasstoß

Merkmale

- *Horizontaldichtung mit Silikonprofil zur Vermeidung von Wasserstau*
- *Gesonderte Verklotzung der oberen Scheibe: Günstig für Lastabtragung und einfachen Austausch beschädigter Scheiben*

Holz-Aluminium-Konstruktion aus individuell zusammengestellten Verglasungskomponenten

Konstruktionsbeispiele

Aluminium-Konstruktion

Vielfalt ist das herausragende Kennzeichen von Aluminium-Konstruktionen. Diese sind universal einsetzbar für Fassaden, Glasdächer und Wintergärten. Pfetten-, Sparren- und Gratsparren stehen in abgestuften Abmessungen je nach statischer Anforderung zur Verfügung. Individuell anformbare Gratsparren, Pfettenprofile und Deckschalen ermöglichen die Fertigung von Außenecken zwischen 90° und 180°. Die marktgängigen Systeme, allesamt Pfosten-Riegel-Konstruktionen, erfüllen je nach Ausbildung der thermischen Trennung die Rahmengruppen 1 bzw. 2.1 nach DIN 4108. In der Profilgeometrie sind tragende Querschnitte und Unterkonstruktion des Verglasungsbereichs (Kondenswasserrinnen, Falzgrundbelüftung und Halterungen für die elastischen Dichtprofile) direkt miteinander verbunden. Für Befestigung und Abdichtung der Scheiben stehen verschiedenartig geformte Deckschale zur Verfügung. Viele Systeme bieten mit zusätzlichen Butylbändern unter der Deckschalen doppelte Sicherheit. Die Horizontaldichtungen können wahlweise mit Deckschale oder profillos mit Silikonfugendichtung ausgeführt werden. Und schließlich ist es möglich, Profilsysteme auf unterschiedlichste Tragkonstruktionen aufzubringen: das Gestaltungsspekrum kennt gleichsam keine Grenzen. Das betrifft die Form des Glasbaus und auch die Oberflächengestaltung. Vergleichbar zu den Aluminium-Konstruktionen sind Konstruktionen aus Stahl. Diese werden aus Kostengründen wenig im Wintergartenbau eingesetzt.

Der Markt bietet eine Vielzahl hochqualitativer Konstruktionssysteme. Zur Erläuterung der Konstruktionsweise werden hier beispielhaft Regeldetails des Profilsystems SK 60 der Firma Schüco vorgestellt.

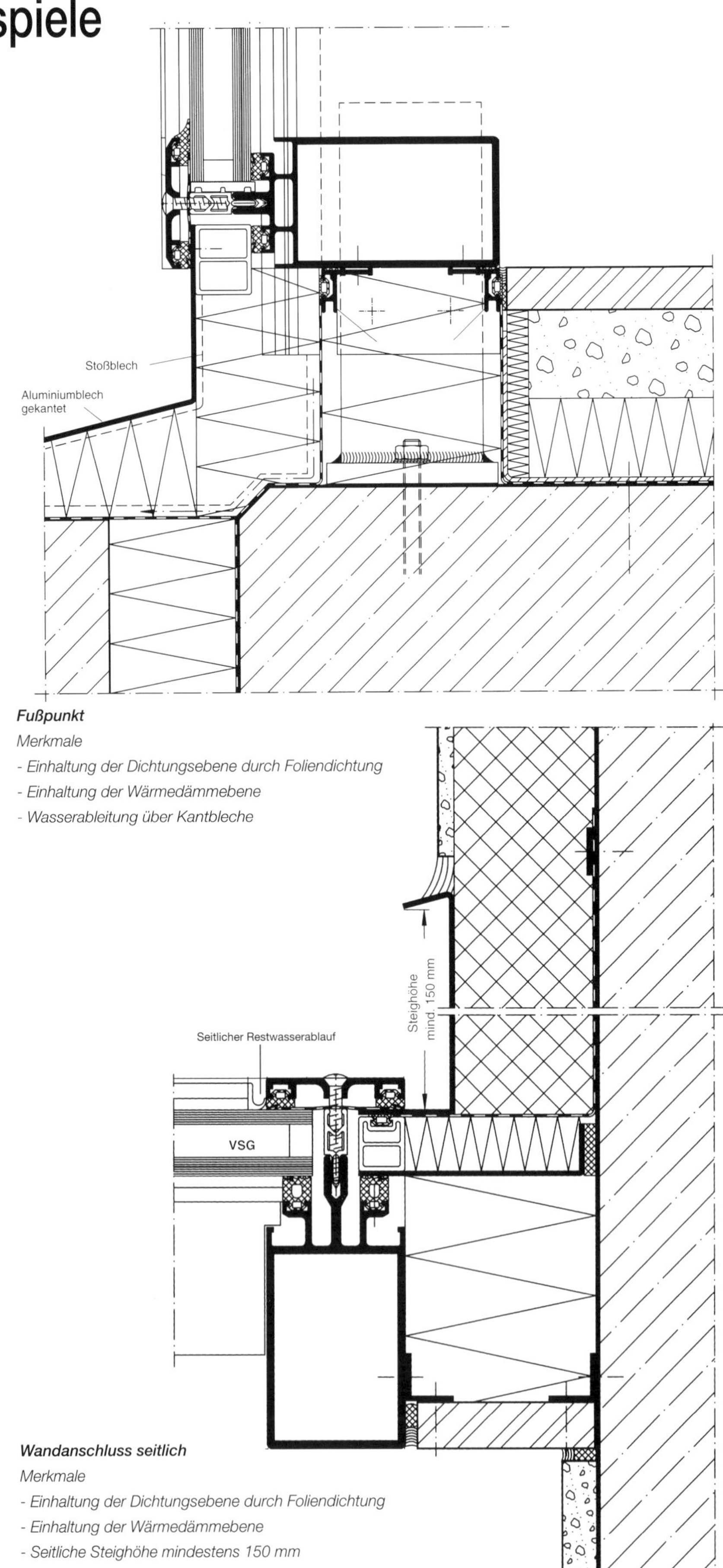

Fußpunkt

Merkmale

- Einhaltung der Dichtungsebene durch Foliendichtung

- Einhaltung der Wärmedämmebene

- Wasserableitung über Kantbleche

Wandanschluss seitlich

Merkmale

- Einhaltung der Dichtungsebene durch Foliendichtung

- Einhaltung der Wärmedämmebene

- Seitliche Steighöhe mindestens 150 mm

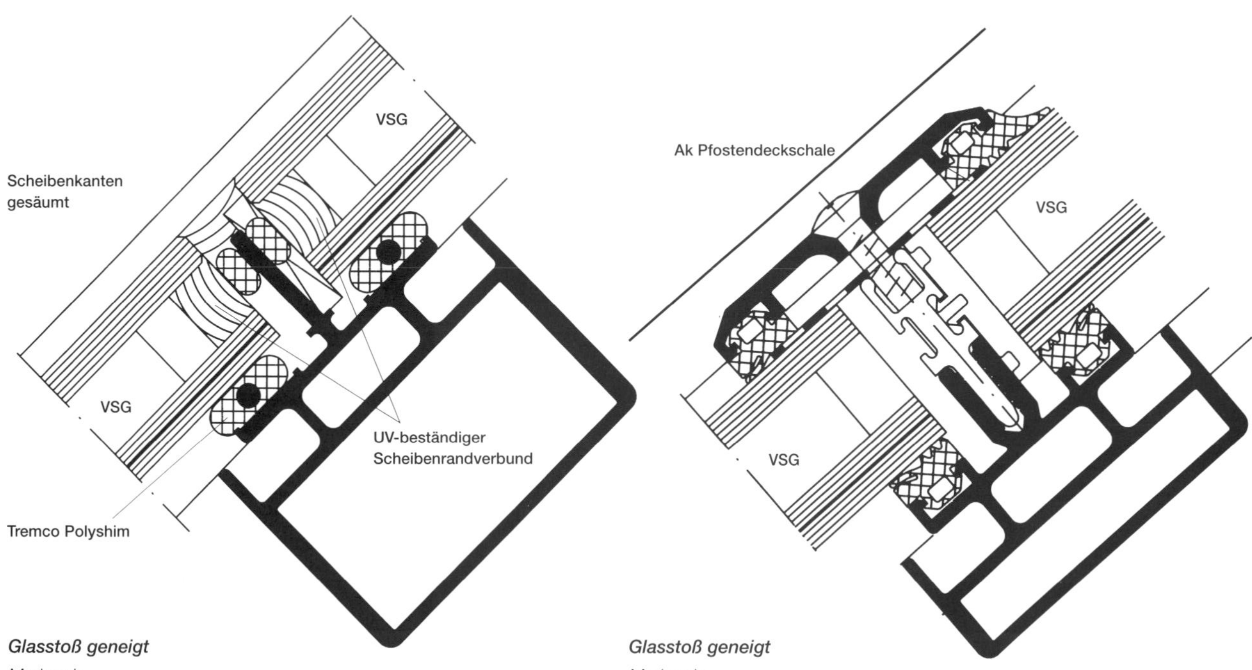

Glasstoß geneigt

Merkmale

- *Horizontalstoß profillos, abgedichtet mit Silikon*
- *Nur Glasprodukte mit UV-beständigem Randverbund zulässig*
- *Haftung und Verträglichkeit des Fugendichtstoffes mit Dichtstoff Randverbund muss gewährleistet sein*
- *Haftung und Verträglichkeit des Fugendichtstoffes mit EPDM-Dichtprofilen und Butylbändern der Längsprofile muss gewährleistet sein*

Glasstoß geneigt

Merkmale

- *Horizontalstoß abgedichtet mit Deckschale und Butylband*

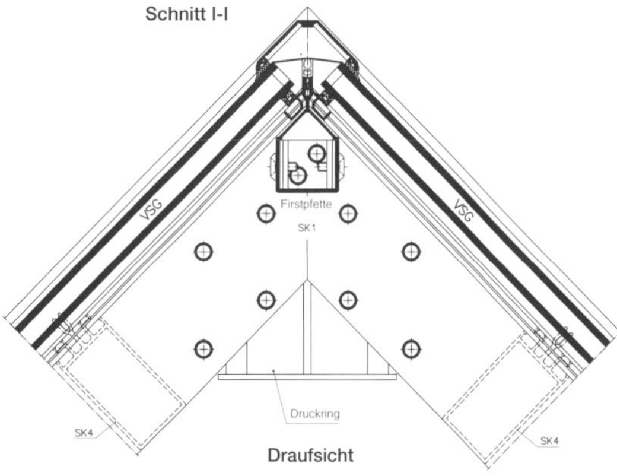

Schnitt durch eine Satteldachkonstruktion

Merkmal

- *Butylband unter Firstkappe*

Aluminium-Konstruktionen bieten vielfältige Gestaltungsmöglichkeiten in Form und Farbe mit geringen Profilquerschnitten und Ansichtsbreiten

Klimatisierung

Lüftung und Sonnenschutz

Lüftungs- und Verschattungseinrichtungen sind unverzichtbare Komponenten für die Regulierung des Raumklimas im Wintergarten. Nur im aufeinander abgestimmten und individuell angepassten Zusammenspiel kann ein optimales Funktionieren und eine hohe Wirksamkeit erreicht werden. Die Auslegung der Klimatechnik hängt von einer Reihe von Faktoren ab:

- Bauweise,
- Lage,
- Ausrichtung,
- Dachneigung,
- Anbindung,
- Anteil massiver Bauteile,
- Glasflächenanteil und der
- tatsächlichen Sonneneinstrahlung.

Die Bauart des Wintergartens entscheidet über Lüftungsbedarf und die Dimensionierung der Technik, frei nach dem Prinzip: Gestaltung vor Technik (siehe Kapitel Klimasystem Wintergarten). Durch eine bauliche Optimierung, wie Reduzierung der Glasflächen oder Einbindung ins Kernhaus, kann der Lüftungsbedarf erheblich reduziert werden. Außerdem fördern niedrige Luftwechselraten die Behaglichkeit, während große Luftbewegungen zu Zugerscheinungen für Mensch und Pflanzen führen.

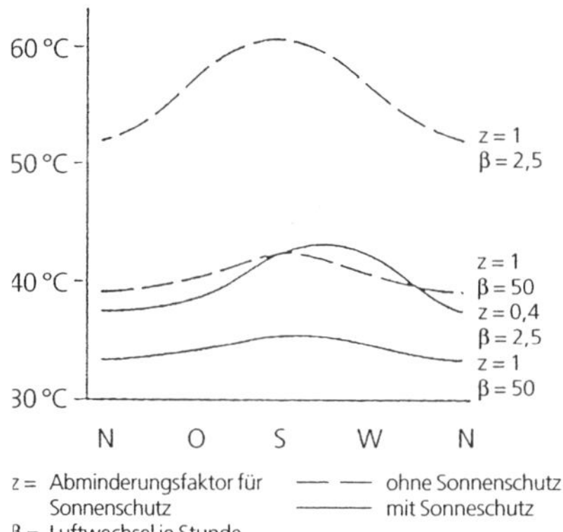

Temperaturen im vollverglasten Wintergarten. Abhängig vom Sonnenschutz und der Luftwechselrate können Lufttemperaturen von über 60°C entstehen

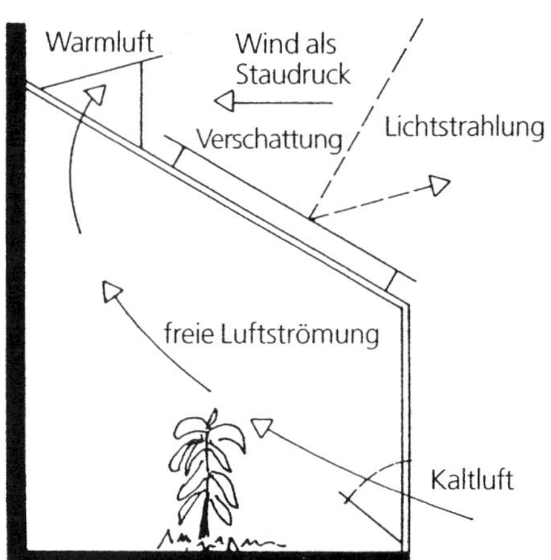

Klimatisierungsprinzip eines Anlehnwintergartens durch Außenverschattung und Lüftungsklappen; die freie Luftströmung darf nicht behindert werden

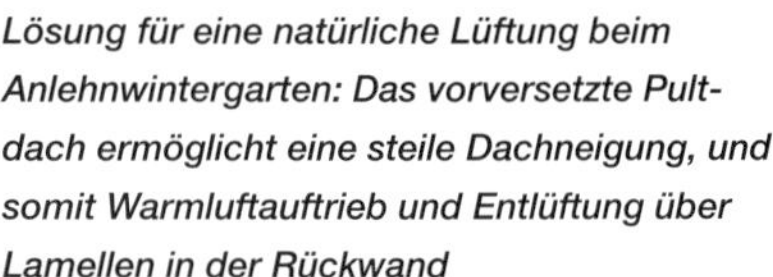

Lösung für eine natürliche Lüftung beim Anlehnwintergarten: Das vorversetzte Pultdach ermöglicht eine steile Dachneigung, und somit Warmluftauftrieb und Entlüftung über Lamellen in der Rückwand

Natürliche Lüftung

Bei jeder Planung sollte zunächst die natürliche Lüftung des Wintergartens optimiert werden. Diese nutzt die sich von selbst einstellenden thermischen Phänomene. Voraussetzungen sind ein möglichst großer Höhenunterschied für den Kamineffekt und die freie Luftströmung. Ein zu flaches Dach, Innenverschattungen, Bepflanzungen und Einrichtungen können allerdings die freie Luftströmung stark behindern. Die Auslegung der notwendigen Lüftungsquerschnitte ist am Objekt zu ermitteln. Für die annähernde Auslegung hilft eine Faustformel aus dem Erwerbsgewächshausbau: 15 bis 20% der Glasflächen sollten zu öffnen sein – 1/3 davon für die Zuluft, 2/3 für die Abluft. Die Anord-

Wintergarten mit Comfort-Dachlüftung: Zuluftgeräte in der vorderen Stehwand, Abluftgeräte auf dem Dach

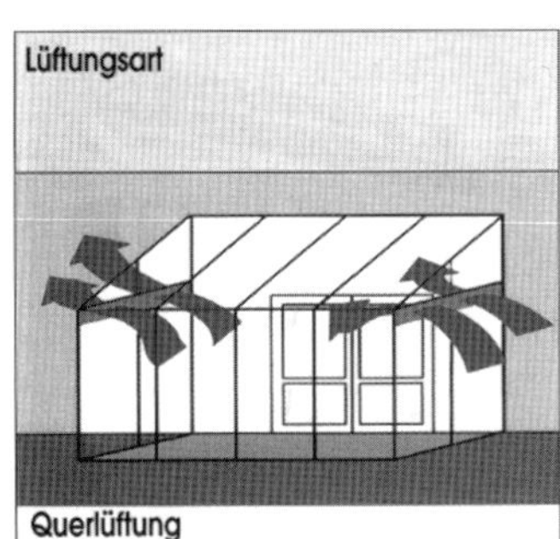

Lüftungsarten automatischer Wintergartenlüftung

nung der Lüftungsöffnungen sollte so verteilt werden, dass eine vollständige Durchströmung des Wintergartens ohne Luftstau gewährleistet ist.

Die Entlüftung eines Wintergartens erfolgt am besten über Öffnungen im Dach. Wenig effektiv ist die Querlüftung über seitliche Giebelwänden, da hier meist nicht die notwendigen Lüftungsquerschnitte gegeben sind. Zur Bedienung der Lüftungsklappen im Glasdach bieten sich verschiedene Möglichkeiten an:

- manuelle und elektrische Spindelheber
- Scheren- oder Zahnstangenheber mit Wellenantrieb.

Alle Systeme sind manuell zu bedienen. Aufgrund der Größe, des Gewichtes und der Erreichbarkeit der Dachlüftungen, aber auch um eine gleichmäßige Klimatisierung zu erreichen, ist eine Automatisierung zu empfehlen.
Die Zuluftführung erfolgt an möglichst tief gelegenen Punkten der senkrechten Wände. Die Luft kann dabei über spezielle Klappen, aber auch über die ohnehin notwendigen Fenster und Türen in den Wintergarten geführt werden.
Sinnvoll ist die Verwendung solcher Klappen und Fenster, mit denen die Zuluft entsprechend den Einstrahlungs- und Witterungsbedingungen dosiert werden kann. Auch Lüftungsklappen im Zuluftbereich lassen sich automatisieren. Antriebs- und Bedienungselemente sind so anzuordnen, dass diese nicht die Benutzbarkeit des Wintergartens beeinträchtigen. Es ist durchaus möglich, wenn auch nicht so effektiv wie der vollautomatische Betrieb, die Zuluft von Hand und die Abluft automatisch zu regeln.

Automatische Lüftung

Automatische Lüftungsanlagen sorgen für einen geregelten Luftwechsel im Wintergarten. Sie bieten sich vor allem für Wintergärten an, deren Raumklima für längere Zeit selbstständig reguliert werden soll: etwa wenn niemand zu Hause ist und Bepflanzungen vor Überhitzung geschützt werden müssen. Mit ihrer Hilfe können auch in verwinkelten Bauformen erträgliche Temperaturen hergestellt werden.
Automatische Lüftungsanlagen bestehen aus zwei Komponeten: einem Abluftgerät, das die Luft bewegt, und einem Zuluftgerät, einer verschließbaren und automatisch mitgeführten Nachstromöffnung für kühlere Luft. Die Positionierung der Geräte richtet sich nach der Lüftungsart:

- Querlüftung mit Zu- und Abluftgeräten in jeweils gegenüber liegenden Giebeln
- Diagonallüftung mit Zuluftgeräten in den vorderen Wänden und Abluftgeräten in den Giebeln

Dachlüftung eines zweigeschossigen Wintergartens mit automatisch geführtem Zahnstangen-Wellenantrieb

- Dachlüftung mit Zuluftgeräten in den Seitenwänden und Abluftgeräten im Dach.

Die Auslegung, also Anzahl und Größe der Lüftungsautomaten, erfolgt nach der erforderlichen Luftwechselrate eines Wintergartens. Diese errechnet sich aus dem Raumvolumen und der Sonneneinstrahlung und bestimmt die Luftmenge, die stündlich ausgetauscht werden muss, um erträgliche Raumtemperaturen zu erreichen. Die Luftwechselrate pro Stunde liegt beim Einsatz von Außenbeschattungen etwa beim zehnfachen, bei Innenbeschattungen beim 20fachen des Rauminhalts. Die Rechnung ist denkbar einfach: Zunächst wird der Rauminhalt ermittelt. Dieser wird dann multipliziert mit der erforderlichen Luftwechselrate pro Stunde.

Eine Beispielrechnung könnte dann so aussehen: 45 cm^3 (Rauminhalt) x 20 (Luftwechselrate Innenbeschattung) = 900 cm^3/h. Die automatische Lüftung muss demnach so dimensioniert sein, dass sie pro Stunde 900 m^3 Luft austauschen kann.

Die marktgängigen Lüftungssysteme unterscheiden sich im Wesentlichen durch ihre Leistungsfähigkeit. Alle Geräte sind für den Einbau in die herkömmlichen Verglasungssysteme geeignet. Wärmegedämmte Gehäuse verhindern unerwünschte Kältebrückenwirkungen. Zu beachten bei der Auswahl sind neben funktionalen Aspekten vor allem die Geräuschentwicklung und die Pflegeleichtigkeit der Geräte. Schließlich gibt es Modelle, die neben der Belüftung auch zur Beheizung eingesetzt werden können: angeschlossen an die Warmwasserheizung mit zusätzlichem Kühlkessel, im Sommer im Außenluftbetrieb, im Winter im Umluftbetrieb.

Sonnenschutz

Grundsätzlich ist in jedem Wintergarten eine Beschattung als Sonnenschutz sinnvoll, in den meisten Fällen auch notwendig. So sind in großflächig verglasten Wintergärten – bei geschlossenen Lüftungseinrichtungen – schon Temperaturen von über 60°C gemessen worden. Glas, auch Sonnenschutzglas reicht zum sommerlichen Wärmeschutz allein keineswegs aus. Wieviel Energie durch ein Glas im Raum ankommt, wird über die Sonneneinstrahlung (in W/m^2) und die spezifischen Kennwerte des Glasproduktes ermittelt. Aus Strahlungstransmissionsgrad, Strahlungsreflexionsgrad, Strahlungsabsorptionsgrad, sekundärer Wärmeabgabe innen und außen ergibt sich der Gesamtenergiedurchlassgrad, der g-Wert (in Prozent). Das Produkt aus Einstrahlung pro Quadratmeter und g-Wert ergibt die Einstrahlung in Watt. Je kleiner der g-Wert, desto weniger Energie dringt in den Raum und umgekehrt. Erst durch einen inneren oder äußeren Sonnenschutz kann die Einstrahlung wirksam gemindert werden. Die Wirksamkeit des Sonnenschutzes bestimmt der z-Wert (DIN 4108 Teil 2), der Quotient aus Gesamtenergiedurchlassgrad Verglasung und

Zeile	Sonnenschutzvorrichtung	z
1	fehlende Sonnenschutzvorrichtung	1,0
2	innenliegend und zwischen den Scheiben liegend	
2.1	Gewebe bzw. Folien[2]	0,4 bis 0,7
2.2	Jalousien	0,5
3	außenliegend	
3.1	Jalousien, drehbare Lamellen, hinterlüftet	0,25
3.2	Jalousien, Rolläden, Fensterläden, feststehende oder drehbare Lamellen	0,3
3.3	Vordächer, Loggien[3]	0,3
3.4	Markisen, oben und seitlich ventiliert[3]	0,4
3.5	Markisen, allgemein	0,5

1 Die Sonnenschutzvorrichtung muß fest installiert sein (z. B. Lamellenstores). Übliche dekorative Vorhänge gelten nicht als Sonnenschutzvorrichtung.

2 Die Abminderungsfaktoren z können aufgrund der Gewebestruktur, der Farbe und der Reflexionseigenschaften sehr unterschiedlich sein. Im Einzelfall ist der Nachweis in Anlehnung an DIN 67 507 zu führen. Ohne Nachweis darf nur der ungünstigere Grenzwert angewendet werden.

Abminderungsfaktor z von Sonnenschutzeinrichtungen in Verbindung mit Verglasungen

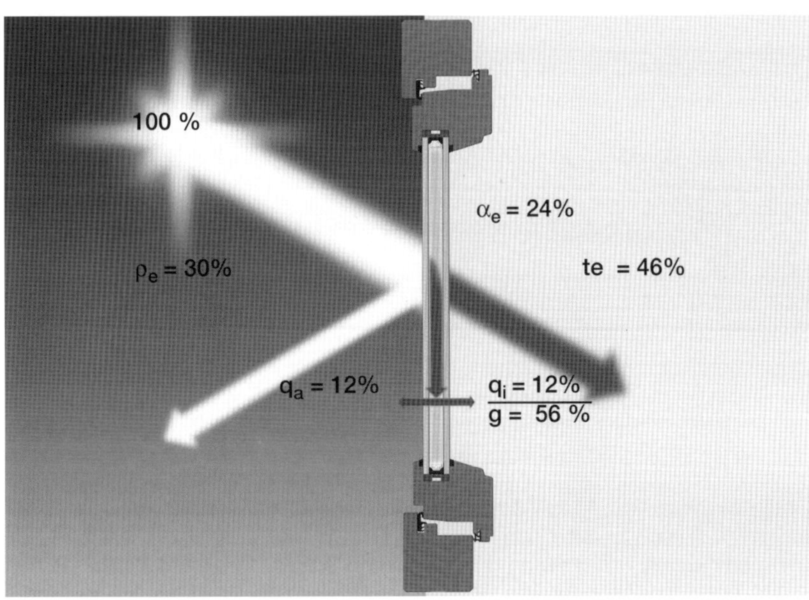

Bestimmungsfaktoren des Gesamtenergiedurchlassgrades, g-Wert

Sonnenschutz (gF) und Gesamtenergiedurchlassgrad Verglasung (g):
z = gF/g.

Die tatsächliche Wirksamkeit eines Sonnenschutzes hängt von vielen Faktoren ab:

- dem Nutzerverhalten; offen oder zu
- Anbringen innen oder außen; zwischen den Scheiben ist drei- bis viermal besser als innen, außen ist sieben- bis zehnmal wirksamer als innen
- Art der Verglasung; Beispiele: Jalousie innen mit Sonnenschutzverglasung z-Wert = 0,70; Jalousie innen mit Einfachverglasung z-Wert = 0,35
- Hinterlüftung; Beispiele: Markise, außen, sehr gut hinterlüftet: z-Wert = 0,10; Markise, außen, sehr schlecht hinterlüftet: z-Wert = 0,20; Rollo, innen, voll hinterlüftet: z-Wert = 0,42; Rollo, innen, nicht hinterlüftet: z-Wert = 0,32
- Abstand von der Verglasung , Laibungsmaterial und -farbe, Randeffekten, Reflexionen, Ausrichtung des Fensters, Standort des Wintergartens. [Quelle: WAREMA]

Die Frage Außen- oder Innenbeschattung ist nicht pauschal zu beantworten.

Prinzipiell ist eine Außenbeschattung wirksamer als eine Innenbeschattung. Bei ausreichender Hinterlüftung kann eine Innenbeschattung genauso wirkungsvoll sein wie eine Außenbeschattung. Individuell betrachtet haben sich sowohl innen liegende als auch außen liegende Beschattungen bewährt.

ρ_e = Strahlungsreflexionsgrad
α_e = Strahlungsabsoptionsgrad
τ_e = Strahlungsimissionsgrad
q_a = Sekundärer Wärmeabgabegrad außen
q_i = Sekundärer Wärmeabgabegrad innen
g = Gesamtenergiedurchlaßgrad

Außenverschattung aus Markisensystemen

Außenbeschattung

Je nach Einsatz, ob auf dem Dach oder in der Senkrechten, stehen eine Reihe verschiedenartiger Beschattungsarten zur Verfügung. Für Glasdächer haben sich Markisen aus wetterfesten Kunststoffgeweben bewährt, die mit Hilfe von Aluschienen über das Dach geführt werden. Die automatische Steuerung von Außenbeschattungen gewährleistet ein rechtzeitiges Ausfahren bei Sonnenschein und Schutz vor Regen und Gewitterböen durch selbstgeregeltes Zurückfahren. Beschattungen allein auf dem Dach schützen meist nur vor hochstehender Sonne. Gegen tiefere Sonnenstände hilft entweder ein Überstand der Dachmarkise oder eine zusätzliche Beschattung der senkrechten Wände. Für die Beschattung vertikaler Glaskonstruktionen bieten sich ebenfalls Markisen an (auch partiell zum Hochklappen), darüber hinaus Lamellensysteme – diese sogar mit Einbruchschutz. Kriterien für die Wahl eines Systems sind Bedienungsfreundlichkeit, für den Stoff Farbwiedergabe und eventuell Transparenz. Beide bestimmen die Behaglichkeit hinter der Beschattung.

Außenverschattung aus Markise im Dach und Lamellen in der Senkrechten

Innenverschattung

Innen liegende Sonnenschutzsysteme bieten guten Blendschutz, dazu vielfältige Möglichkeiten zur Raumgestaltung und eine leichte Handhabung. Auch können Selbstbauer hier mit einfachen Mitteln preiswert für Sonnenschutz sorgen. Die auf dem Markt angebotenen Stoffe und Systeme unterscheiden sich durch die Art der Materialien, die Verarbeitung, die Bedienungselemente und jeweils besonderen Eigenschaften: unterschiedliche Transparenz, feuerhemmende Beschichtungen oder Aluminiumbedampfung zur Lichtreflexion. Die Wirksamkeit solcher Beschichtungen ist umstritten.
Zu beachten ist beim Einsatz aller Beschattungssysteme – innen wie außen –, dass sich diese nicht gegenseitig mit Bedienungselementen der Lüftungseinrichtungen behindern oder deren der Öffnungsmöglichkeiten einschränken.

Die Innenbeschattung aus Stoffbahnen ermöglicht ein differenziertes Maß an Licht und Schatten

Innenbeschattungen bieten in jedem Fall Blendschutz, können aber auch die freie Luftströmung zur Kühlung behindern

Probleme und Schäden

Eine ganze Reihe von Planungs- und Ausführungsfehlern, oder die Kombination von beiden, können die Nutzbarkeit eines Wintergartens erheblich einschränken. Ausdruck finden diese im besten Fall in mehr oder weniger häufig auftretenden Phänomenen wie Zugerscheinungen, Kondenswasser, Geruchsbelästigungen, Überhitzung oder Frost. So unangenehm solche Erscheinungen sind, so werden die Bewohner in den meisten Fällen damit leben müssen. Allerdings kann insbesondere der erhöhte Anfall von Feuchtigkeit zu großen Schäden führen: Seien es Bauschäden wie Holzfäulnis und feuchtes Mauerwerk oder gesundheitliche Beeinträchtigungen durch Schimmelpilz, der die Atemwege belastet. Bei Ausführungsfehlern besteht in vielen Fällen zumindest die Chance der Nachbesserung oder die Möglichkeit, erträgliche Lösungen für die Abminderung von Mängeln zu finden. Bei massiven Schäden bleibt mitunter jedoch nur der Ersatz ganzer Bauteile oder gar der Abriss. Auch Planungsfehler lassen häufig wenig Spielraum zur Korrektur. Umgekehrt ist das Wissen um mögliche Fehler, der beste Schutz vor diesen. Planer und Bauherr sind gefordert, sich bei der Planung Zeit zu lassen, die Realisierbarkeit von Wünschen und die Befähigung des Wintergartenbauers mit Bedacht zu prüfen.

Planungsfehler

Planungsfehler sind meist Formfehler (siehe Kapitel Klimasystem). Das flache Dach führt schnell zu Überhitzung, ausladende Bauformen mit thermisch ungenügenden Verglasungen führen zu Wärmeverlusten, extremen Temperatursprüngen und zu Tauwasser an und in der Konstruktion, mangelnde Durchlüftung des Wintergartens aufgrund unzureichender Lüftungseinrichtungen, aber auch Ecken und Versprünge behindern wiederum das Trocknen des Tauwassers, die fehlende thermische und funktionale Trennung von Wintergarten und Kernhaus bringt Feuchtigkeit, Hitze und auch Gerüche ins ganze Haus. Formfehler können eventuell mit einem erhöhten Aufwand an Technik wettgemacht werden: Mit dem nachträglichen Einbau von Lüftungs- und Entfeuchtungsautomaten sowie Heizungen. Schäden durch Feuchtigkeit am Holztragwerk lassen sich nicht so einfach beheben. Inwieweit in solchen Fällen ein Planungsfehler oder ein Ausführungsfehler vorliegt, ist schwer zu ermitteln. Und schließlich entsteht so mancher Schaden aus zwar gut gemeintem, aber technisch mangelhaftem Gestaltungswillen. So fehlt bei hellen Holzlasuren oft der notwendige UV-Schutz, während bei einer zu dunklen Farbe durch Überhitzung der Anstrichfilm auf Holz reißen kann.

Ausführungsfehler

Das Spektrum an Ausführungsfehlern ist sehr groß. Ins Auge fallen zunächst alle Arten von Undichtigkeiten. Bei besagtem flachen Dach oder komplizierten Kehl- und Gratdachkonstruktionen sind im Glasbau, insbesondere bei Holzbauweisen, gute konstruktive Lösungen kaum möglich. Die Dichtungsversuche mit Unmengen von Silikon, dazu noch auf häufig nicht Dichtstoff verträglichen Untergründen, bezeugen bauliche aber auch handwerkliche Mängel. Ähnlich verhält es sich bei Bauteilanschlüssen: Hier sollen oft Dichtstoffe konstruktive Lösungen ersetzen. Mangelnde Wärmedämmung kann hier zusätzlich zu Kältebrücken mit entsprechendem Tauwasseranfall führen. Verdeckte Mängel liegen in der Verwendung ungeeigneter Verglasungssysteme: Die Verglasungen sind weder nach außen gegen Regen und Schnee noch nach innen gegen Wasserdampf aus der Raumluft dicht (siehe Ebenenmodell Kapitel Konstruktionsprinzipien). Fehlende thermische Trennung im Verglasungssystem verursachen wiederum Tauwasseranfall, hier im Glasfalz. Kann dies nicht abgeführt werden, wird über kurz oder lang der Randverbund des Isolierglases geschädigt – die Scheiben werden durch eindringende Feuchtigkeit „blind". Häufigster Schaden ist der Glasbruch. Hauptursache sind mechanische Überlastungen durch ungeeignete Glasauflagen, insbesondere im Dach, sowie mangelhafte Glasbefestigungen und Verklotzungen. Ungleichmäßiger Anpressdruck führt zu einer gequetschten Lagerung der Scheiben, die dann bei Belastung brechen. Die nicht fachgemäße Befestigung kann außerdem zu thermisch bedingtem Glasbruch führen, wenn sich die Scheiben bei Erwärmung nicht ausdehnen können. Eine weitere Ursache für thermischen Glasbruch ist die dauerhafte Teilverschattungen von Wärmefunktionsgläsern.

Gebrauchsfehler

Gebrauchsfehler entstehen durch Fehlbedienung von Lüftungs- und Beschattungseinrichtiungen oder einfach nur Unbedachtheit. So werden bruchverursachende Teilverschattungen auch durch nur teilweise ausgefahrene

Schädigung eines Holzrähms am Glasstoß durch nicht abgeführtes Tauwasser

Konstruktiv ungeeignete Anschlüsse und Dichtprofile auf dem Glasdach – Kompensierungsversuch durch Einsilikonieren

Markisen verursacht, oder durch Einrichtungen, die direkt an der Scheibe stehen. Einrichtungen wie auch wuchernde Bepflanzungen begünstigen zudem in nicht hinterlüfteten Ecken die Schimmelpilzbildung. Mit etwas Aufmerksamkeit durch die Bewohner sind all diese Schäden leicht zu vermeiden.

Für Dachverglasungen ungeeignete Bitumenbänder lösen sich von den Scheiben am Glasstoß

Schleichendes Problem: Durch stehendes Wasser geschädigter Sockel und unzureichende Andichtung der Holzkonstruktion durch gerissene Dichtstofffuge

Bepflanzung einer zweigeschossigen Glashalle, die als grüner Puffer und Erschließungsbau unbeheizt und bis auf wenige Ausnahmen frostfrei ist: Staudenhölzer und einjährige Blüter vertragen auch niedrige Temperaturen

Pflanzen

Konzepte

Das grüne Glashaus ist Synonym für den Wintergarten. Die Bandbreite der Bepflanzungs- und Gestaltungsmöglichkeiten ist enorm: Vom bepflanzten Wohnraum über das bewohnte Gewächshaus bis zur „Naturklimaanlage". Doch nicht jede Pflanze gedeiht in jedem Wintergarten. Bei der Auswahl der Bepflanzung bedarf es großer Sorgfalt. Die Bepflanzung eines Wintergartens ist abhängig von den jeweiligen Kulturbedingungen. Pflanzen sind lebende Organismen, die in der Tat auf Gedeih und Verderb den Bedingungen ihres Umfeldes ausgeliefert sind. Ein Wintergarten sollte daher idealerweise in Art und Technik nach den Bedürfnissen der Pflanzen ausgelegt werden. In der Regel ist es jedoch umgekehrt: die Bepflanzung muss den baulichen Vorgaben angepasst werden. In jedem Fall empfiehlt es sich, einen erfahrenen Gärtner um Rat zu fragen. Das spricht nicht gegen die eigene Experimentierfreude, geeignete Pflanzen zu finden und Standorte auszuprobieren. Das persönliche Engagement, der individuelle Zeitaufwand und auch das Budget sind genauso wichtige Kriterien für die Bepflanzung wie die örtlichen Gegebenheiten. Die Entscheidung für eine Bepflanzung beruht ganz wesentlich auf dem Pflegeaufwand, der individuellen Bereitschaft, sich viel oder eher weniger zu kümmern, anders: der Bepflanzungstyp sollte dem Bewohnertyp entsprechen.

Gewächshaus-Typologie

Hilfestellung und Orientierung für die Bepflanzung gibt die Einordnung des geplanten oder bestehenden Wintergartens in eine Gewächshaus-Typologie. Grundlage für die Typologie sind die zu erwartenden oder tatsächlichen raumklimatischen Bedingungen, mit Schwerpunkt Winter und abhängig von Art und Nutzung. Unterschieden werden:
- ungeheiztes Gewächshaus
- frostfreies Gewächshaus
- ständig warmes Gewächshaus

Das ungeheizte Gewächshaus

Zu diesem Typ gehören Glasanbauten wie etwa Pufferzonen, die übers Jahr extrem unterschiedliche Verhältnisse in Temperatur und Luftfeuchtigkeit aufweisen und die nicht unbedingt frostfrei sind. Zur Bepflanzung eignen sich hier nur winterharte einheimische Gehölze und verschiedene Bambusarten. Wenn die Minimaltemperaturen im Winter sicher über der Außentemperatur bleiben, können auch ostasiatische und mediterrane Gehölze wie Feige, Olive oder Lorbeer gepflanzt werden.

Das frostfreie Gewächshaus

Bei diesem Typ ist Frostfreiheit zwar Bedingung, doch dürfen die Temperaturen kurzfristig auf maximal minus fünf Grad Celsius absinken. Es eignen sich mediterrane Pflanzen wie Zitrusgewächse, Trockensteppenbepflanzungen zum Beispiel mit Yukka-Palmen und Sukkulenten aus Mittelamerika. Möglich sind, allerdings pflegeintensiv und kostspielig, weiterhin Australpflanzungen mit Gewächsen aus Australien, Neuseeland, aber auch Südafrika und Südamerika. (Eucalyptus und Akazien). Im sicher frostfreien Glashaus können außerdem Pflanzen aus tropischen Hochlagen kultiviert werden: Nachtschattengewächse wie Stechapfel und Passionsblumen.

Das ständig warme Gewächshaus

Hier liegen die Durchschnittstemperaturen im Winter zwischen 10 bis 15°C, Frost ausgeschlossen. Durchgehend gleiche raumklimatische Bedingungen – und eine zusätzliche Heizquelle – vorausgesetzt, ist die Auswahl an Bepflanzungen groß.
Es gedeihen Pflanzen vor allem tropischen Ursprungs mit unterschiedlichen Pflanzbildern: Schnell wachsende Bananen, Papyrus oder großblumige Bougainvillea. Besonders wichtig ist eine ausreichende Beschattung des Glashauses. Tropenpflanzen stammen in der Regel aus dem Unter-

holz der Urwälder, wo bei sehr hoher Luftfeuchte eine wesentlich geringere Sonneneinstrahlung als hierzulande unter einem Glasdach herrscht. Fast alle tropischen Pflanzen vertragen nur geringe Temperatur- und Belichtungsschwankungen.

Pflanzenauswahl, Pflege und Pflanzenschutz

Pflanzempfehlungen sind pauschal nicht möglich. Eine Auswahl von Pflanzen, die das ganze Jahr hindurch Temperaturen von mehr als fünf Grad Celsius (kurzzeitiger Frost möglich) benötigen, demonstriert die Bandbreite: Agave, Akazie (Mimose), Bambus, Bleiwurz, Bougainvillea, Bubikopf, Canna, Engelstrompete, Erdbeerbaum, Eukalyptus, Feigenkaktus, Feige, Flaschenputzer, Fuchsie, Geldbaum, Hibiskus, japanische Wollmispel, Kakipflaume, Kamelie, Lorbeer, Oleander, Passionsblume, Pelargonie (Geranie), Rosmarin, Schönmalve, Silbereiche, Simse, Wandelröschen, Wien, Yucca, Zimmerlinde, Zitrusgewächse. Ausschlaggebend für die Pflanzenauswahl sind stets die realen Standortbedingungen wie das jährliche Temperaturspektrum, das Lichtangebot und nicht zuletzt auch die Qualität des Gießwassers, wie Härtegrad und Kalkgehalt. Wichtig ist zudem der Faktor Zeit. Pflanzen brauchen Zeit zum Wachsen – je langsamer das Wachstum desto kräftiger die Pflanze und desto geringer ihre Anfälligkeit für Krankheiten. Das ist bereits ein Qualitätsmerkmal beim Kauf und gilt insbesondere für die Kultivierung im eigenen Wintergarten. Angemessene Pflanzbedingungen sind die Voraussetzung für pflegeleichten Betrieb und der beste, weil natürliche Pflanzenschutz. Pflege und Pflanzenschutz werden durch die Beachtung von „Pflanzhierarchien“ unterstützt. Große Pflanzen etwa spenden kleineren Schatten und schützen diese vor Hitze, Bodendecker wiederum schützen den Boden und die größeren Pflanzen vor Austrocknung. Für die Kultivierung bieten sich Beete und Kübel an. Pflanzen in Kübel zu setzen (auch im Beet) hat große Vorteile. Erstens können diese leicht versetzt werden, wenn sich Standorte als ungeeignet erweisen. Außerdem kann jede einzelne Pflanze ihren unterschiedlichen Bedürfnissen gemäß gepflegt werden. Die Widerstandsfähigkeit der Pflanze selbst ist dabei ebenso wichtig wie vorbeugender Pflanzenschutz durch die richtige Pflanzenauswahl. Dennoch kann es in der künstlichen Welt eines Wintergartens, wie ja auch in der natürlichen, immer wieder mal zu Schädlingsbefall kommen. Ein prophylaktischer chemischer Pflanzenschutz durch ein- bis zweimaliges Spritzen im Jahr ist daher ratsam. Andererseits gibt es durchaus positive Erfahrungen mit biologischen Methoden. Bei Befall ist es immer sinnvoll, fachmännischen Rat einzuholen, um gezielt gegen Schädlinge vorzugehen und den Aufenthaltsraum Wintergarten nicht unnötig für die Bewohner zu belasten.

Überwinterung

Zur Überwinterung von Tropenpflanzen scheint das Glashaus geradezu prädestiniert. Doch der Eindruck trügt: Tropische Gewächse sind besonders empfindlich gegen die typisch winterlichen Erscheinungen im Glashaus: den häufigen Wechsel von Wärme, Kälte und Feuchtigkeit. Besonders im Winter wollen Pflanzen vor hohen Temperaturen und zuviel Licht geschützt sein. Eine ganze Reihe von Pflanzen benötigen einmal im Jahr eine Ruhephase mit geringer Lichtintensität und niedrigen Temperaturen sowohl in der Luft wie auch im Wurzelbereich. Zum Austrieb und für den Blütenansatz sind kühle Temperaturen notwendig. Ist es bis in den Winter hinein warm, verlängert sich die normale Blütenzeit deutlich. Nachteil: Die Pflanze erschöpft sich und blüht im nächsten Jahr vielleicht gar nicht. Niedrige Temperaturen im Erdreich sind außerdem notwendig, damit die Pflanze gut Dünger aufnehmen kann, und zwar gerade für blühende Pflanzen. Wie wichtig die Abkühlung ist, zeigt das Beispiel der Orange. Sie erlangt ihre typische Farbe erst bei Temperaturen unter zehn Grad Celsius. Die schwierigste Zeit des Jahres für Pflanzen im Glashaus sind die Monate Januar und Februar. Dann nämlich kann es bei starker Sonneneinstrahlung zu erheblichen Temperaturerhöhungen im sonst kühlen Glashaus kommen. Das lässt die Pflanzen zu früh sprießen; wird es danach wieder kälter, erfrieren die Ansätze, es gibt keine Blüten.

Rankender Wein bringt etwas Schatten und Früchte – gerade im ungeheizten Wintergarten

Südfrüchte als Zier- und Nutzsorten sorgen für dichten und schnellen Bewuchs; ebenfalls geeignet für das „ungeheizte Gewächshaus“

Auch Außenbepflanzungen tragen zur Verbesserung des Wintergartenklimas bei: Wasserflächen vor den Lüftungsklappen ermöglichen eine Anreicherung der Zuluft mit Feuchtigkeit

Blick in die „Naturklimaanlage" im Gewerbehof PRISMA, Nürnberg

Vorbild Gärtnerei: schöne Pflanzbilder, optimale Kulturbedingungen und natürliche Pflanzenschutz durch Pflanzhierarchien und hohen Luftraum für freie Luftströmung

Pflanzenbeete sorgen für wachstumsfördernden Wurzelraum

Das Nebeneinander von Nutz und Zierpflanzen schafft eine besondere Atmosphäre im Glashaus

Lüftung und Beschattung

Licht und Luft sind die Grundvoraussetzungen für das Wohlergehen von Mensch und Pflanze im Wintergarten. So benötigen Pflanzen insbesondere über sich einen möglichst großen Luftraum, damit Wasser verdunsten kann. Die freie Luftströmung in allen Bereichen des Wintergartens verhindert für die Pflanzenkultur schädliche Hitzestaus. Bei intensiven Bepflanzungen sollten daher großzügig dimensionierte Lüftungseinrichtungen für beständige Frischluftzufuhr sorgen. Beschattungen, unterstützen die Klimatisierung. Diese verhindern zu hohen Lichteinfall, schützen die Blätter der Pflanzen vor Verbrennungen durch direktes Sonnenlicht. Lüftungs- und Beschattungsvorrichtungen sind notwendig, und entsprechend auch so auszulegen, um im Sommer die maximale Lufttemperatur im Glashaus etwa auf dem Niveau der Außentemperatur zu halten.

Beispiel „Naturklimaanlage"

Ein besonderes Beispiel für die Nutzung einer Bepflanzung im Wintergarten/Glashaus ist die „Naturklimaanlage" im Ökologischen Wohn- und Gewerbehof „PRISMA", Nürnberg, entwickelt von Sunna Büro für Sonnenenergie, Freiburg (siehe auch Projektbeispiele Glashallen). Wesentlicher Bestandteil des Klimatisierungssystems sind die großen intensiv begrünten Glashäuser. Die in die Glashäuser strömende Außenluft wird durch Pflanzen, Wasserwände und Wasserflächen gereinigt, mit Sauerstoff angereichert und im Sommer durch Wasserverdunstung gekühlt und befeuchtet. Im Winter wird durch passive Sonnenenergienutzung die Glashausluft vorgewärmt. Aus Gründen der Energieeffizienz werden die Glashäuser nicht beheizt. Eine Notheizung verhindert im Winter das Absinken der Lufttemperatur unter –5°C. Entsprechend den Temperaturverhältnissen und den typischen Außenlufttemperaturen im Sommer sind geeignete Pflanzen ausgewählt worden. Diese stammen aus dem ostasiatischen und australisch/neuseeländischen Raum. Die Kultur besteht aus Leitpflanzen und Solitärgehölzen – Eucalyptus, Acacia, Camellia Japonika, Phyllostachys bambusoides u.a. –, ergänzt durch Kletterpflanzen, Begleitpflanzen und Bodendecker. Im Sommer brauchen die ausgewählten Pflanzen viel Licht. Die Verschattung muss so angebracht werden, dass die Belichtung der Pflanzen und eine freie Luftströmung gewährleistet ist. Der notwendige Luftwechsel erfolgt über ein großflächiges, bewegliches Lamellendach.

3 Projektbeispiele

Glashaus angebaut

Zwischenraum

Projekt:	Neubau eines Einfamilienhauses
Architekt:	Manfred Huber, Baumgarten
Standort:	Freising
Bauzeit:	1999
Wohnfläche:	265 m^2
Baukosten:	DM 950.000

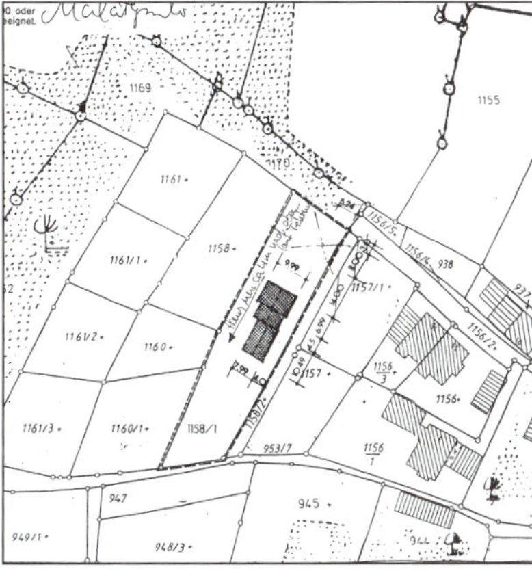

Lageplan

Situation

Das Wohnhaus liegt auf einem langgestreckten Hanggrundstück. In dem Bebauungsplan war eine verbindliche Traufhöhe festgelegt. Aufgrund der Länge des Baukörpers war eine Höhenstaffelung so unumgänglich. Darüber hinaus öffnet sich das sehr schmale Grundstück mit seiner kurzen Seite nach Süden. Die Ausrichtung des Gebäudes unterlag damit einer ganzen Reihe von schwierigen Randbedingungen.

Entwurf

Um die geforderte Firsthöhe einhalten zu können, teilt sich das Gebäude in zwei Baukörper. Zwischen den beiden Häusern fungiert ein Wintergarten als Bindeglied für die beiden Teile. Gleichzeitig trennt er das Gebäude funktional und verknüpft die inneren und äußeren Beziehungen in verschiedene Richtungen.

Der Wintergarten mit Teich und Terrasse

Ansicht West

Ansicht Süd

In dem gläsernen Zwischenbau befinden sich der Eingangsbereich mit Diele und Treppe, nach Westen schließt im Außenbereich ein kleiner Teich und eine Terrasse an.

Die Teilung spiegelt sich auch in der Nutzung der beiden Häuser wider: der vordere, nördliche Teil wird von den Kindern bewohnt, im hinteren, südlichen Teil sind die Aufenthaltsräume und der Bereich der Eltern angeordnet.

Unmittelbar neben dem Eingang liegt der Koch- und Essbereich, der zu der westlichen Terrasse orientiert ist. Der südlich gelegene Wohnraum öffnet sich zu dem unteren Garten und ist um einige Stufen erhöht, sodass sich auch im Inneren die differenzierte Höhenentwicklung des Gebäudes erleben lässt.
Diese setzt sich im Obergeschoss fort; hier sind die Räume der Eltern, sowie die Bade- und Kinderzimmer untergebracht.

Neben den Hauptausrichtungen, die durch raumhohe Fenster betont werden, eröffnen zusätzlich schmale Fensterschlitze besondere Ausblicke auf die übrigen Bereiche des Grundstückes.

Der Wintergarten mit der offenen Holztreppe aus frei auskragenden Stufen ist Mittelpunkt des Hauses, in dem sich alle Wege kreuzen. Eine üppige Bepflanzung und der Blick auf Teich und Garten erinnern an die traditionelle Gewächshausnutzung.

Konstruktion

Die beiden Häuser sind als Massivkonstruktion ausgeführt. Der Wintergarten ist aus Leimholzträgern konstruiert, auf denen die Glasscheiben mit einer Aluminiumanpressschiene gehalten werden
Horizontale Öffnungsflügel in der Glasfassade und im First sorgen für ausreichende Lüftung. Die Senkrechtverglasungen werden mit Schiebelementen aus Holzlamellen verschattet.
Da der Wintergarten kein Aufenthaltsraum ist, sind mögliche Temperaturschwankungen hier tolerabel.

Der Wintergarten bildet somit eine eigene Klimazone, die den Wechsel von einem Haus in das andere erlebbar lässt.

Blick in die Galerie

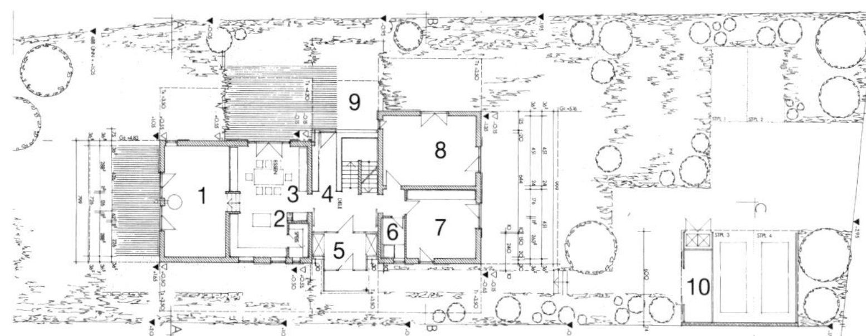

Grundriss Erdgeschoss

1 Wohnen
2 Kochen
3 Essen
4 Diele
5 Windfang
6 Bad
7 Kind 1
8 Musik
9 Teich
10 Fahrräder/Müll

Grundriss Obergschoss

1 Schlafen
2 Arbeiten
3 Bad
4 WC
5 Galerie
6 Kind 2
7 Kind 3

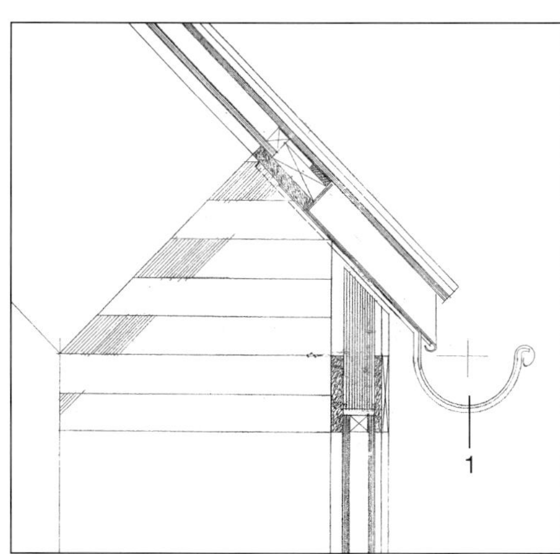

Detail Traufe Glas

1 Halbrunde Dachrinne
Rinnenhaken in BSH
Pfette eingelassen

Die offene Treppe im Wintergarten

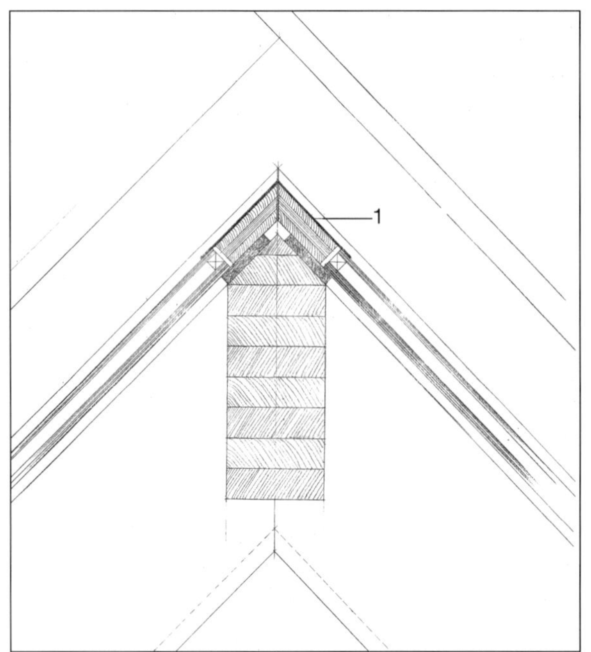

Detail First

1 Gekantetes Edelstahlblech

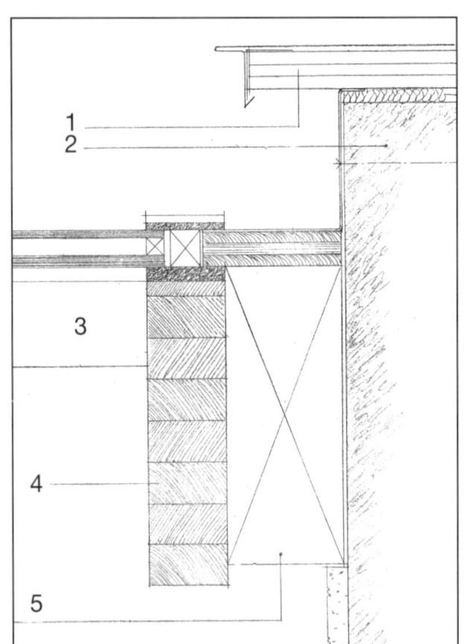

Detail Ortgang

1. *Dachüberstand bauseits*
2. *Mauerwerk 36^5er Planziegel*
3. *Querriegel 6/6 Fichte, absolut astfrei, keine Harzgallen*
4. *BSH 6/22*
5. *Einputzholz BSH $9/21^5$*

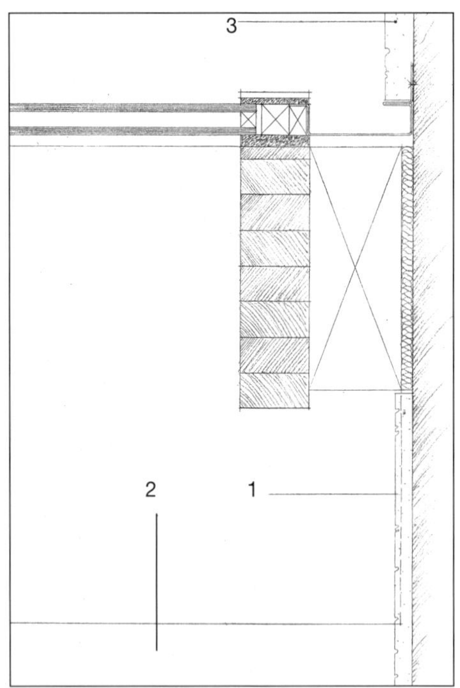

Detail Wandanschluss

1. *Innenputz 1,5 cm*
2. *Schwellenholz BSH 10/40*
3. *Außenputz 2,5 cm*

Sonnenhaus Pilsensee

Südseite Haus 3 + 4

Projekt:	**Zwei Doppelhäuser mit Einliegerwohnung**
Architekt:	**Wolf Frey, München**
Bauzeit:	**12/1989 bis 8/1991**
Wohnfläche:	**235 m^2 + 35 m^2 Nutzfläche/DHH**
Baukosten:	**DM 515.000/DHH**
Grundfläche Wintergarten:	**ca. 37 m^2**

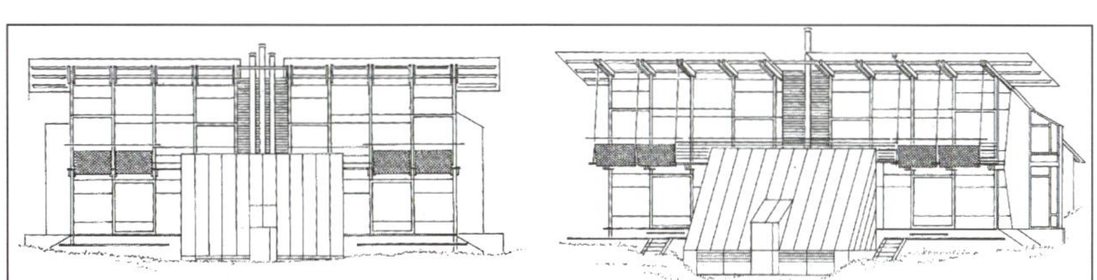

Haus 1+ 2 *Ansicht von Süden* *Haus 3 + 4*

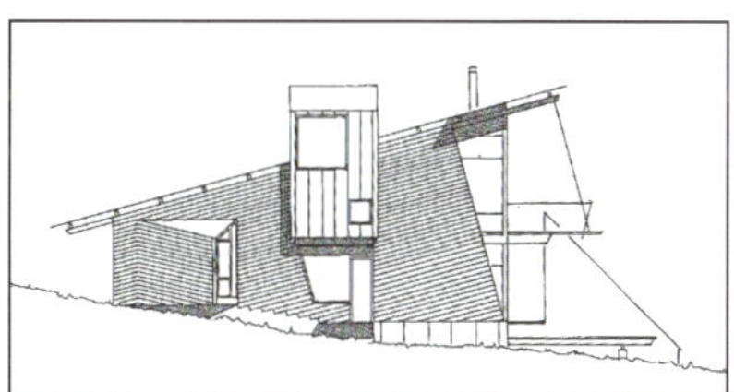

Haus im Westen (Haus 1)

Situation

Das 3.400 m^2 große waldartige Grundstück mit Bachlauf und direktem Seezugang bot die Möglichkeit, eine kommunikative, großzügige Wohnform zu entwickeln. Rechtlich wurde lediglich nach Wohnungseigentum aufgeteilt. Bis auf kleine Sondernutzungsrechte steht das gesamte Grundstück samt einer Hütte für Kinder, Sauna und Gästen allen gemeinsam zur Verfügung.

Entwurf

Nachdem die Gemeinde einen solitären Baukörper kategorisch ablehnte, wurden zwei Doppelhäuser geplant, die jeweils durch gemeinsamen Windfang, Kellertreppe, Technik und vor allem den großzügigen Wintergarten miteinander verbunden sind.

Die waldartige Situation legte eine Holzskelettbauweise nahe, was auch dem Wunsch nach Veränderbarkeit der Grundrisse und Wohnungsanzahl und -größe entgegenkam.

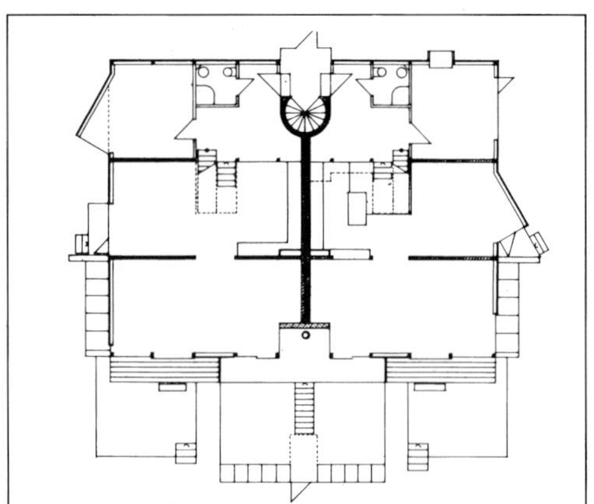

Grundriss Erdgeschoss, Haus 1 + 2

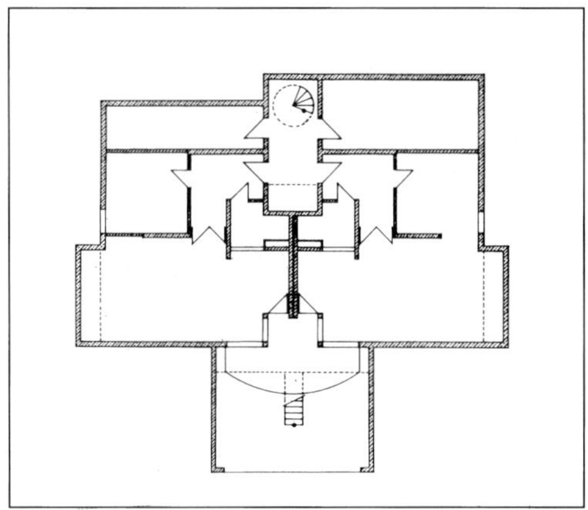

Grundriss Untergeschoss, Haus 1 + 2

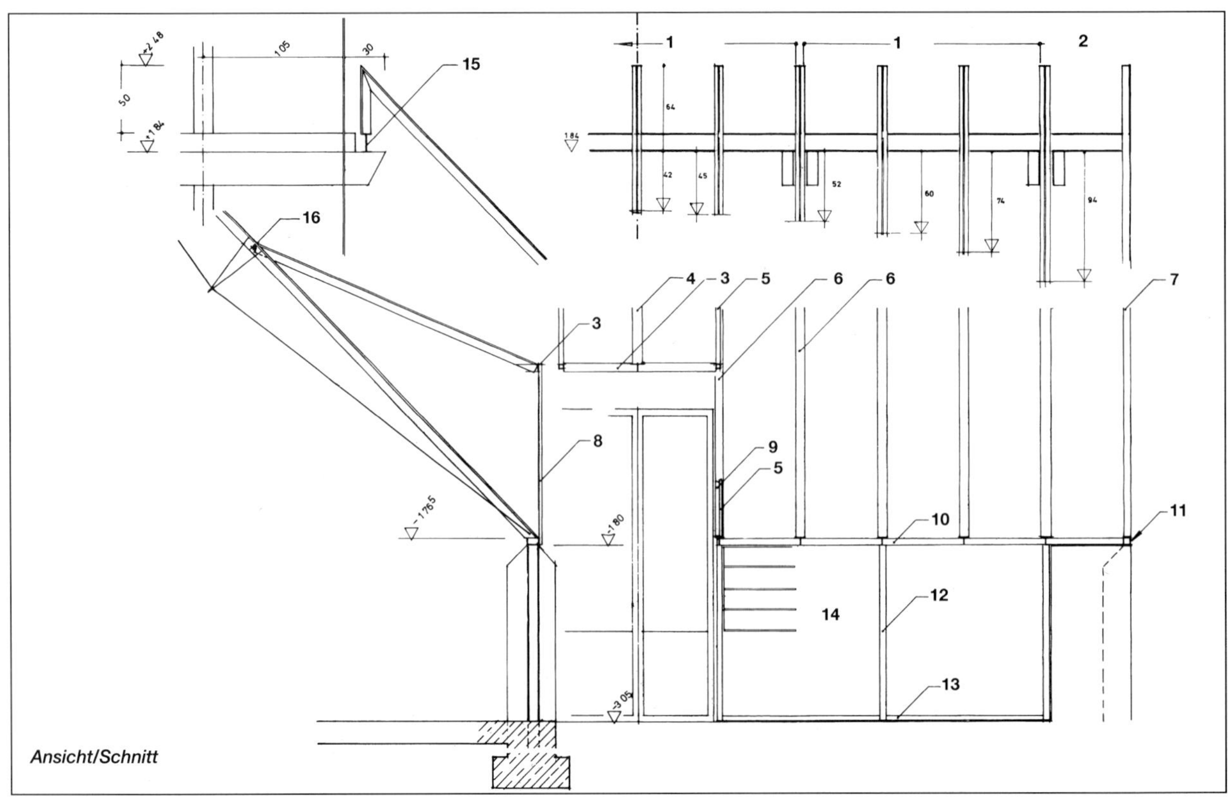

Ansicht/Schnitt

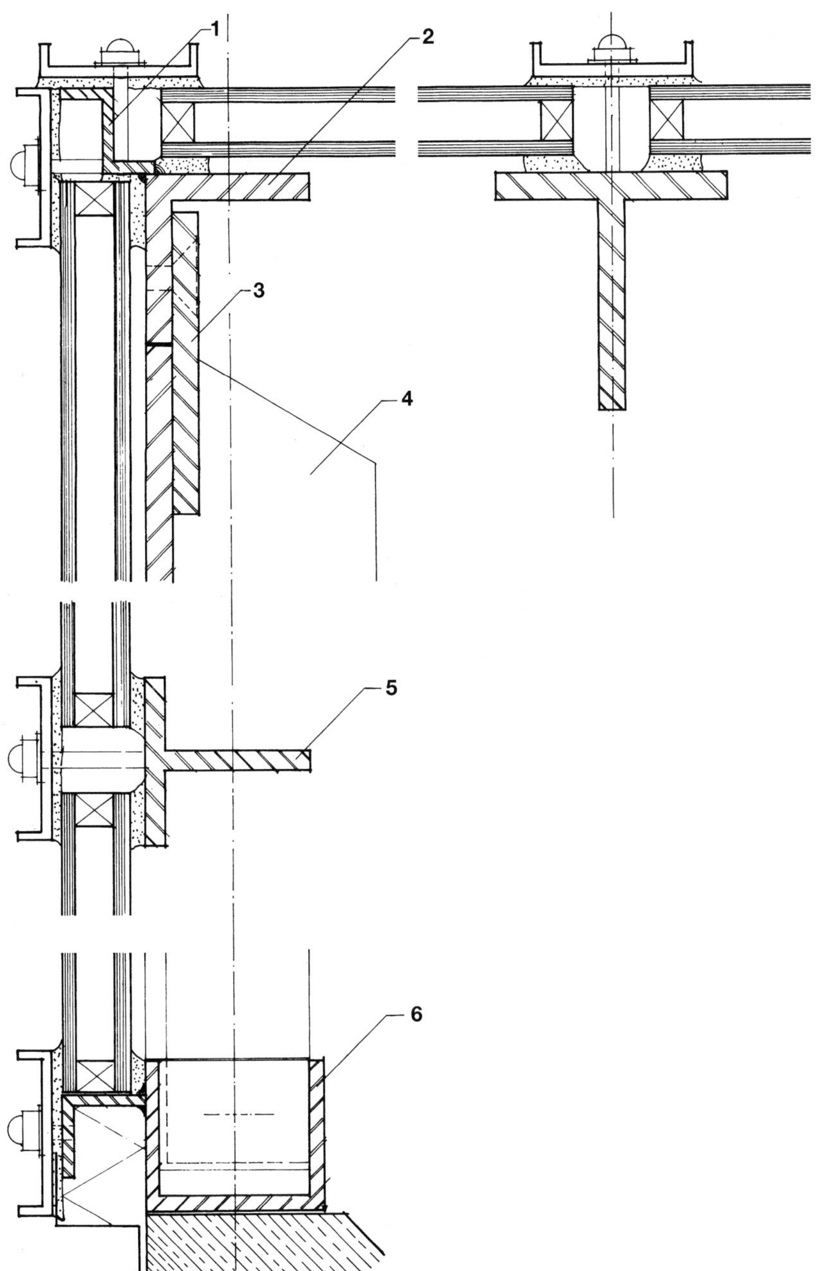

Detail 1, Ortgang und Fußpunkt

1 Z-Profil 16/25/16
2 L-Profil 50/50/8
3 Lasche
4 T-Profil 70
5 T-Profil 50
6 U-Profil 54/45

Die Häuser sind in ihrer energetischen Konzeption zur passiven Nutzung der Sonnenenergie ausgerichtet. Sowohl die transparente Südfassade wie auch der Glasanbau fangen ein Optimum an Sonnenwärme ein. Eine wärmedämmende Außenhülle und Speichermassen im Gebäude, wie gemauerte Wände und Massivausfachungen der Zwischenböden, schaffen ein ausgeglichenes Wohnklima.
Für die Genehmigung des ungewöhnlichen Entwurfs, die eineinhalb Jahre dauerte, waren viele gute Nerven, Diplomatie sowie fünf Eingaben erforderlich.

Konstruktion

Der Wintergarten hat Gewächshauscharakter und soll vor allem als großzügiges Verbindungsglied zwischen Souterrain-Wohnung und Außenbereich sowie Keller- und Erdgeschoss dienen.
Die Stahlkonstruktion steht auf einem Betonsockel, im erdberührten Teil aus Normalbeton, außen gedämmt, im freiliegenden Teil aus Leichtbeton. Zum Garten hin ist der Boden offen, im rückwärtigen Teil geschlossen mit Fußbodenheizung. Die Heizung soll lediglich das frostfreie Überwintern der Pflanzen ermöglichen.
Herausnehmbare Doppelstegplatten am Balkon, Hahnlamellenfenster sowie die Gartentüre sorgen für eine gute Durchlüftung des Wintergartens. Aufgrund der natürlichen Gegebenheiten des Grundstücke mit hoch gewachsenen Laubbäumen im Osten, Süden und Westen konnte auf zusätzliche Verschattungseinrichtungen verzichtet werden.
Das Tragwerk besteht aus einer feuerverzinkten Stahlkonstruktion mit handelsüblichen Profilen. Die Scheiben aus herkömmlichem Isolierglas sind mit thermisch getrennten Alu-Glashalteleisten trocken verglast.

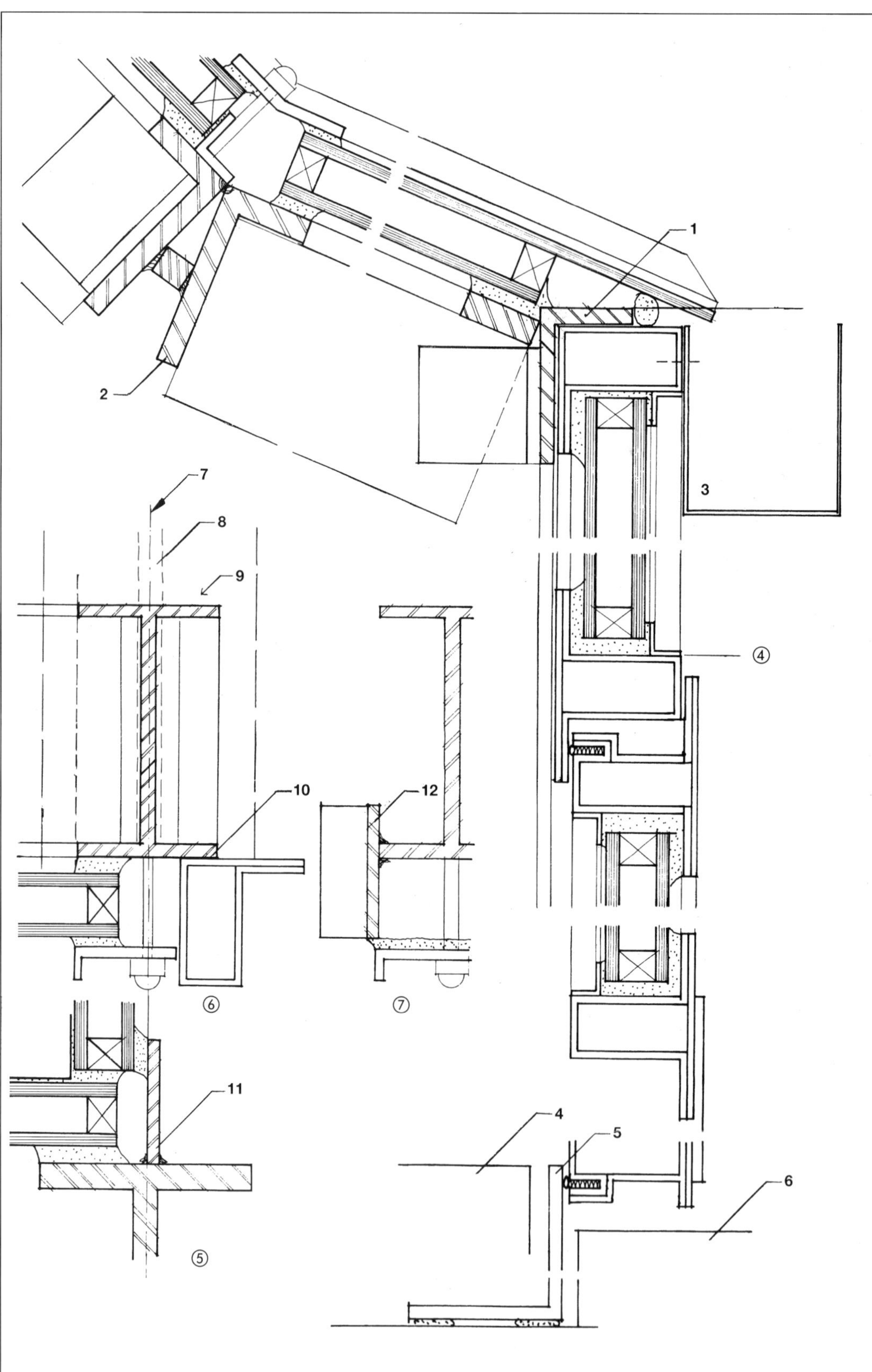

Detail 4, Außentüre mit Anschlussdetails 5, 6 und 7

1 L-Profil 50/30/5
2 L-Profil 60/30/7
3 Alublech 50/60
4 Betonplatten/Kies
5 L-Profil 75/50/5
6 Betonplatten
7 Achse
8 T-Profil 70
9 U-Profil 50/80
10 IPE 80
11 Flachstahl 40/4
12 Flachstahl 45/4

Schräglage

Projekt:	Umbau und Erweiterung eines Wohnhauses
Architekten:	Oed & Häfele, Tübingen
Standort:	Tübingen
Bauzeit:	Altbau 1934 bis Wintergarten 1991 bis 1992
Wohnfläche:	Wintergarten 19 m^2
Baukosten:	Umbau gesamt DM 340.000

Situation

Nach dem Auszug der Eltern aus dem bisher gemeinsam bewohnten Haus wurde eine Neustrukturierung des Gebäudes notwendig. Der Wunsch nach größeren Zimmern und zeitgemäßem Wohnen angepasster Grundrissorganisation stand dabei im Vordergrund. Gleichzeitig sollte die konventionelle Architektur des Bestandes aufgewertet werden.

Entwurf

Als erste Maßnahme wurden die beiden Wohnungen im Erdgeschoss und Obergeschoss zusammengelegt und mit einer neuen Wendeltreppe miteinander verbunden. Durch die Schaffung mehrerer Durchbrüche konnte die interne Wegeführung des Hauses erheblich verbessert werden.

Die Wand des Altbaus ist farbig akzentuiert

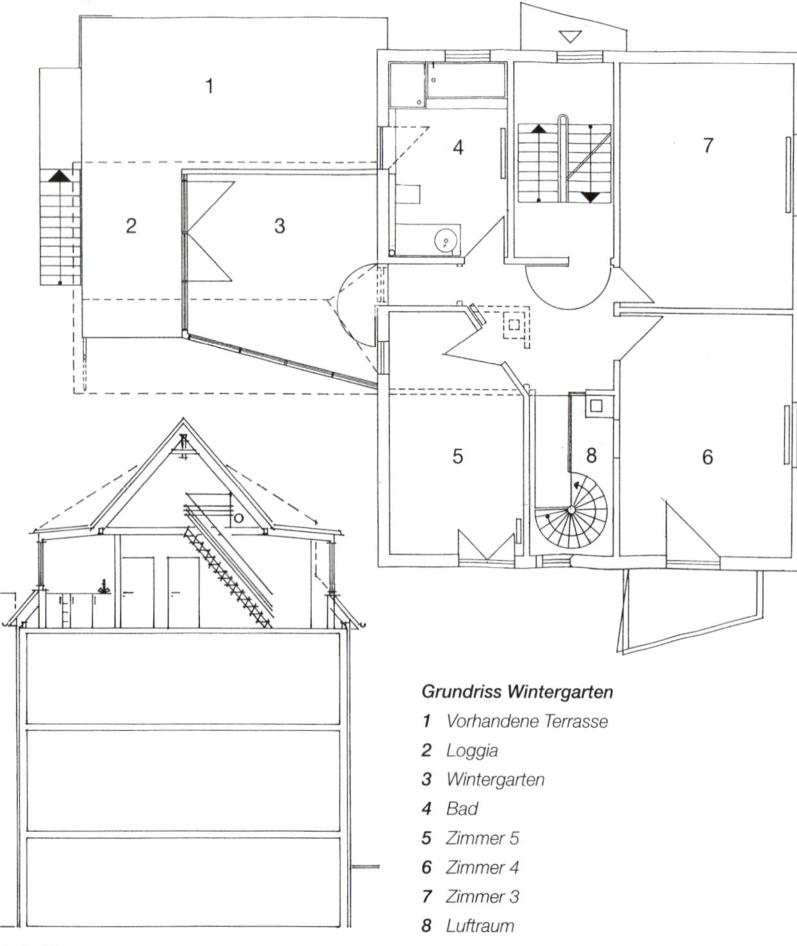

Grundriss Wintergarten

1 *Vorhandene Terrasse*
2 *Loggia*
3 *Wintergarten*
4 *Bad*
5 *Zimmer 5*
6 *Zimmer 4*
7 *Zimmer 3*
8 *Luftraum*

Schnitt

Auf der rückwärtigen Doppelgarage, auf deren Dach sich bereits eine kleine Loggia vor dem Esszimmer befand, wurde dann ein kleiner Anbau in Form eines ungewöhnlichen Wintergartens realisiert.

Der Anbau sollte möglichst leicht und luftig wirken, um sich von der Formensprache des bestehenden Hauses abzusetzen. Die schrägen Linien der Stützen und der Fassaden, das mit Wellblech gedeckte Pultdach und der Collagecharakter der verwendeten Materialien unterstreichen dies.

Konstruktion

Der Wintergarten liegt auf einem Rost aus Holzbohlen, der teilweise über den vorhandenen Anbau der Garage auskragt. Eine Stahlstütze, die vom Dach bis zum Boden reicht, trägt Lasten aus der neuen Konstruktion ab. Die geschlossene Wand des Wintergartens und das Dach sind ebenfalls in Holzrahmenbauweise konstruiert. Hier sorgen 16 cm Steinwolle für den notwendigen Wärmeschutz. Die Wand zum Nachbargrundstück wurde innen – entsprechend dem Dach – mit Wellblech und außen mit einer sägerauhen, lasierten Holzschalung verkleidet.

Die markante schräge Fassadenteilung

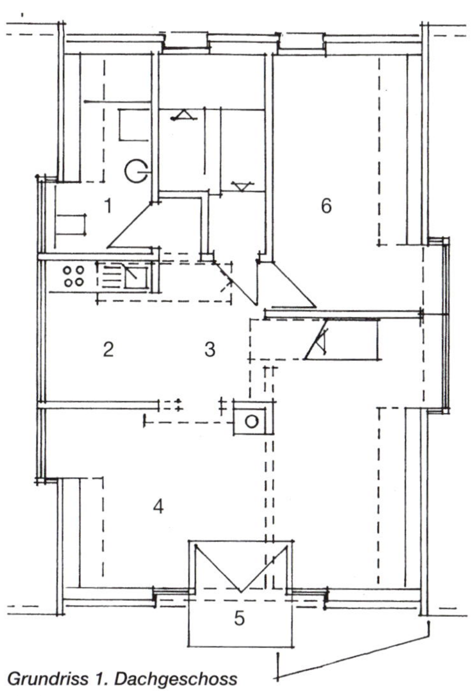

Grundriss 1. Dachgeschoss

1 Bad
2 Küche
3 Diele
4 Wohnen
5 Balkon
6 Schlafen

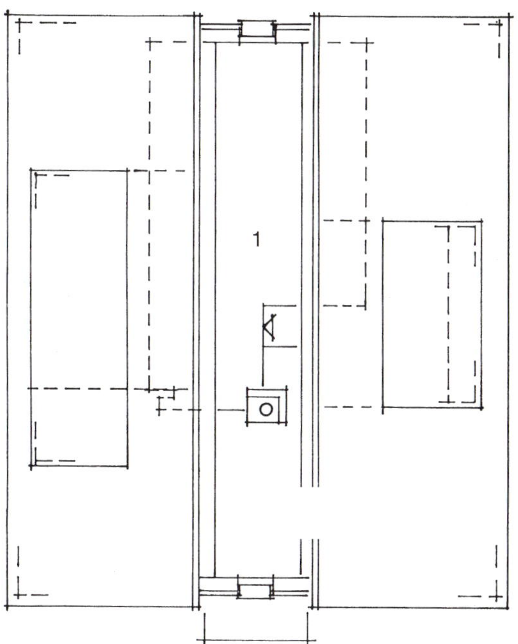

Grundriss 2. Dachgeschoss

1 Galerie

Ansicht Süd

Schwellenloser Übergang von innen nach außen

Die Glasfassaden des Wintergartens wurden individuell angefertigt. Die Tragprofile sind aus 40 mm breiten Mehrschichtplatten und mit einem Dichtband versehen. Die Gläser sind darauf mit Silikon verklebt. Eine zusätzliche Halterung erfolgt über punktuell in den Fugen verschraubten Laschen aus Leichtmetall. In die Glasflächen integriert sind ein Öffnungsflügel und eine Doppeltür, beide Elemente sind aus Holz.

Ein weit auskragender Dachüberstand sorgt für eine ausreichende Verschattung, sodass kein zusätzlicher Sonnenschutz nötig ist. Über den Lüftungsflügel und ein weiteres Fenster in der Wellblechwand ist darüber hinaus eine Querlüftung möglich.

Der Fußbodenbelag aus Lärchendielen ist sowohl im Inneren, als auch auf dem sichtgeschützten Freisitz außen verlegt. Das einheitliche Material überspielt so den Übergang zwischen Innen- und Außenraum.

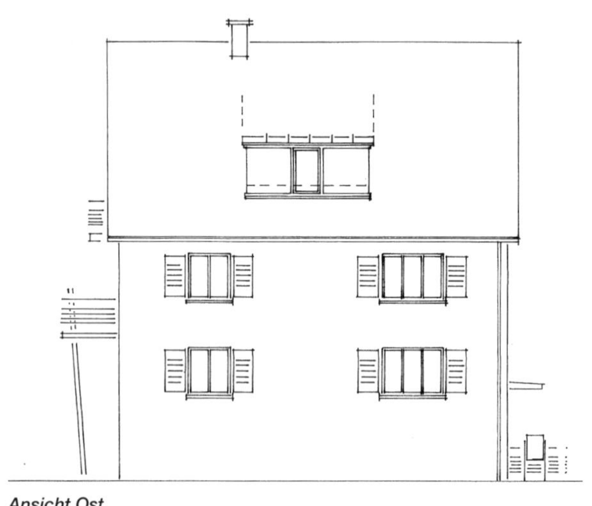

Ansicht Ost

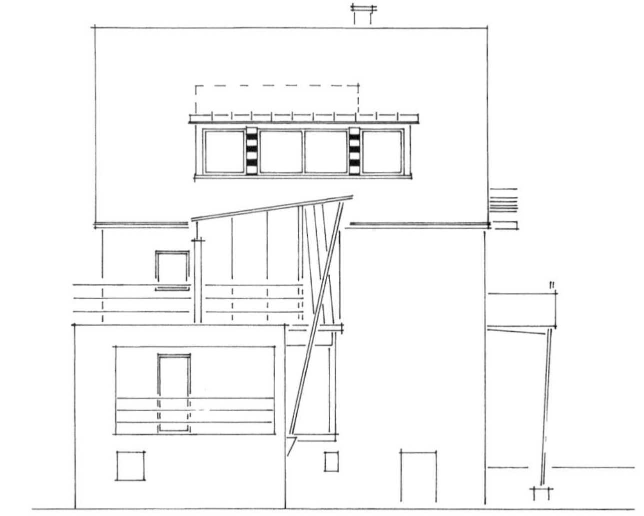

Ansicht West

Haus an Haus

Projekt:	**Erweiterung eines Einfamilienhauses**
Architekt:	**Bernd Volmerhaus, Wetter**
Standort:	**Sprockhövel**
Bauzeit:	**Altbau 1967, Wintergarten 1996**
Wohnfläche:	**Wintergarten 47 m^2**

Situation

Bei der Erweiterung eines typischen Bungalows aus den 60er-Jahren galt es mehrere Defizite zu beheben. Zum einen reichte der Platz für die wachsende Famile der neuen Bewohner nicht mehr aus, zum anderen wünschten sich die Bauherren eine bessere Verbindung mit dem über die Jahre gewachsenen Garten. Aufgrund des leichten Gefälle im Gelände gab es keine direkte Verbindung zwischen Wohnraum und dem etwas tiefer gelegenen Garten.

Der Wintergarten rückt weit in den Garten

Entwurf

Das Gelände wurde zum Haus hin abgegraben und leicht modelliert, sodass das ehemalige Kellergeschoss gartenseitig voll nutzbar wurde. Hier entstand eine neues Gästezimmer, auch als Kinderzimmer genutzt, und der Schlafraum der Eltern.

Der Anbau besteht folglich aus einem Sockelgeschoss, in dem ein Arbeitszimmer untergebracht ist, und dem darüberliegenden Wintergarten. Der Wohnraum im Erdgeschoss vergrößert sich durch den Wintergarten um fast das Zweifache und rückt weit in den Garten hinein. Aus dem Untergeschoss ist der Garten nun unmittelbar zugänglich, ein neu gestalteter Hofbereich schafft hier eine Ergänzung zu dem bereits vorhandenen Balkon. Eine ebenfalls neue Treppe führt vom Balkon direkt in Hof und Garten. In dieser Abfolge entsteht ein differenziertes Angebot an Außenflächen unterschiedlichen Charakters, die das Haus stärker als bisher in den Garten miteinbeziehen.

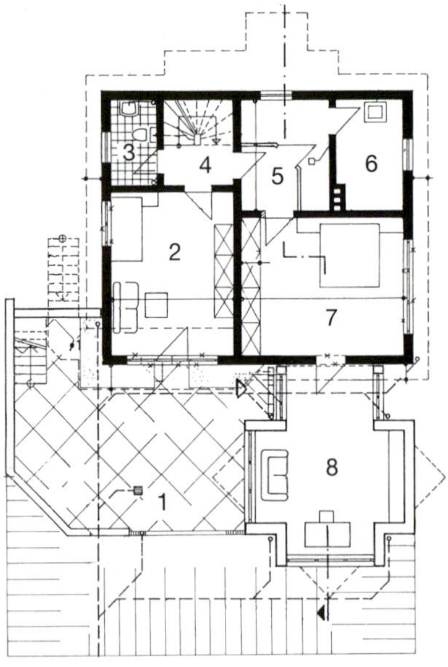

Grundriss Erdgeschoss

1 Hoffläche
2 Balkon
3 Kind
4 Bad
5 Diele
6 Küche
7 Wohnen
8 Wintergarten

Grundriss Untergeschoss

1 Hoffläche
2 Gästezimmer
3 WC
4 Flur
5 Flur
6 Heizung
7 Schlafen
8 Arbeitszimmer

Die neu angelegte Terrasse

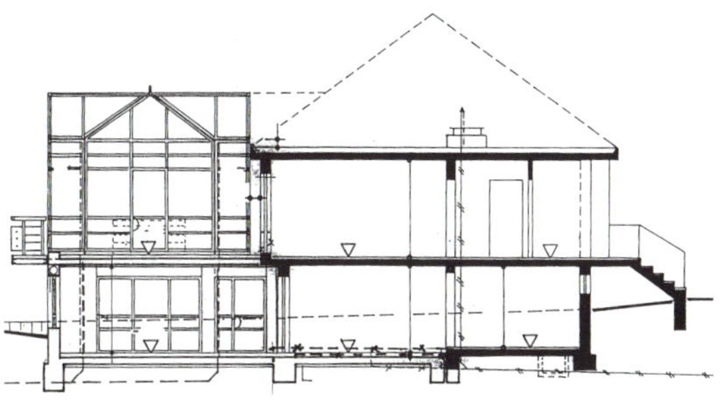

Schnitt

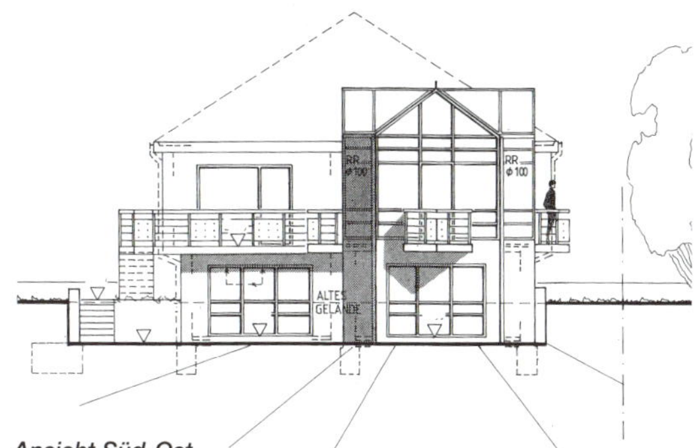

Ansicht Süd-Ost

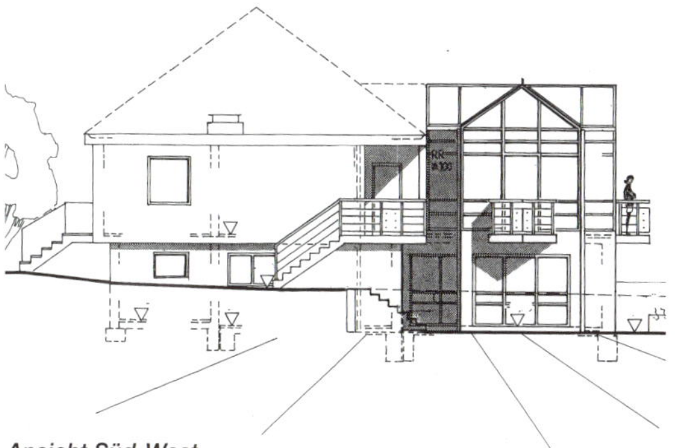

Ansicht Süd-West

Wohnen im Glashaus

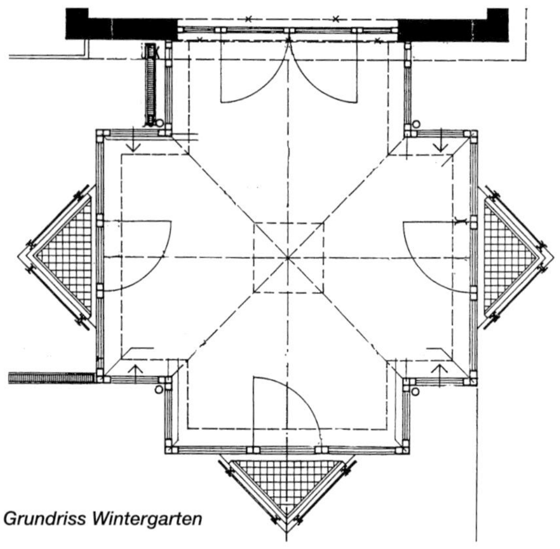

Grundriss Wintergarten

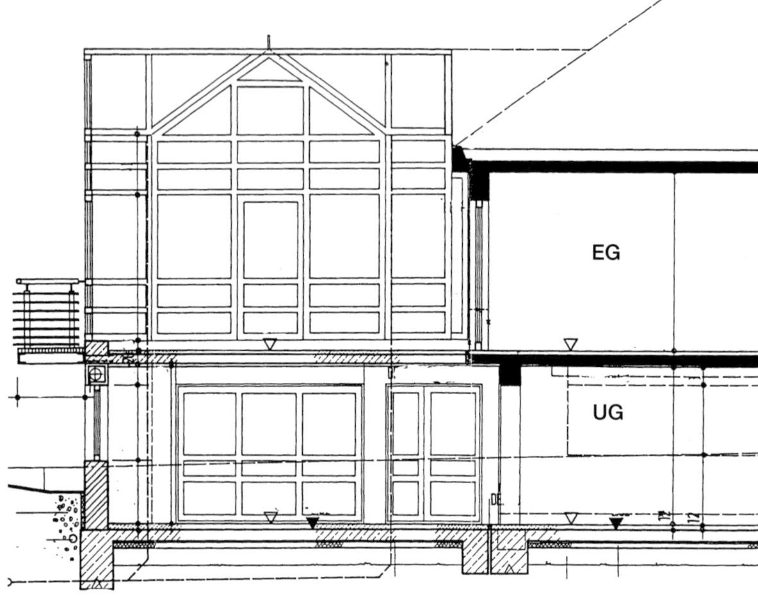

Schnitt Wintergarten

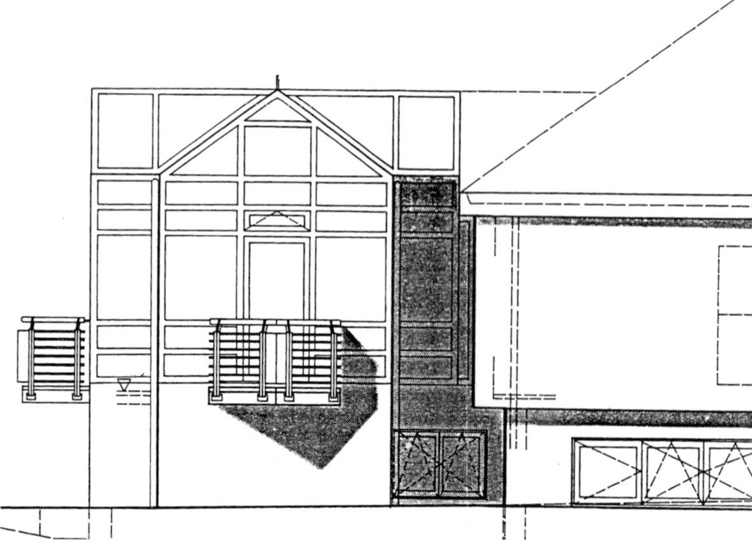

Ansicht Wintergarten

Das Glashaus des Wintergartens ist als deutlich ablesbares, eigenständiges Haus neben den bestehenden Baukörper gestellt. Mit dem über seiner Kreuzform spannenden gläsernen Satteldach ergibt sich eine typologische Mischung aus Gewächshaus und klassischer Villenarchitektur.

Konstruktion

Das Sockelgeschoss wurde als Massivkonstruktion ausgeführt, der Wintergarten als Stahl-Glas-Konstruktion mit Aluminiumprofilen. Die Verglasung besteht aus Wämeschutzglas und teilweise aus Sicherheitsglas.

Die Fuge zwischen Alt- und Neubau ist über beide Geschosse verglast, in dem massiven Sockel sind insbesondere zur Terrasse großflächige Fensterelemente angeordnet.

Öffnungsflügel im Brüstungsbereich und im First sorgen für eine Querlüftung, das große Volumen und die Speichermasse des Bodens verhindern eine übermäßige Aufheizung des Wintergartens.

Haus im Grünen

Projekt:	**Umbau und Erweiterung eines Wohnhauses**
Architekt:	**Ralf Zander, Ettlingen**
Standort:	**Lahr**
Bauzeit:	**Anbau 03/1998 bis 10/1998**
Wohnfläche:	**BGF Anbau 102,8 m^2** **BRI Anbau 401,7 m^2**
Statik:	**Ingenieurbüro Theo Erb GmbH, Friesenheim**

Lageplan

Situation

Das Wohnhaus aus den 40er-Jahren, das von einer kinderreichen Familie erworben wurde, liegt auf einem Hanggrundstück inmitten eines über Jahrzehnte gewachsenen Gartens. Bei der aufgrund des Platzmangels notwendig gewordenen Erweiterung stand das Bestreben im Vordergrund, diese einzigartigen Qualitäten der Gartenanlage zu erhalten und stärker als bisher in das Wohnerlebnis einzubeziehen.
Gleichzeitig sollten die im Tagesablauf der Familie hauptsächlich genutzten Bereiche Küche, Ess- und Wohnraum neu geordnet werden und der durch seine kleinteilige Struktur geprägte Altbau lediglich für die Schlaf- und Kinderzimmer genutzt werden.

Entwurf

Die vom Bauherren gewünschten lichten und offenen Räume sind so auf dem Grundstück platziert, dass

Der offene Innenraum

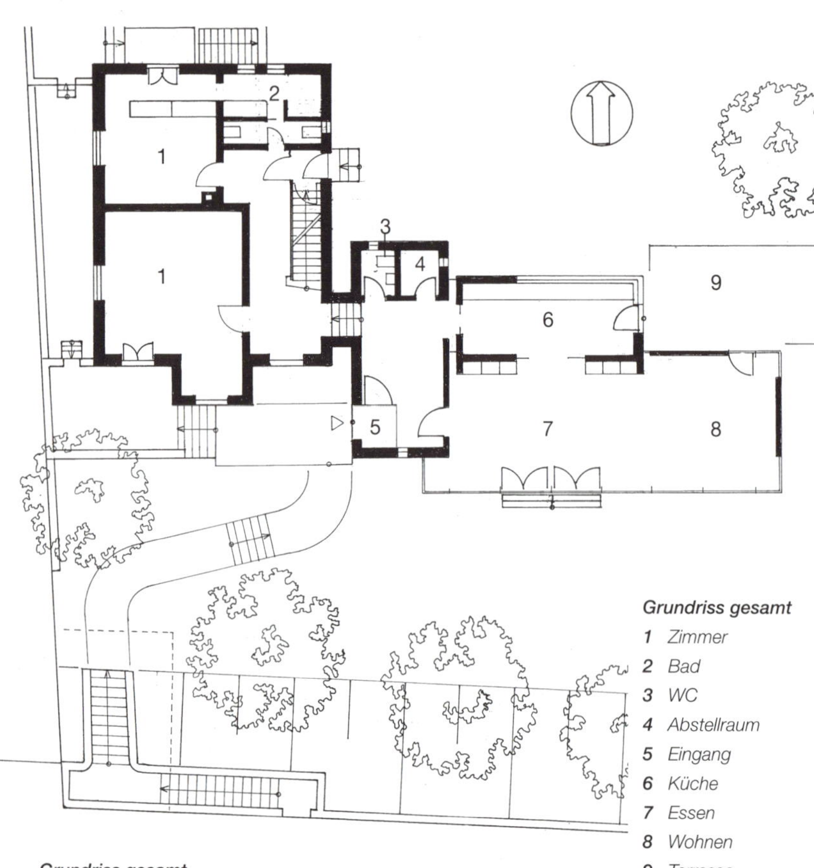

Grundriss gesamt

Grundriss gesamt

1 *Zimmer*
2 *Bad*
3 *WC*
4 *Abstellraum*
5 *Eingang*
6 *Küche*
7 *Essen*
8 *Wohnen*
9 *Terrasse*

sowohl im Inneren, als auch im Außenraum eine Abfolge von differenzierten Räumen entstehen. Die ursprünglich bevorzugte Lage an der nördlichen Grundstücksgrenze wurde auf Vorschlag des Architekten zugunsten eines Standortes in der Mitte des Gartens aufgegeben. Dadurch konnten die unterschiedlichen Qualitäten der jeweiligen Bereiche zur Geltung gebracht werden.

Eingangsbereich, Küche, und Wohnraum gestalten sich als verschieden hohe, deutlich ablesbare Kuben, die ineinander verschränkt sind. Der größte Kubus, in dem das Wohn- und Esszimmer untergebracht sind, öffnet sich mit einer Glasfassade komplett zur Südseite. So vermittelt der großzügige Wohnraum das Gefühl, inmitten der Natur zu leben.

Zum Norden hin entstand zwischen dem Küchen-Kubus, dem Altbau und einer an der nördlichen Grenze liegenden, ebenfalls neu gestalteten Voliere ein Hofbereich, der vor Einblicken geschützt ist.

Inmitten des dichten Grüns: der Anbau

Der Hof auf der Nordseite

Im Inneren bleiben die ineinander übergehenden Kuben erlebbar, Schiebelemente ermöglichen aber auch eine Abtrennung der einzelnen Bereiche.

Konstruktion

Die gläserne Fassade ist um die Ecken des Gebäudes geführt und reicht vom Fußboden bis zur Decke. Schwellenlose Übergänge an den Anschlussdetails lassen die Grenze zwischen Innen- und Außenraum verwischen. Die Fassade ist als Stahlkonstruktion ausgeführt. Boden und Dach sind aus Holz, die Wände aus Porenbeton erstellt, gegründet auf Betonstreifenfundamenten. Von außen betrachtet schwebt der gläserne Anbau, der aufgrund der Topographie auf einer auskragenden Bodenplatte steht, über dem Gelände. Das Dach ist umlaufend durch ein Lichtband abgesetzt und wirkt dadurch ungewöhnlich leicht.

Der dicht gewachsene Baumbestand ließ einen ursprünglich geplanten Sonnenschutz aus Lamellen überflüssig werden, das sich durch die Jahreszeiten beständige Licht- und Schattenspiel bestärkt den Eindruck in und mit der Natur zu leben.

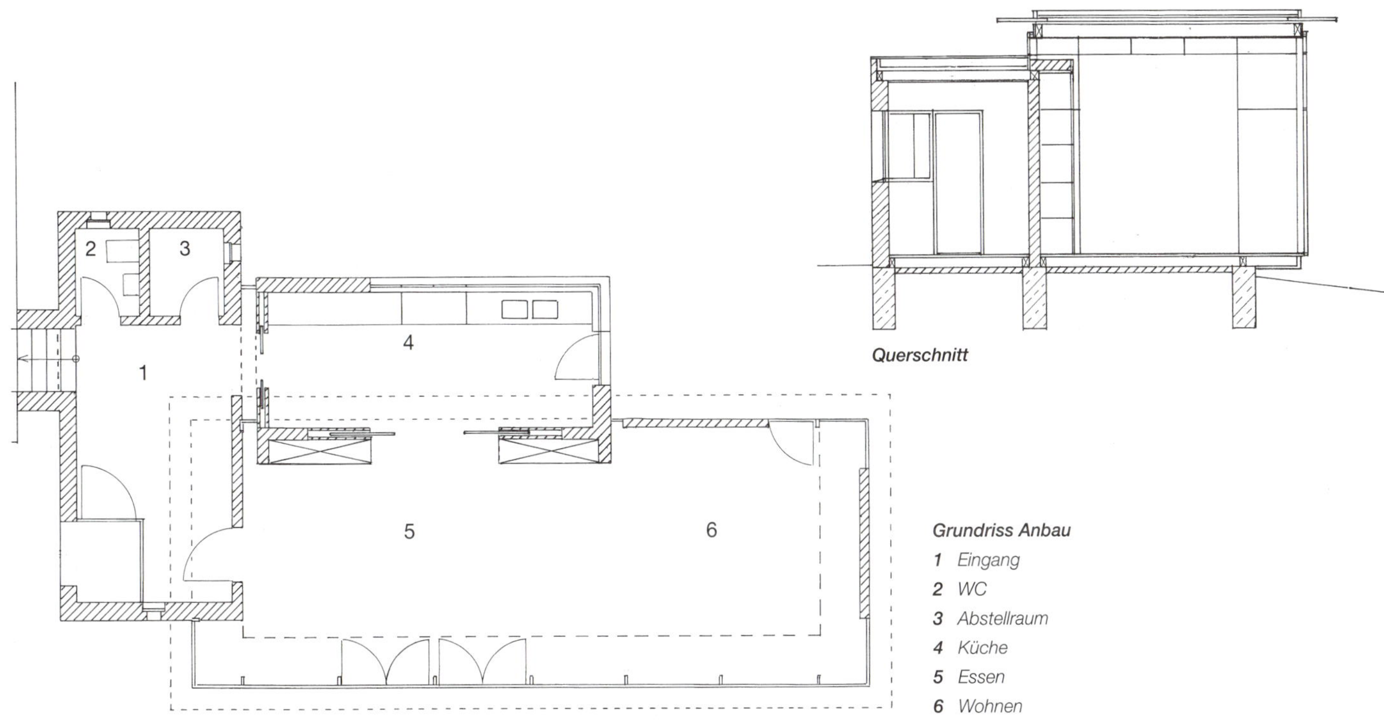

Querschnitt

Grundriss Anbau

1 *Eingang*
2 *WC*
3 *Abstellraum*
4 *Küche*
5 *Essen*
6 *Wohnen*

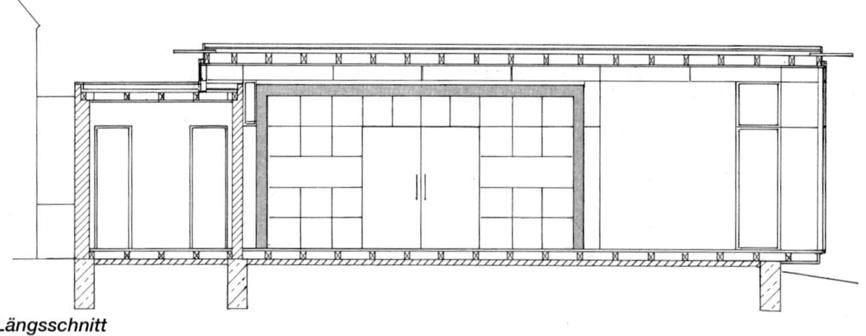
Längsschnitt

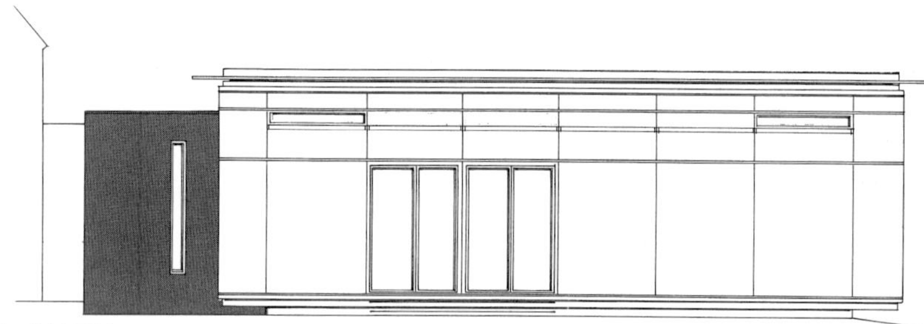
Ansicht Süd

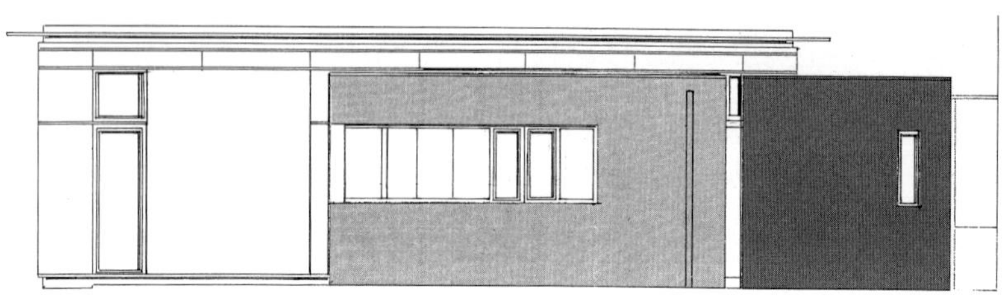
Ansicht Nord

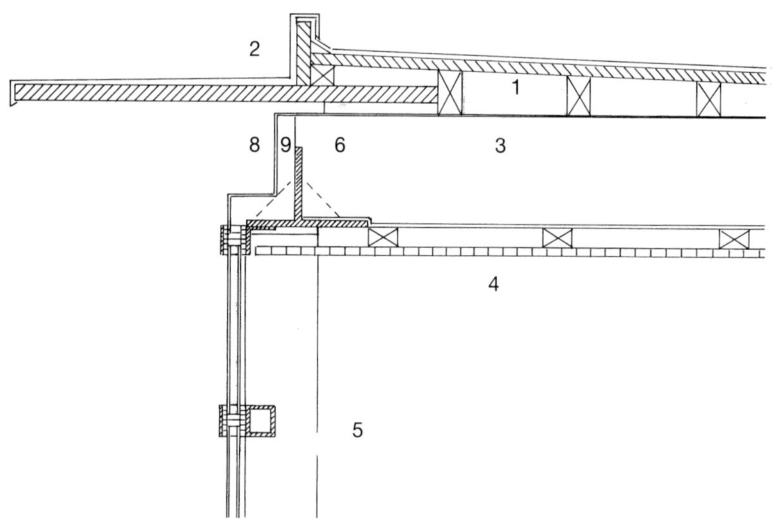

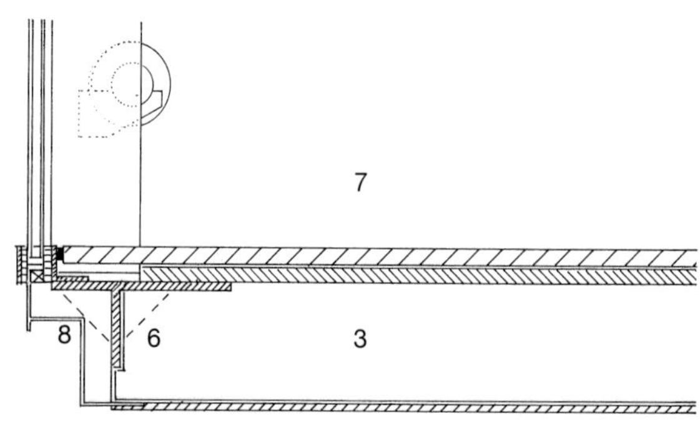

Detailschnitt Fassade

1 *Abdichtung/Gefälleschalung*
2 *Dreischichtplatte/Zinkblech*
3 *Holzträger/Wärmedämmung*
4 *Gipskartondecke*
5 *Hohlprofil-PR-Konstruktion*
6 *Stahlprofil*
7 *Eiche-Dielenboden*
8 *Stahlblechverkleidung*
9 *Wärmedämmung*

Membran

Projekt:	**Umbau und Erweiterung eines Wohnhauses**
Architekten:	**Architekturstudio Bulant-Wailzer, Wien Aneta Bulant-Kamenova/ Klaus Wailzer**
Standort:	**Salzburg (A)**
Bauzeit:	**09/1996 bis 01/1997**
Wohnfläche:	**Wintergarten 22 m²**
Baukosten:	**ATS 2.200.000**
Glaskonstruktion:	**Eckelt Glas, Steyr**

Situation

Das Haus Sailer wurde seit seiner Erbauung 1939 bereits mehrfach verändert. In der Nachkriegszeit wurde ein Anbau angefügt und in den 70er-Jahren gestaltete die Wiener Innenarchitektin Anna-Lülja Praun das Haus neu. In der vormals historisierenden Villa entstanden dabei neutrale, großzügige und durchlässige Räume.

Im Laufe der Zeit entstand der Wunsch, die Wohnqualität an neue Ansprüche anzupassen und gleichzeitig das Haus durch wettergeschützte Bereiche während des ganzen Jahres mit dem Garten zu verbinden. Der gewünschte Wintergarten sollte seine Schutzfunktion erfüllen, ohne die bekannten Klischees zu wiederholen.

Ebenfalls ganz aus Glas: die Türen

Entwurf

Zuerst wurden die An- und Zubauten aus den 50er-Jahren entfernt, sodass die geschlossene, prismatische Form des ursprünglichen Hauses wieder sichtbar wurde.

Die neuen Anbauten sollten diese wiedergewonnene Klarheit lesbar lassen. Konzipiert wurde ein Wintergarten auf der Südseite und ein verglaster Windfang im Norden, ergänzt durch eine Garage aus Sichtbeton. Zwischen der Garage und dem Eingang schützt ein Glasdach den Weg.

Die Öffnung des Hauses auf der Südseite stand bei dem Umbau im Mittelpunkt. Auf der bis zur Grundstücksgrenze reichende Terrasse wurde ein Wintergarten aus Isolierglas und eine Pergola aus verzinktem Stahl vorgesehen. Dadurch entsteht eine Raumfolge aus Wohnzimmer, Wintergarten, Pergola, Terrasse und Garten. Durch den verschiedenen Grad an Wetterschutz definieren diese Bereiche jeweils unterschiedliche Klimazonen.

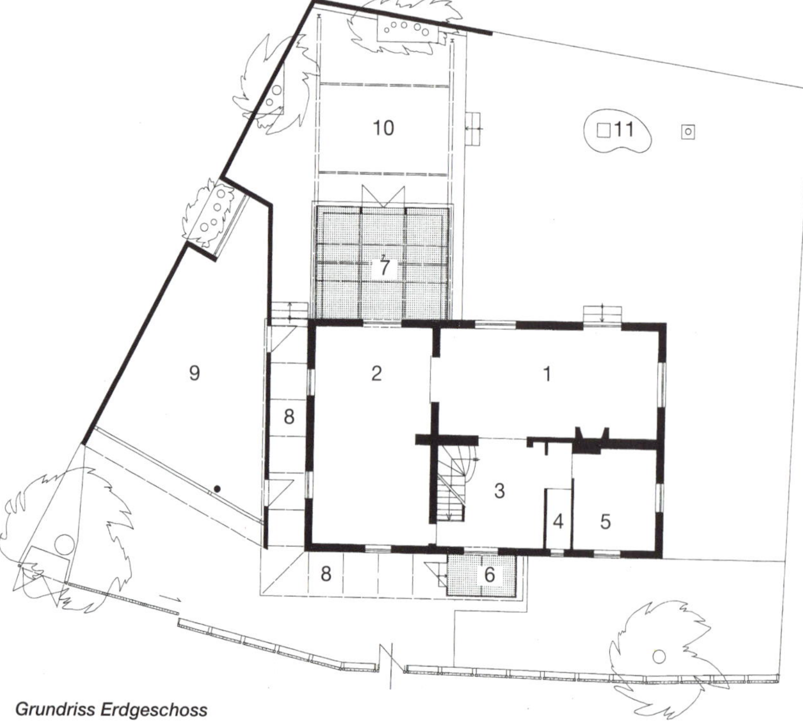

Grundriss Erdgeschoss

1 Wohn-Esszimmer
2 Musiksalon
3 Vorraum
4 WC
5 Küche
6 Windfang
7 Glashaus
8 Glasdach
9 Garage
10 Terrasse mit Pergola
11 Brunnen mit Skulptur

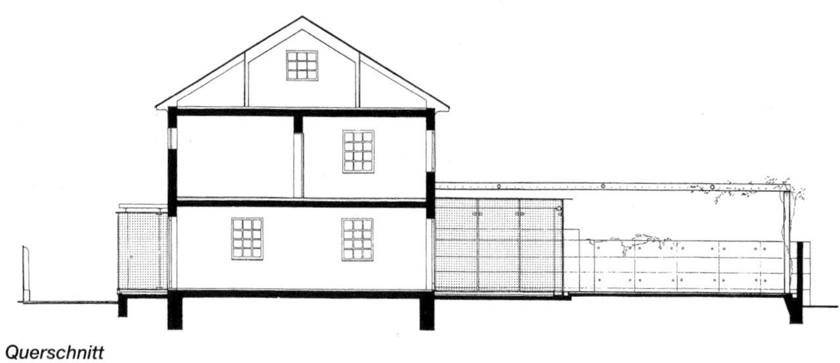

Querschnitt

Detail Glasecke

Musikzimmer

Winter-
garten

1 2

1 2

3 3

4 Terrasse

Grundriss Wintergarten
1 *Glasträger*
2 *Glasstütze*
3 *Pergola*
4 *Konvektor*

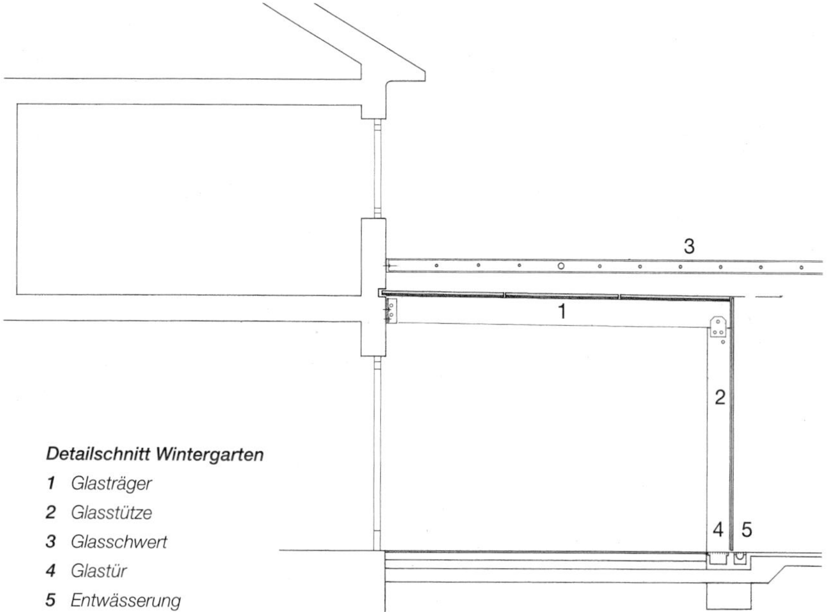

Detailschnitt Wintergarten
1 *Glasträger*
2 *Glasstütze*
3 *Glasschwert*
4 *Glastür*
5 *Entwässerung*

Konstruktion

Der Wintergarten ist als ein gleichwertiger Bestandteil dieser räumlichen Sequenz möglichst neutral gehalten. Die einfache kubische Form ist völlig aus Glas konstruiert. Er besteht lediglich aus isoliertem Glas und einer geklebten Ganzglas-Konstruktion. Die tragenden Stützen und Balken sind aus einem Drei-Schicht-Glaslaminat gefertigt. Das darauf liegende Dach ist ebenfalls nur durch eine Silikonverklebung befestigt. Vier Glasschwerter steifen die Wände gegen den Winddruck aus. Ebenfalls nur aus Glas und ohne Rahmen ist die doppelflügelige Tür. Damit ist der gesamte Wintergarten eine Konstruktion, die für alle Beteiligten eine große Herausforderung darstellte.

Das Ergebnis dieser in seiner formalen Erscheinung zurückhaltenden High-Tech-Konstruktion schafft eine Architektur, die kaum in Erscheinung tritt, aber mit Raum und Licht ein lebendiges und abwechslungsreiches Wohnumfeld bildet.

In einem zusätzlichen Kontrast zu der entmaterialisierten Glashülle steht neben der Sichtbetonwand der Garage eine stählerne Pergola. Sie ist mit einer Seilverspannung versehen, die sowohl für eine Bepflanzung, als auch für eine textilen Sonnenschutz verwendet werden kann.

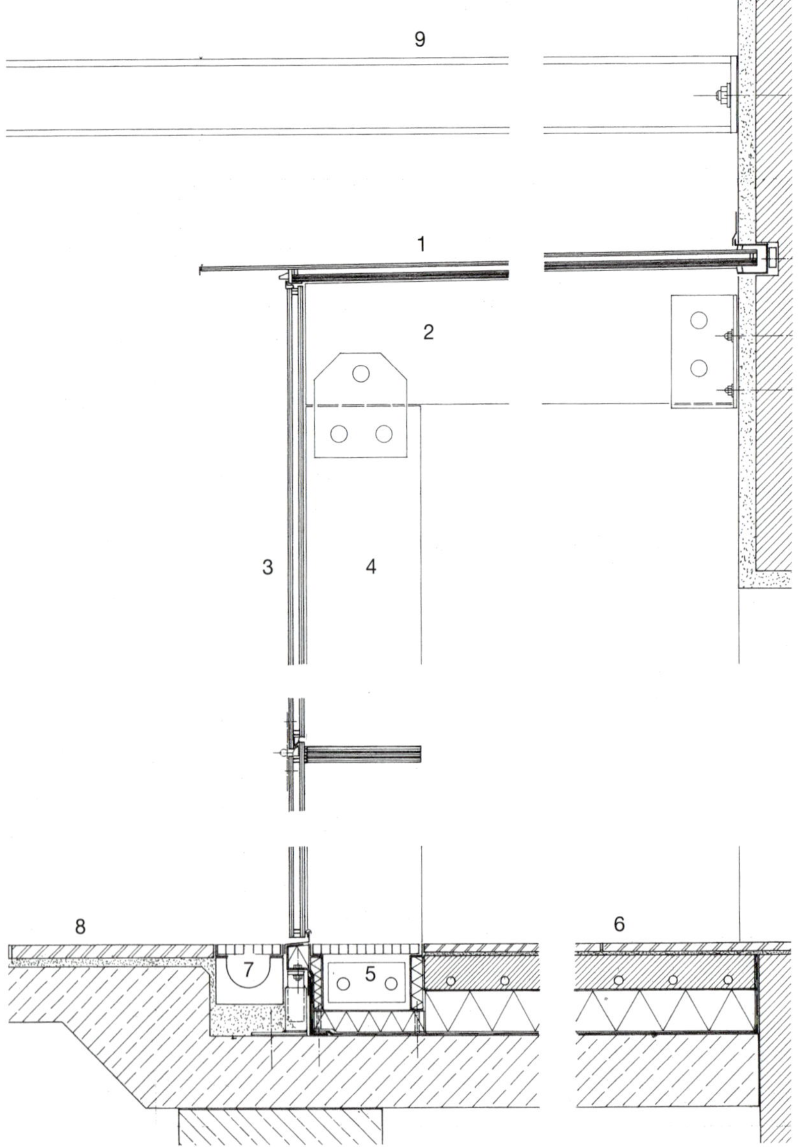

Schnitt Wintergarten

1 *Dachverglasung 8/12/2x8 VSG, mit 40% Punktrasterabstand*
2 *Glasträger 3x12 mm VSG, Höhe 300 mm*
3 *Wandverglasung 8/12/8*
4 *Glasstütze 3x12 mm VSG, Breite 274 mm*
5 *Unterflurkonvektor*
6 *Bodenaufbau innen:*
- *3 cm Jadisch*
- *0,5 cm Dünnbett*
- *6,5 cm Heizestrich*
- *10 cm Styrodur*
- *16 cm StB-Platte*

7 *Rinne gegen Spritzwasser, BGU-Z*
8 *Bodenaufbau außen*
- *4 cm Jadisch*
- *3 cm Mörtelbett*
- *12 cm StB-Platte*

9 *Pergola, HEA 160*

Detail Glasecke

Siedlung Wien-Stadlau

Projekt:	**Sozialer Wohnungsbau, Siedlung mit 19 Wohneinheiten, davon neun von einem zweiten Architekturbüro geplant**
Architekten:	**Reinberg, Treberspurg, Raith; Wien**
Bauzeit:	**1989 bis 1991**
Wohnfläche:	**zwischen 112 und 125 m^2 je Wohneinheit (incl. Glashaus)**
Baukosten:	**ca. DM 220.000 je WE (netto)**

Situation

Es begann mit der Gründung des Vereins „Projekt Alternatives Wohnen“, was schließlich zur Verwirklichung des ersten ökologischen Wohnprojektes in Wien-Purkersdorf führte. Die Pionierleistung und das Neue an diesem Vorhaben waren, dass hier erstmals ökologische Ansprüche formuliert und realisiert wurden. Ziel dabei war es, die Sonnenenergie konsequent zu Heiz-

zwecken einzusetzen. Heute kann die Architektengemeinschaft Reinberg, Treberspurg, Raith anhand einer Vielzahl von weiteren Solarprojekten auf eine mehr als zehnjährige Erfahrung bei der aktiven und passiven Nutzung von Sonnenenergie zurückgreifen, wobei Glasanbauten immer eine zentrale Rolle spielten.

Die Siedlung Stadlau liegt am Stadtrand von Wien. Die Gegend ist geprägt von Nachkriegs-Siedlungshäusern mit Kleingärten. Ein vorhandener Teich, der zum Biotop gemacht wurde, bildet den Mittel- und Treffpunkt der Stadlauer Siedlung, die nur durch Fußwege erschlossen ist. Dennoch bleibt die Anbindung ans Straßennetz auf kurze Distanzen beschränkt.

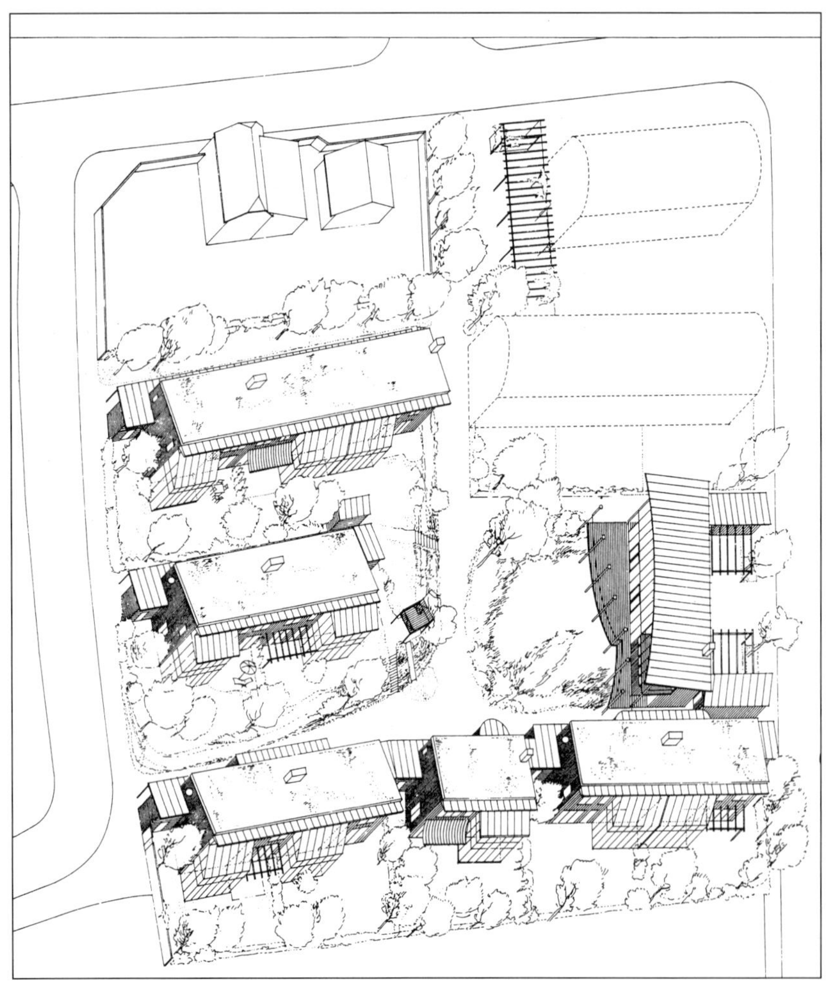

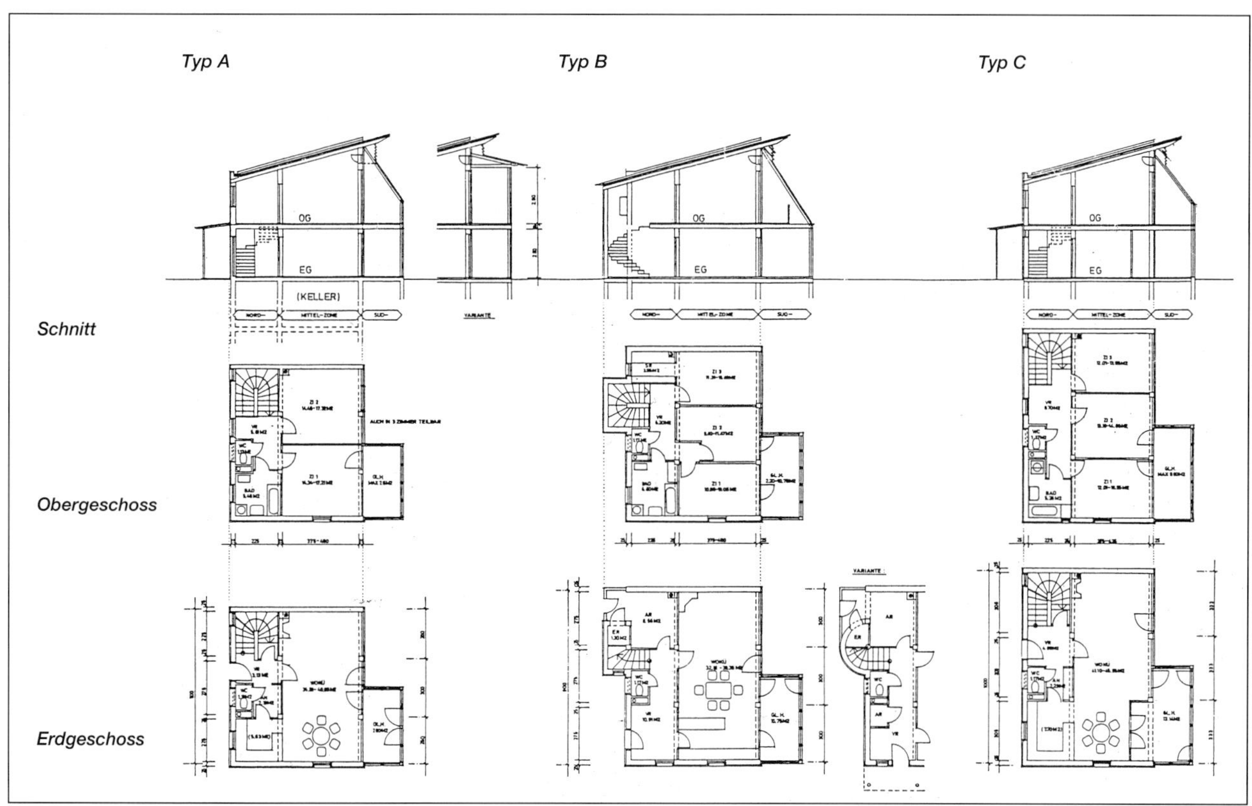

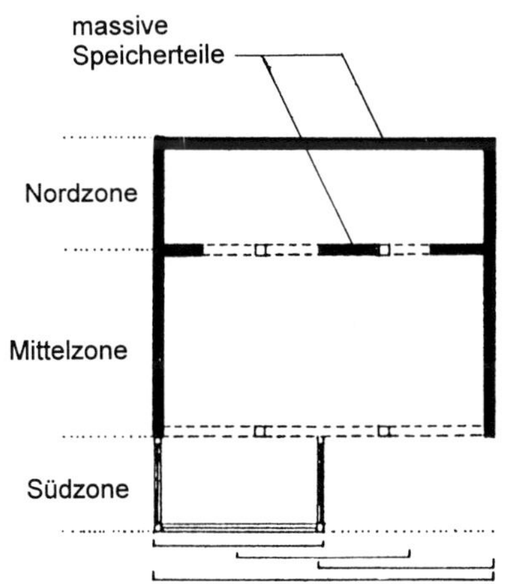

Entwurf

Sämtliche Häuser der ARGE Reinberg sind nordsüdorientiert mit Erschließungsweg im Norden und Garten im Süden. Die energetisch bedingte Ausrichtung drückt sich auch in der Architektur aus: Das bewachsene Pultdach steigt von Norden nach Süden um eine halbe Geschosshöhe an. Die Vorderfront bietet so möglichst viel Angriffsfläche für die wärmenden Sonnenstrahlen, während die Nordseite in der Fläche reduziert und weitgehend geschlossen ist. Intern sind die Häuser in drei Zonen eingeteilt:

– Die Nordzone dient als wärmespeichernde Pufferzone. Hier sind Erschließung und Nasszellen untergebracht. 25-cm-Betonhohlsteine, mit Steinwolle gedämmt, bilden die wärmespeichernde Masse.

– In der Mittelzone liegen die Wohn- und Schlafbereiche mit ausnahmsloser Orientierung nach Süden.

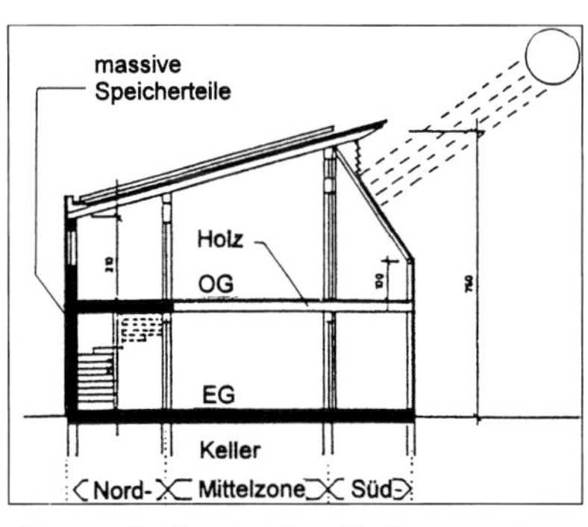

Schema der Konstruktion, Zonierung und Sonnennutzung

– Die Südzone bildet der vorgelagerte Wintergarten als erweiterter Wohnraum und Sonnenkollektor.

Konstruktion

Das Tragsystem des Wintergartens besteht aus verleimten Brettschichthölzern und wird über die Südfassade, die ebenfalls eine Holzkonstruktion ist, ausgesteift.

Die Gläser sind pressverglast mit lackierten Glashalteleisten aus Holz, im Schrägdachbereich mit Aluleisten. Sowohl für das Glashaus als auch für

Mit der aktiven und passiven Solarnutzung lassen sich etwa 35% Heizenergie einsparen

die Rückwand zum Wohnbereich hin wurde normales Isolierglas verwendet.

Belüftung über Lamellen im Fußbereich sowie über Außentüren und kippbare Fenster. Die Steuerung der im Wintergarten erzeugten Warmluft erfolgt über einen Kasten im Firstbereich. Als Ventil dient ein axial drehbares T-Stück, mit dem die Warmluft entweder nach draußen, zurück in den Wintergarten oder in den Wohnbereich geleitet wird. Über Lüftungsschlitze in den Zimmertüren kann die Warmluftschleife über die Räume im Obergeschoss zurück ins Erdgeschoss bis in den Wintergarten gelangen. Ebenso kann das System mit dem Ventil geschlossen werden.

Die Lüftung wird automatisch gesteuert. Damit die optimale Nutzung des Solarsystems gewährleistet wird, erhielten die Mieter eine von Architekten und Genossenschaft gemeinsam herausgegebene Benutzerfibel.

Heizung

Die Beheizung des Wintergartens erfolgt ausschließlich durch Nutzung der Sonnenwärme. Der Boden ist eine massive wärmegedämmte Betonsohle, die Trennwand zwischen Glashaus und Wohnbereich wurde mehrschalig ausgebildet: zum Wohnbereich hin als gedämmte Holzverschalung, zum Glashaus hin als hinterlüftete massive Speicherwand aus Kalksandstein.
Durch Lüftungsschlitze im Decken- und Bodenbereich kann Warmluft aus dem Wintergarten auf der Rückseite der Speicherwand zirkulieren, sodass diese beidseitig erwärmt wird. Damit lässt sich die Speicher- und Heizkapazität der Wand besser ausnutzen.

Wohnanlage Stockwiese

Architekt:	**Hans-Jörg Hatzesberger, Fürstenzell**
Standort:	**Haag an der Amper**
Grundstücksgröße:	**9.050 m²**
Wohnfläche:	**zwischen 110 und 136 m²**
Bauzeit:	**1990 bis 1992**
Baukosten:	**ca. DM 450/m³ (ohne Nebenkosten)**

Situation

Die Siedlung liegt in Ortsrandlage mit freiem Blick nach Osten zu den Amperauen. Auf dem ca. 9.000 m² großen Grundstück wurden die sieben Baukörper mit ihren insgesamt 36 Wohneinheiten so angeordnet, dass sich sowohl private Gartenanteile als auch ein gemeinschaftlicher, verkehrsfreier Innenhof zur Kommunikation und als Spielplatz für Kinder ergeben.

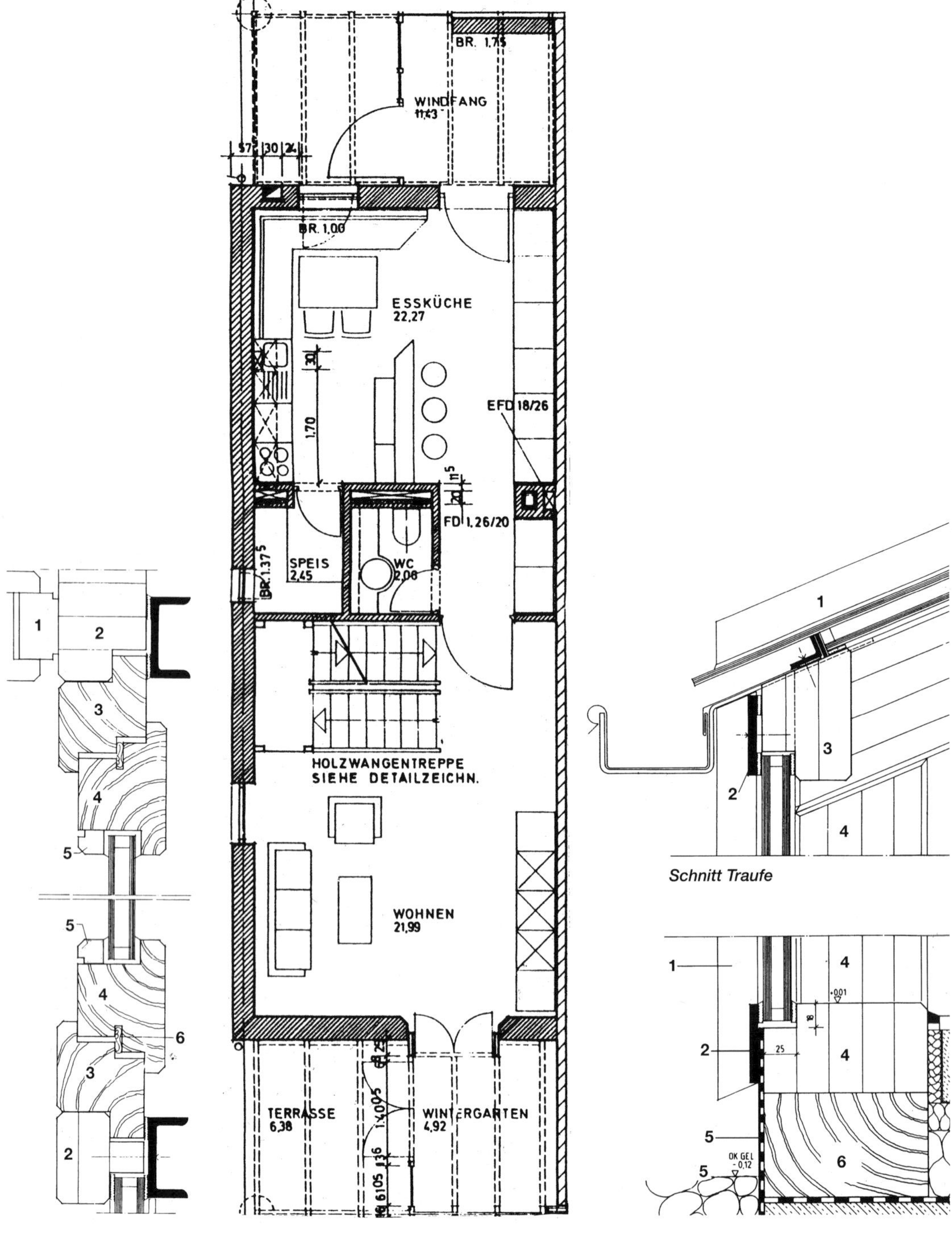

Schnitt Traufe

Horizontalschnitt Außentüre

1 Holzleiste 30/50
2 Leimholz 68/350
3 Holzprofil 88/68
4 Holzprofil 100/68
5 Glashalteleiste 20/18
6 Lippendichtung umlaufende

Grundriss Erdgeschoss, Reiheneckhaus

Schnitt Fußpunkt

1 U-Profil 60/30/6
2 Flachstahl 60/6
3 Leimholz 101/68
4 Leimholz 125/68
5 Blechverwahrung + Feuchtigkeitssperre
6 Hartholzschelle 125/78

1 U-Profil 60/30/6
2 Holzprofil 68/88
3 Lippendichtung umlaufend
4 Holzprofil 68/76
5 Halteleiste 17/18
6 U-Profil 60/30/6
7 Lippendichtung umlaufend

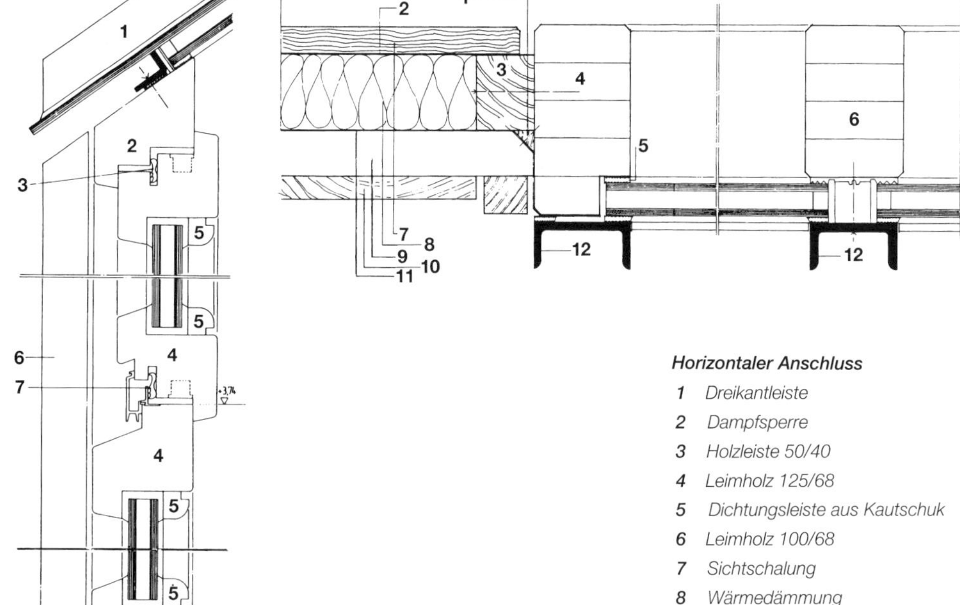

Horizontaler Anschluss

1 Dreikantleiste
2 Dampfsperre
3 Holzleiste 50/40
4 Leimholz 125/68
5 Dichtungsleiste aus Kautschuk
6 Leimholz 100/68
7 Sichtschalung
8 Wärmedämmung
9 Lattung 30/50/60
10 Schalung 18 mm
11 Dichtungsbahn
12 U-Stahl 60/30/6

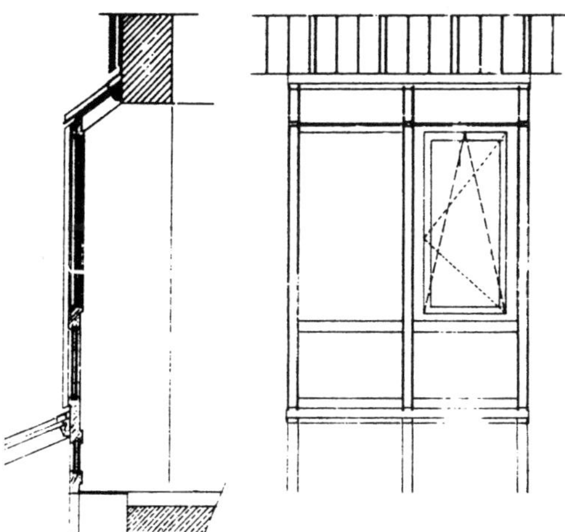

Erkerfenster Schnitt + Ansicht

Entwurf

Die Grundrissorganisation der einzelnen Wohneinheiten ist klar gegliedert mit größeren Räumen, viel Schrankflächen und geringem Fluranteil. Durch Glasflächen, u.a. Wintergarten und Firstverglasung, werden in allen Wohnräumen gute Belichtungsverhältnisse erreicht. Zugleich sorgt diese einfache Lösungsvariante passiver Solararchitektur bei relativ geringem Kostenaufwand für eine günstige Energiebilanz.

Konstruktion

Für Wintergarten und Windfang wurde eine Holzkonstruktion aus lamellierten Leimhölzern gewählt, die Festverglasungen sind mit Flachstahlbändern und U-Profilen befestigt.
Die Belüftung der Wintergärten erfolgt über die Außentüre, zur Entlüftung kann die Warmluft über die angeschlossenen Glaserker zur Temperierung der Obergeschossräume genutzt werden.

1 Füllstoff
2 Kittfuge
3 Brustblech mit Halteblech

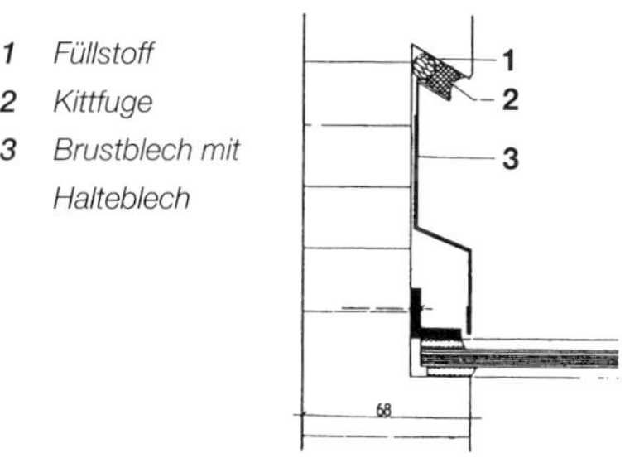

Anschluss Glasdach/Leimholzbinder

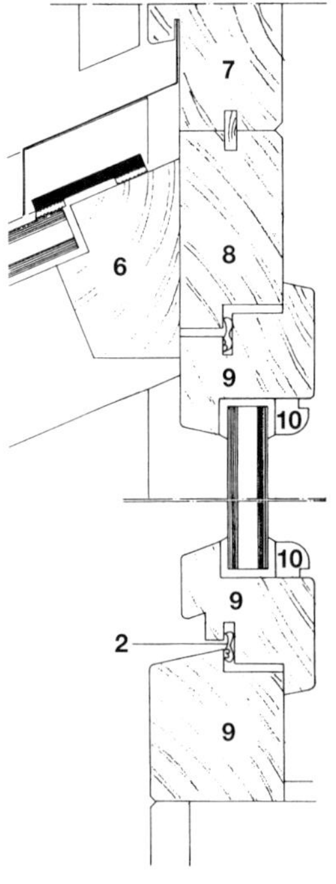

Schnitt D-D

Waagrechter Schnitt A-A

1 *U-Profil 60/30/6*
2 *Lippendichtung umlaufend*
3 *Leimholz 68/100*
4 *Holzprofil 88/68*
5 *Holzprofil 76/68*
6 *Holzprofil 100/64*
7 *Holzprofil 90/68*
8 *Holzprofil 99/52*
9 *Holzprofil 68/76*
10 *Glashalteleiste 17/18*

Schnitt C-C

1 *Lattung 30/50/60*
2 *Schalung*
3 *Putz*
4 *Kittfuge*
5 *Füllstoff*
6 *Flachstahl 60/6*
7 *Holzprofil 53/100*

Haus Akkan

Projekt:	Erweiterung eines Wohnhauses
Architekt:	Tobias Kröll, Ersdorf
Standort:	Köln
Bauzeit:	Anbau 1995

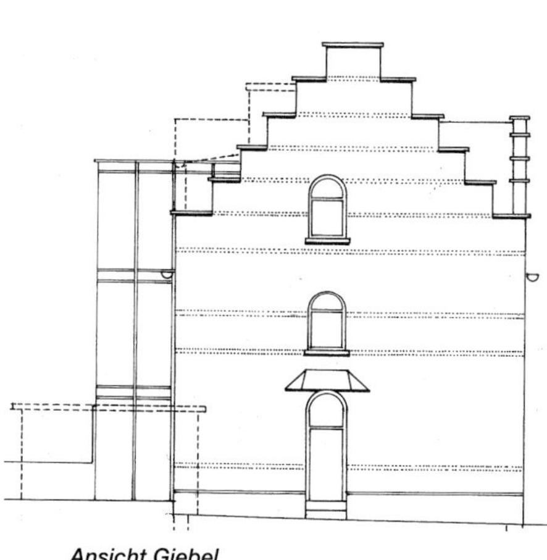

Ansicht Giebel

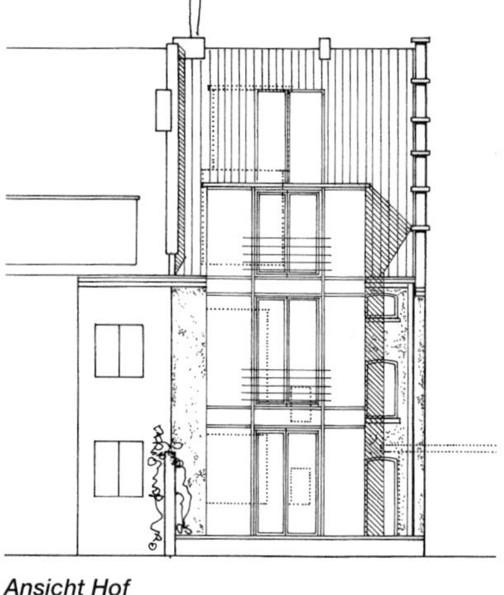

Ansicht Hof

Situation

Bei dem Umbau eines Reihenhauses aus dem Jahr 1903 musste auf der einen Seite dem denkmalkonservatorisch hohen Geschichtswert des Gebäudes Rechnung getragen werden, auf der anderen Seite sollte durch einen Wintergartenanbau ein modernes Wohnen in dem Altbau ermöglicht werden.

Entwurf

Bei der Sanierung der Straßenfassade wurde Wert darauf gelegt, den ursprünglichen Charakter des Hauses wiederherzustellen. Dabei wurden die Aluminiumfenster ausgebaut und durch Holzfenster ersetzt und die ursprünglichen Fensteröffnungen rekonstruiert. Eine nachträglich eingebaute zweite Dachgaube wurde ebenso entfernt, wie der Farbanstrich der Fassaden. Daraufhin stellte es sich heraus, dass an einigen Stellen Ausbesserungen nötig waren, Feldbrandsteine ergänzen hier das historische Mauerwerk. Im Inneren wurden die Grundrisse neu strukturiert, um offene und großzügige Raumfolgen zu erreichen. Die Haustechnik wurde vollständig erneuert, ebenso wie Bad und Küche.

Auf der Rückseite zum Garten erweitert ein neuer dreigeschossiger Wintergarten die Wohnung des Hauses. Hier wurde bewusst der Kontrast zu der Rekonstruktion der historischen Vorderfassade gesucht.

Konstruktion

Der Wintergarten ist als Stahlrahmenkonstruktion ausgeführt, die Verglasung wird mit T-förmigen Aluminiumprofilen gehalten. Besonderheit sind

OG: Die kaum sichtbare Konstruktion schafft Transparenz

die rahmenlos ausgebildeten Glasecken und die schwellenlosen Anschlüsse an Fußboden und Decke. Auch die Eckbereiche mit erhöhter Brandschutzanforderung wurden in Glas ausgeführt. Dadurch treten die tragende Teile der Wintergartenkonstruktion kaum in Erscheinung, der Anbau wirkt äußerst filigran. Innen- und Außenraum scheinen nahtlos ineinander überzugehen.

Unterstützt wird diese Wirkung durch den durchgehenden Dielenboden. Im Erdgeschoss setzt sich der Boden im Holzpodest bis auf die Terrasse fort.

Das Flachdach des Wintergartens ist begehbar. Auch hier wurden Lärchenbretter verlegt, der Zugang erfolgt über ein Dachfenster mit Gasdruckfedern – eine Sonderkonstruktion, die einen bequemen Durchgang ermöglicht.
Für das gesamte Haus wurde ein einheitliches Licht- und Farbkonzept erarbeitet, das sich in vielen Details wiederspiegelt. Die Einbauten etwa der Küche sind ganz auf den Grundton Blau abgestimmt. In dem Wintergarten wurde ein „Lichtvorhang“ mit quadratischen Niedervoltleuchten installiert.

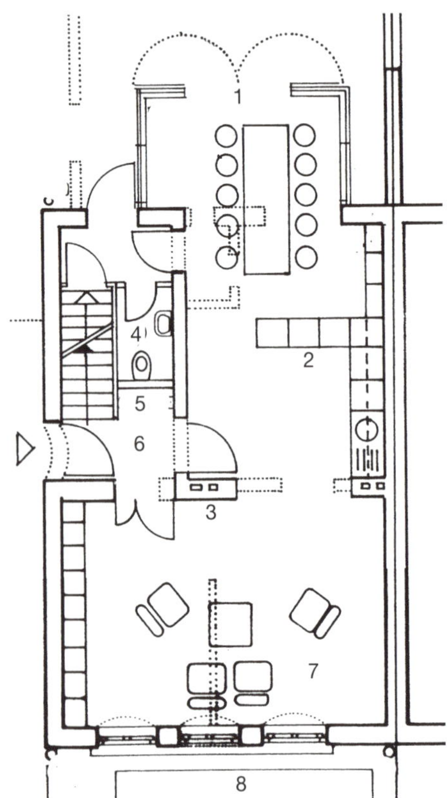

Grundriss Erdgeschoss

1 Essen
2 Küche
3 Kamin
4 WC
5 Garderobe
6 Flur
7 Wohnen
8 Stellplatz

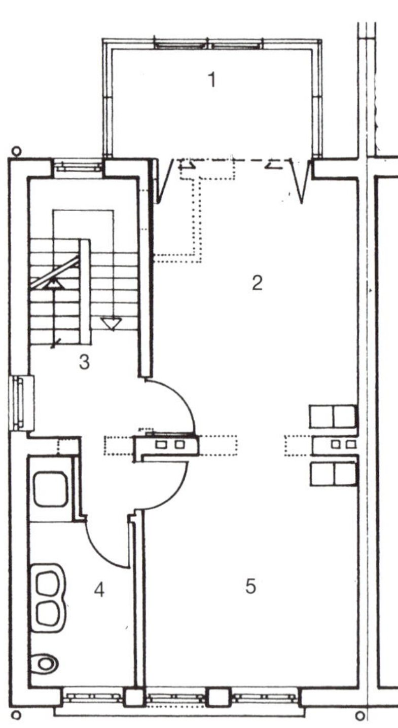

Grundriss 1. Obergeschoß

1 Wintergarten
2 Kind
3 Treppenhaus
4 Dusche/WC
5 Kind/Gast

Ganzglasecke an Terrasse

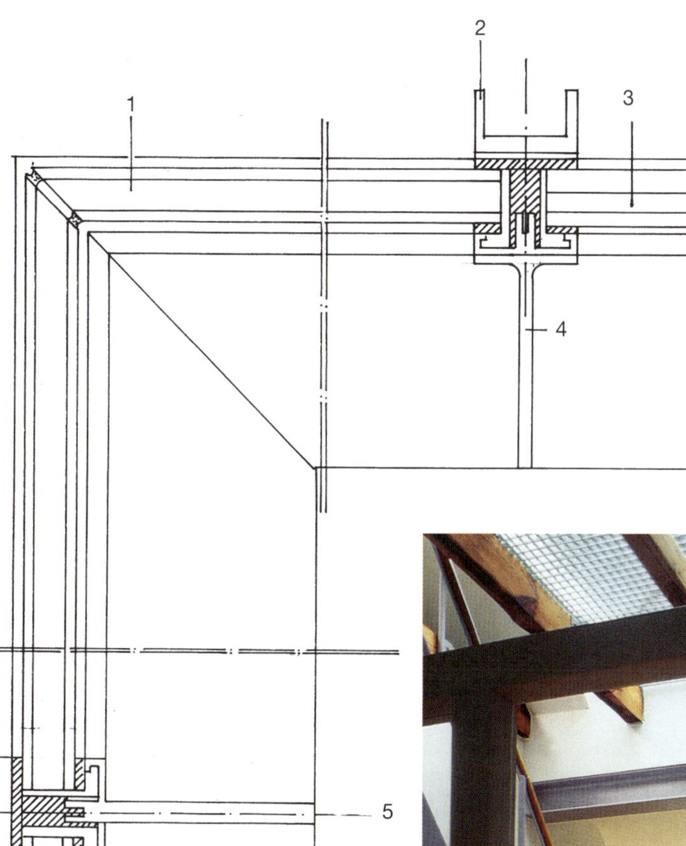

Horizontalschnitt Glasecke

1 Normalverglasung Thermoplus N, 1,3 W/m²K
2 Deckleiste Stahl verzinkt
3 Verglasung F30, z.B. Pyrostop 1/30–25
4 1/2 IPE 200
5 Aluminium PR

1. DG: Blick aus dem Schlafraum in den Wintergarten

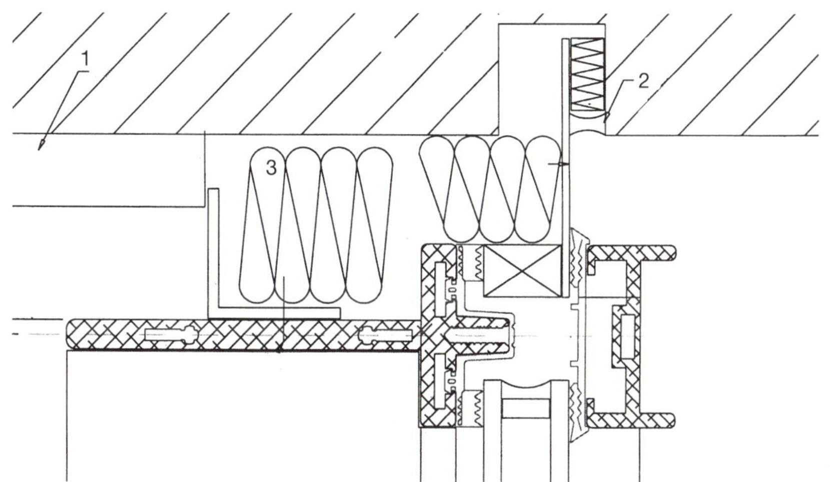

Horizontal-Anschluss Massivwand

1 Putz
2 Thiokolfuge
3 Langloch M5

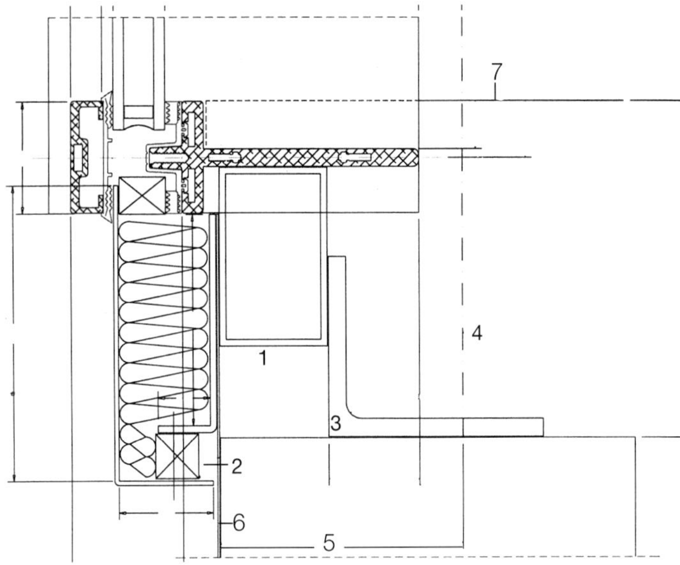

Vertikal-Anschluss Fußpunkt

1 *Stahlrohr*
2 *PE Kunststoff*
3 *Stahlwinkel*
4 *Außenkanten IPE 160*
5 *Vk Beton-Vk Stahlträger*
6 *Butylfolie*
7 *OK FFB*

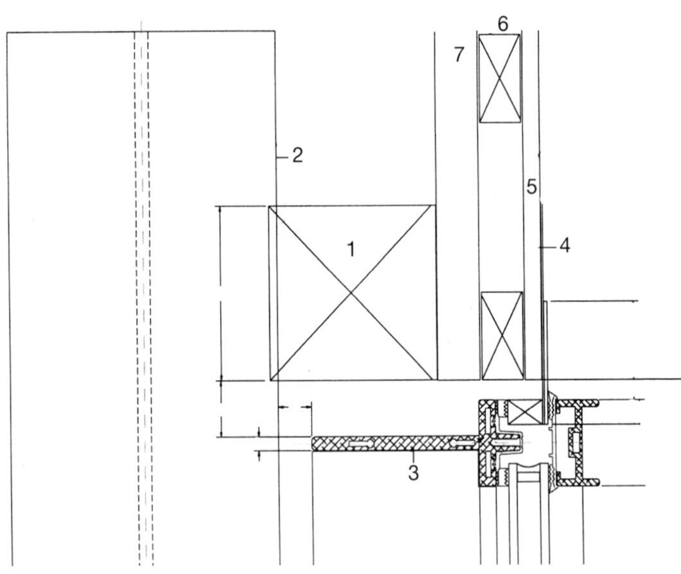

Vertikal-Anschluss Leichtbauwand

1 *Kantholz*
2 *Vorderkante IPE 160*
3 *Langloch MS*
4 *Butylfolie*
5 *Platte*
6 *Konterlattung*
7 *Lattung*

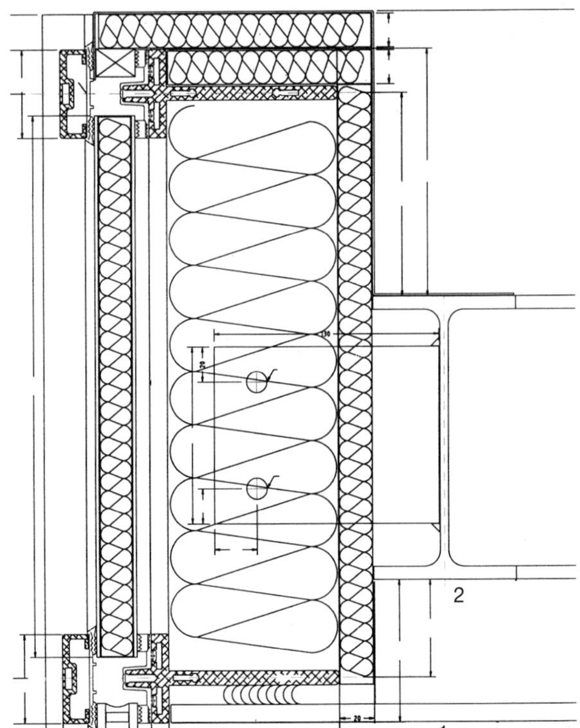

Anschluss Flachdach

1 *OK abgehängte Decke*
2 *UK-Balken*

Haus Gündogan

Projekt:	**Erweiterung eines Wohnhauses**
Architekt:	**Kemal Gündogan, Aachen**
Standort:	**Aachen**
Bauzeit:	**vor Umbau 114 m^2**
	nach Umbau (1. BA) 176 m^2
Kosten:	**DM 210.000**

Situation

Das Wohnhaus liegt auf dem Eckgrundstück einer Reihenhaussiedlung der ehemals in Aachen stationierten belgischen Streitkräfte. Nach längerem Leerstand sind die meisten Häuser mittlerweile alle wieder bewohnt, Sanierungs- und Modernisierungsmaßnahmen wurden zum Teil staatlich bezuschusst.

Um die eher kleine Wohnung für eine Familie mit Kindern nutzbar zu machen, plante der Bauherr eine Erweiterung in zwei Bauabschnitten.

Der Bestand vor dem Umbau

Der Wohnraum öffnet sich zum Garten

Entwurf

Neben dem Ausbau des Dachgeschosses wurde in dem ersten Schritt ein aus zwei Räumen bestehender Wintergarten realisiert. Geplant ist als zweiter Abschnitt ein seitlicher Anbau an der Giebelwand. Dort werden die Räume für das Büro des Bauherren ihren Platz finden.

Das Dachgeschoss erhielt einen neuen Dachstuhl und ist jetzt mit einer neuen Treppe an das Obergeschoss angebunden. Holzfenster, eine ausreichende Wärmedämmung und eine Modernisierung der gesamte Haustechnik waren mit Bestandteil des Umbaus.

Der Wintergarten ist in der Form von zwei „Häusern" konzipiert, wobei eines dem Wohnraum zugeordnet ist, während das andere bereits jetzt als Besprechungsraum für Kundengespräche genutzt wird.

Der Hauptwohnraum im Erdgeschoss konnte durch den Anbau nahezu verdoppelt werden und erhält durch den gläsernen Raum im „Grünen" eine neue Qualität.
Eine kleine Terrasse schafft eine unmittelbar dem Wintergarten zugeordnete Zone, die den Wohnraum bis ins Freie erweitert.

Konstruktion

Die strengen Auflagen der Stadt Aachen für die Siedlung schrieben eine ganze Reihe von Rahmenbedingungen fest. Breite und Höhe der Anbauten waren darin festgelegt ebenso wie die Notwendigkeit einer Brandwand zum Nachbargrundstück und eines festen Daches. Hier konnte mit einem gläsernen Sattel- und Pyramidendach, die das jeweilige „Haus" charaktisieren, jedoch ein Kompromiss gefunden werden. Aufgrund des so nur teilweise verglasten Daches und einer üppigen Vegetation im Garten konnte auf eine aufwendige Verschattung und Klimasteuerung verzichtet werden.

Der Wintergarten ist als Holzkonstruktion ausgeführt und liegt auf Betonkragarmen auf. Ein großzügiger Durchbruch lässt im Erdgeschoss die Grenze zwischen dem Wohnraum und dem Anbau verschwinden, die Räume gehen nahtlos ineinander über.

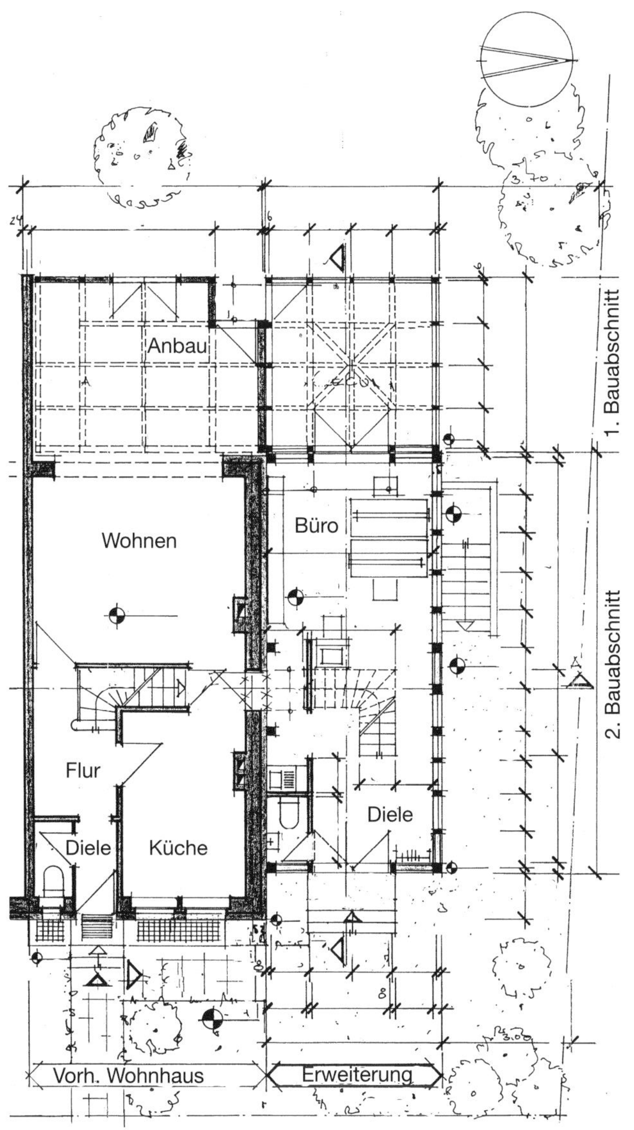

Grundriss Erdgeschoss

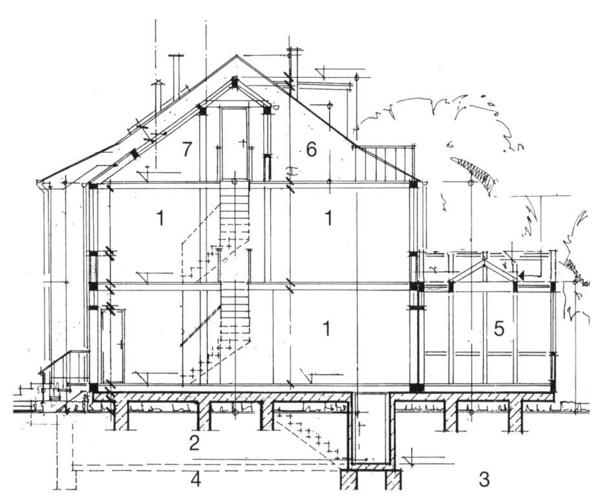

Grundriss Wintergarten

1 Büro
2 Kellerausgang
3 1. Bauabschnitt
4 2. Bauabschnitt
5 Besprechung
6 Terrasse
7 Zimmer

Der Baumbestand sorgt für Sonnenschutz

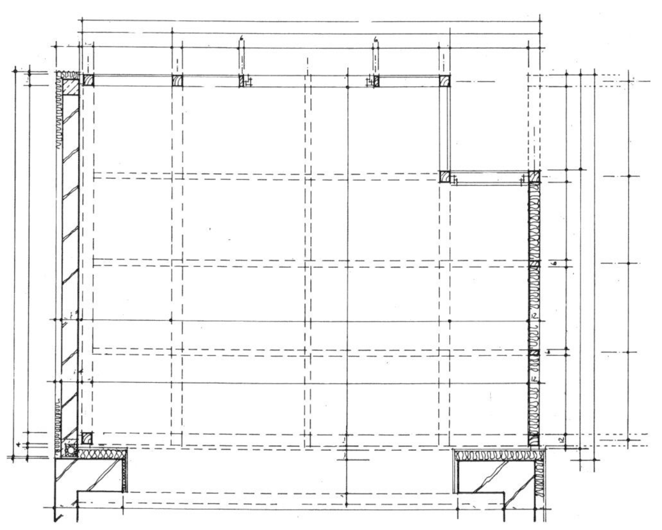

Grundriss Wintergarten

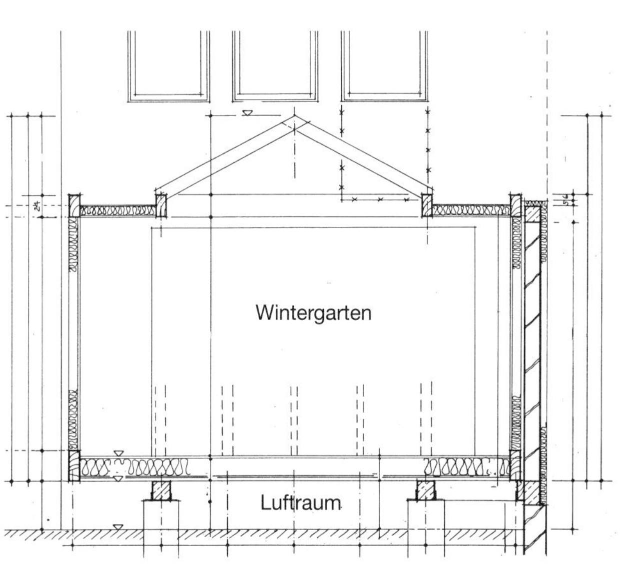

Schnitt Wintergarten

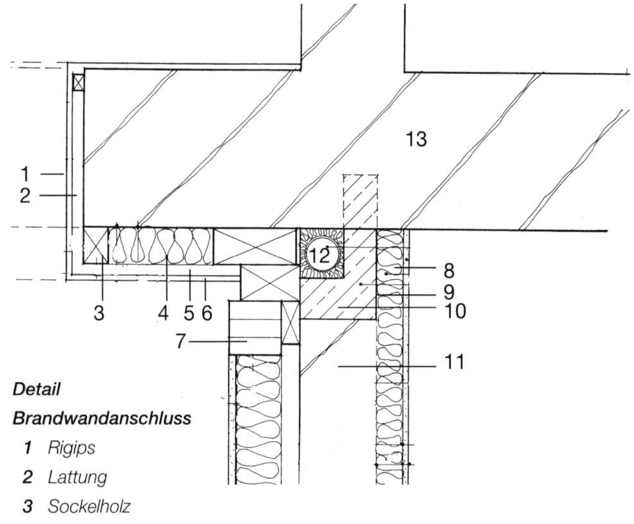

Detail Brandwandanschluss

1 *Rigips*
2 *Lattung*
3 *Sockelholz*
4 *Dämmung*
5 *Lattung*
6 *Rigips*
7 *Eckstütze*
8 *Rigips*
9 *Dämmung*
10 *Betonspitze $17^5/20$ (Ringbalken)*
11 *Brandwand aus KS-R (P) 20-1,8-6 DF (17^5) im Dünnbettmörtel gemauert*
12 *Regenrohr*
13 *Vorh. Mauerwerk*

Detail Anschluss Hauswand/Wintergarten

1 *Dämmung 10*
2 *Lattung 4/6*
3 *Holzverschalung Boden $2^4/14$*
4 *Holzverschalung Deckel $2^4/10$*
5 *Unterspannbahn*
6 *Sockelholz am Haus 12/8*
7 *Sockelholz*
8 *Glasabdeckleiste*
9 *Wärmeschutzglas*
10 *Pfosten 12/12*
11 *Dämmung 8*
12 *Lattung $2^4/4^8$*
13 *Rigips*
14 *Konstruktionsholz*
15 *Rigips*
16 *Lattung $2^4/4^8$*
17 *Vorh. Mauerwerk*

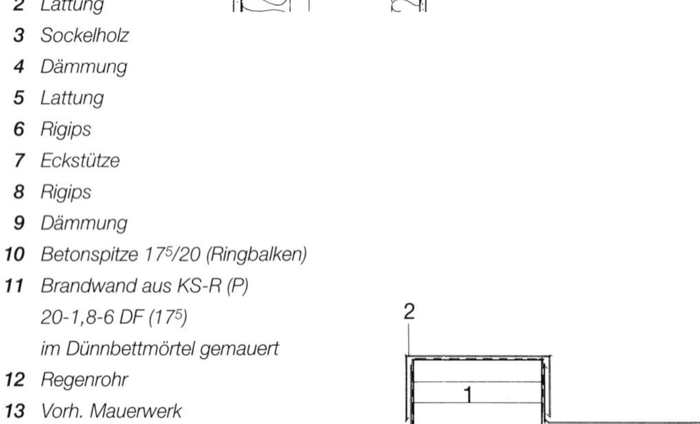

Detail Brandwandanschluss

1 *Tragbalken12/24*
2 *Zinkblech*
3 *Verschalung*
4 *Dämmung 10 cm*
5 *Abdeckung*
6 *Dampfbremse*
7 *Rigips*
8 *Hilfskonstruktion*
9 *Mauerwerk KS-R (P) 20-1,8-6 DF (17^5) Dünnbettmörtel*
10 *Unterputz*
11 *Kratzputz*
12 *Zinkblech*
13 *Dämmung Hartschaumplatte*
14 *Stahlbeton-Ringanker $17^5/17^5$*

Detail Fußpunkt

1 *Heraklit-Platten*
2 *Dämmung*
3 *Lärche Dielenboden*
4 *Schwelle Leimholz*
5 *Luftraum*
6 *Betonbalken 24/24*
7 *Anbau vorh. Haus*
8 *Vorh. Mauerwerk/Kelleraußenwand*
9 *Vorh. Estrich*
10 *Vorh. Betondecke*
11 *Vorh. Mauerwerk in Ansicht*
12 *Dämmung*
13 *Schattenfuge*
14 *Eckstütze*

Glashaus integriert

Sonnenhaus Riederau

Projekt:	Wohnhaus mit passiver Solarenergienutzung
Architekten:	Axel Tilch, Gisela Drexler, Riederau
Bauzeit:	04/1987 bis 11/1987
Wohnfläche:	160 m^2
Baukosten:	DM 300.000
Kosten für Glaskonstruktion:	DM 22.000
Heizenergieverbrauch:	63 kWh/m^2a

Situation

Das Haus, im Grundriss ein Trapez, liegt auf einem schmalen Wiesengrundstück neben einem von Bäumen gesäumten Bachlauf, geschützt vor einfallenden Westwinden. Die sorgfältige Einbindung in die vorhandene Topographie war bei der Realisierung des passiven Solarkonzeptes unabdingbar.

Entwurf

Der Baukörper, monolithisch aus gefügedichtem Beton gegossen, erstreckt sich von West nach Ost.
Die Südseite ist als Sonnenwand ausgebildet, zum einen als leichte

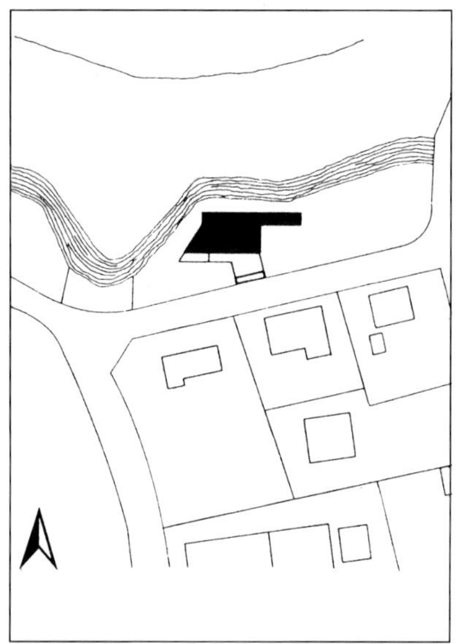

Lageplan

Schnitt A-A

Schnitt A-A

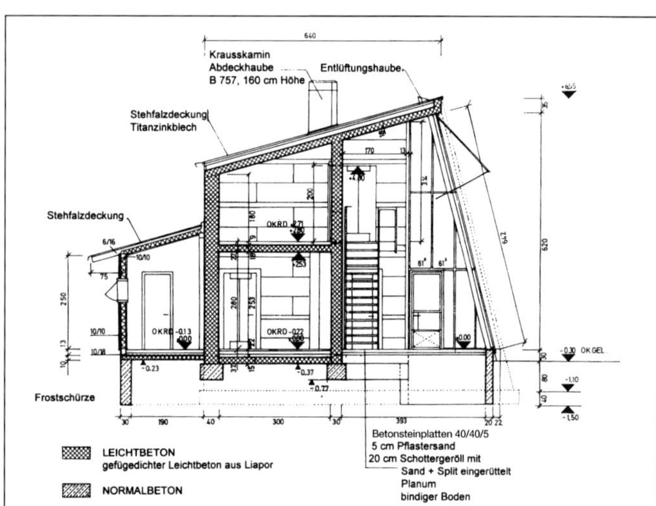

Schnitt B-B

Gewächshauskonstruktion, zum anderen als verglaste Fassade.

Im Winter wird die Sonnenstrahlung von den Betonscheiben an der Glaswand sowie vom Schieferboden, den massiven Rückwänden und Decken gespeichert. Nachts strahlt die gespeicherte Wärme gleichmäßig zurück in die Wohnräume, die alle an der Südfassade liegen. Die untergeordneten Räume schirmen die Nordseite als Puffer ab. Sommerlichen Schutz vor Hitze gewähren die Bäume und das weit überstehende Dach. Für Kühlung sorgt Querlüftung, besonders in der Nacht, wenn die Außenluft schon abgekühlt ist.

Konstruktion

Wintergarten als klassische Gewächshauskonstruktion aus feuerverzinkten Stahlprofilen; Kittverglasung mit Isolierglas. Bei ungünstigen klimatischen Bedingungen und aufgrund konstruktiv bedingter Undichtigkeiten kann sich an den thermisch nicht getrennten Profilen Schwitzwasser bilden, das abtropft und im offenen Boden versickert.
Der Vorteil der klassischen Gewächshauskonstruktion liegt vor allem an den schmalen Profilen, die gegenüber den üblichen Systembauteilen leicht und filigran wirken. Gemäß den hier gestellten Nutzungsanforderungen erfüllt die einfache Glashauskonstruktion voll ihren Zweck.

Lüftung, Heizung, Sonnenschutz

Primäre Lüftung mit großen Klappflügeln im Firstbereich. Mit Ausnahme des Dachüberstandes keine zusätzlichen Verschattungseinrichtungen. Sommerliche Temperaturspitzen im Glashaus bis über 30°C werden in Kauf genommen. Die Speichermassen sorgen für eine hohe thermische Kompensation. Im Winter sinkt die Temperatur im Glashaus nur bei Außentemperaturen unter –15°C unter den Gefrierpunkt. In Laufe von sieben Jahren musste bisher nur zweimal nachgeheizt werden, um frostempfindliche Gewächshauspflanzen zu schützen. Gefrierpunkt vermeiden.

Kosten

Die Tragkonstruktion wurde von einem ortsansässigen Schmied gefertigt. Kosten mit Verglasung: DM 22.000
Für dieselbe Ausführung lagen Angebote bis zu DM 80.000 vor.
Mit ihrer verglasten Südfassade erfüllen die nach Süden orientierten Wohnräume energetisch dieselbe Funktion wie ein integrierter Wintergarten. Aufgrund der geringen Gebäudetiefe kann die Wintersonne bis zu den rückwärtigen Wänden gelangen. Die massiven Betonwände dienen dabei als Wärmespeicher. Vor Sommerhitze schützt das weit überstehende Dach.

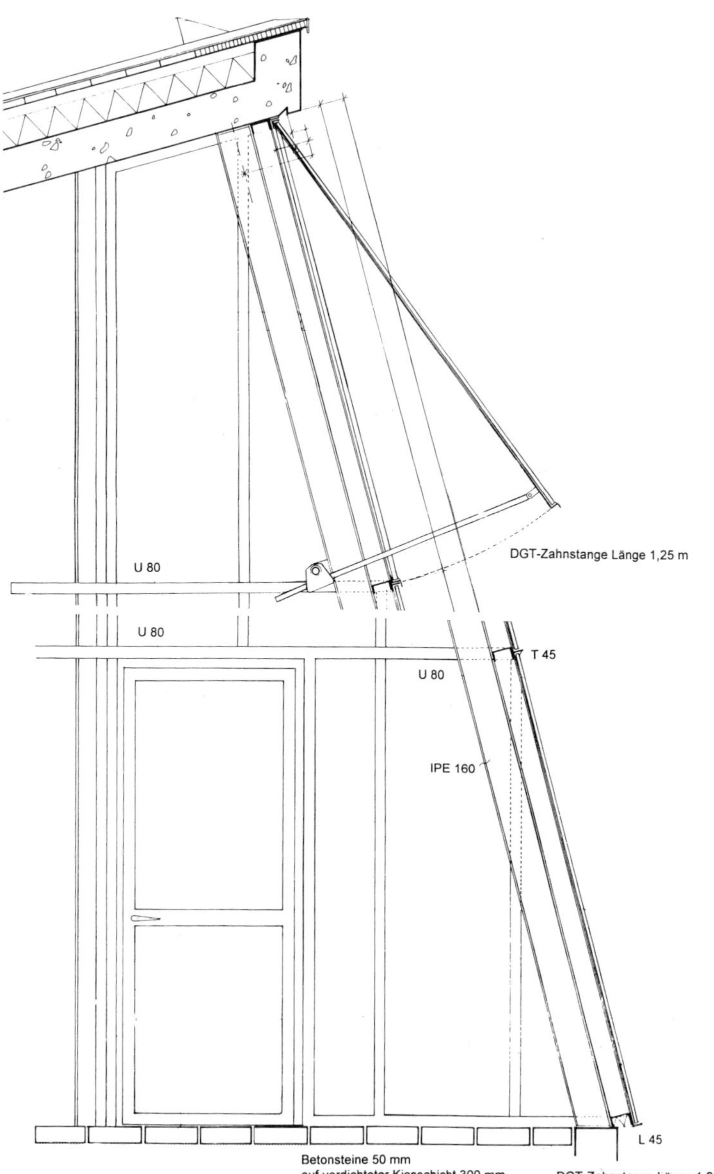

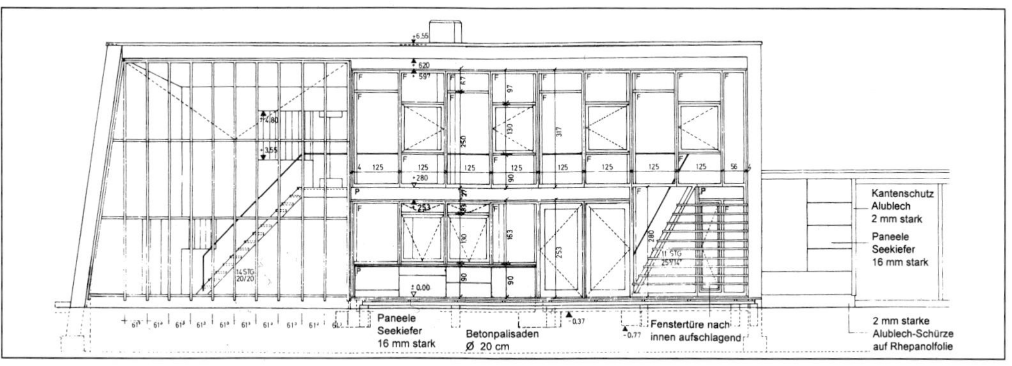

Ansicht von Süden

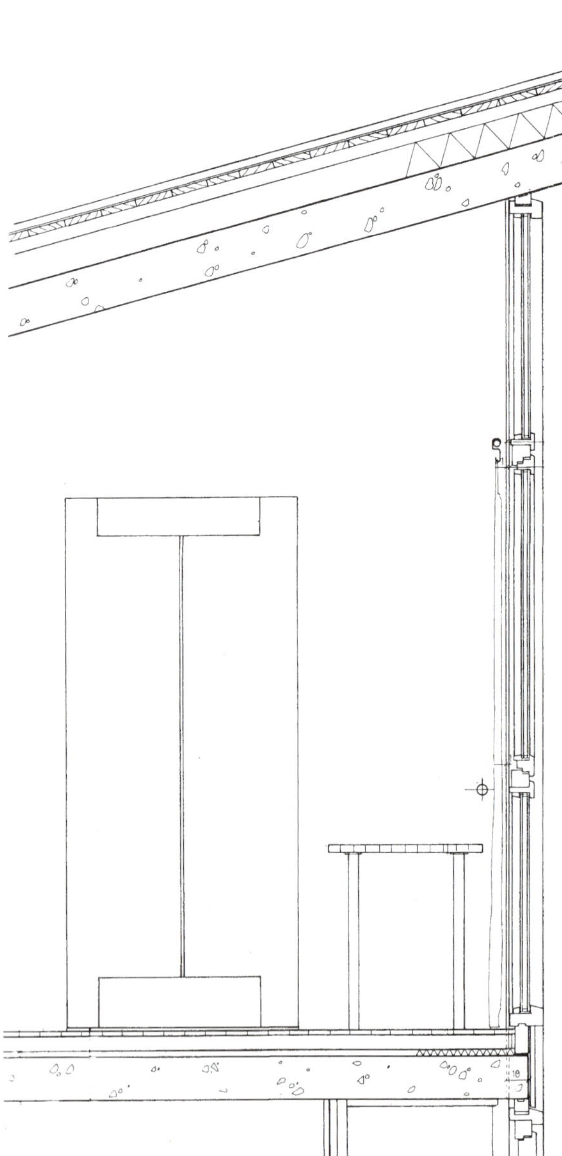

Schnitt Südfassade Obergeschoss

Dachaufbau

Stehfalzdeckung in Titanzinkblech
Glasvliesbitumenbahn V 13
Dachschalung 24 mm
WD Uniroll WLG 035, 120 mm
zwischen Sparren 6/16
Glasvliesbitumenbahn V13 als Dampfbremse
Betondecke LB 25

Siedlungshaus Kaiserslautern

Projekt:	Umbau und Erweiterung eines Siedlungshauses aus den 30er-Jahren
Architekt:	Werner Kamb, Kaiserslautern
Wohnfläche:	ca. 120 m^2
Umbaukosten:	DM 350.000 (Glasanteil DM 100.000)

Situation

Normalerweise erwartet man zu einem typischen Siedlungshaus auch den typischen Standardwintergarten, der formal jeden Bezug zur vorhandenen Architektur tunlichst vermeidet. Es bedurfte großer Überredungskunst seitens des Architekten, nicht nur die Bauherren, sondern vor allem auch die Baubehörde von der Idee zu überzeugen, eine zeigemäße integrierte Lösung zu finden, die den ursprünglichen Charakter des kompakten Hauskörpers nicht zerstört.

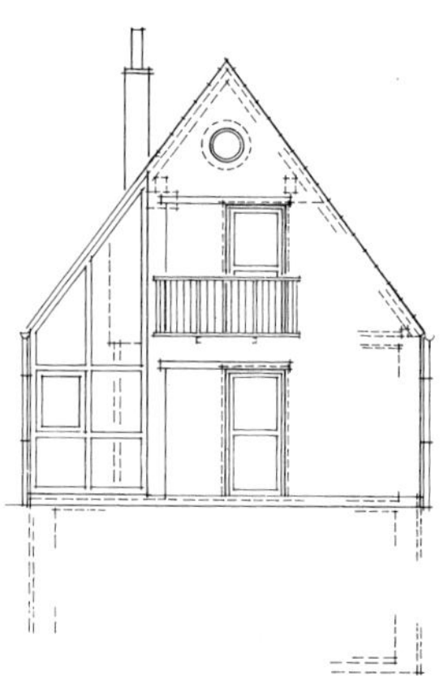

Ansicht von Süden

Entwurf

In der Umbauphase wurde das alte Haus zunächst entkernt und nach Süden um ca. 5 m erweitert. Der Anbau ist über die Südwestecke bis in den Dachbereich hinein verglast und dient im Erdgeschoss als Wohnzimmer. Über den Luftraum kann aufsteigende Warmluft im Dachgeschoss genutzt werden.
Auch der Eingangsbereich wurde völlig umgestaltet: Als Windfang ist ein gläserner Kubus axial verdreht in die Fassade eingestellt. Darüber lässt ein Glasfeld im Schrägdach Licht ins Obergeschoss. Den Lufttraum erschließt eine Galerie.

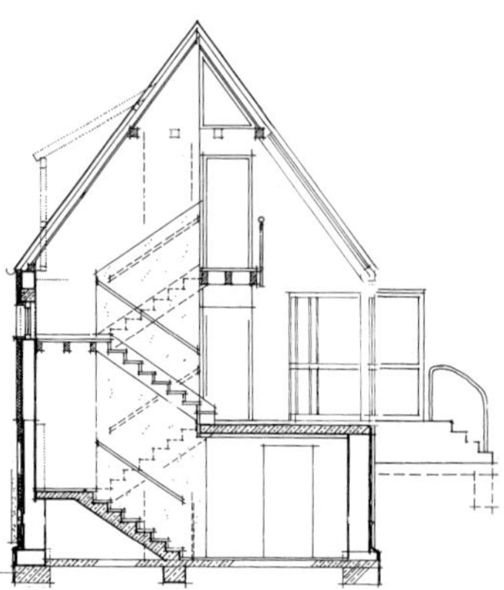

Schnitt A-A

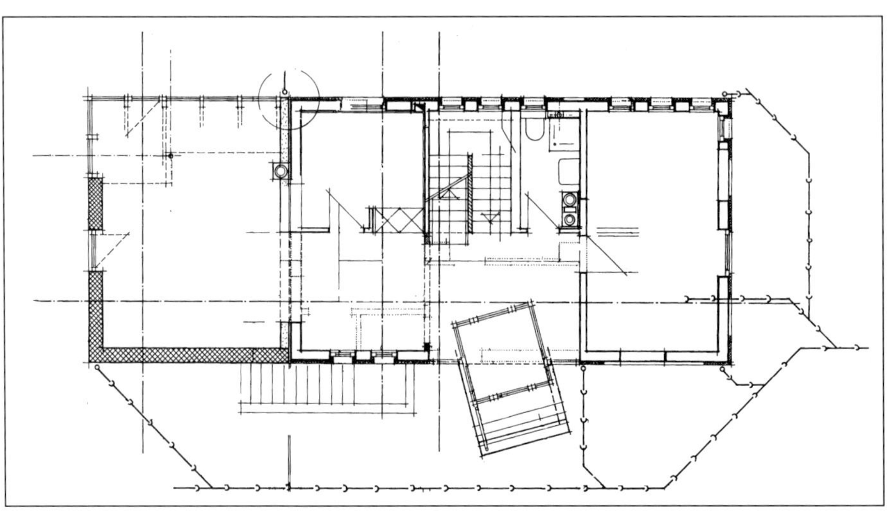

Grundriss Erdgeschoss

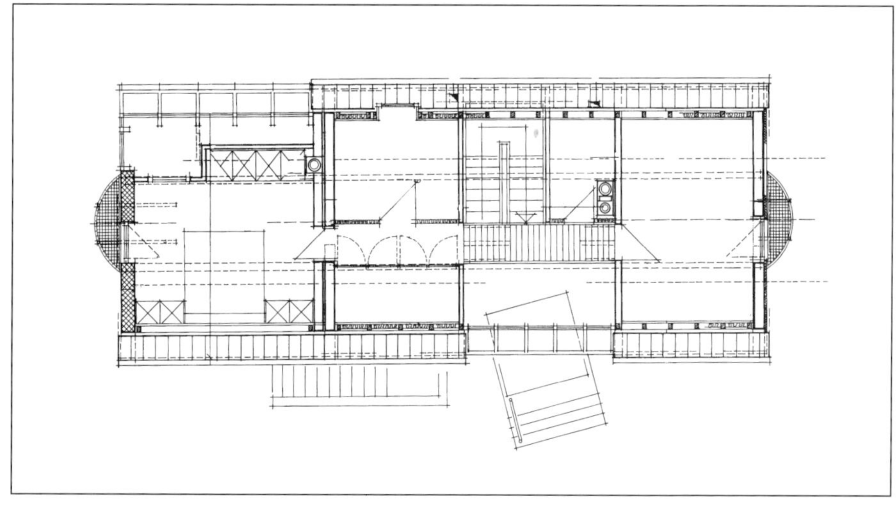

Grundriss Obergeschoss

Konstruktion

Stahlfachwerkträger (R-Träger) bilden das Tragsystem aus grundierten und weiß lackierten Rohren. Aussteifungselemente aus Stahlblech sind im Knickpunkt eingefügt. Über Abstandshalter mit Teller ist die tragende Konstruktion an dem Schüco-Grundprofil befestigt. Das Wärmeschutzglas erreicht einen k-Wert von 1,3 W/m²K, im Dachbereich ist die untere Scheibe als VSG-Glas ausgeführt.
Die Lüftungsflügel befinden sich im Fassaden- und Schrägdachbereich. Außenliegende Verschattungselemente wurden nachträglich angebracht.

Haus Buberti

Projekt:	Neubau eines Einfamilienhauses
Architekt:	Ralf Buberti, Uslar
Standort:	Uslar
Bauzeit:	07/1995 bis 11/1996
Fläche:	Hauptwohnung 145 m^2 Einliegerwohnung 35 m^2
Kosten:	Gesamtkosten DM 547.000 davon Eigenleistung DM 30.000

Situation

Das Einfamilienhaus in Uslar liegt auf einem Grundstück am Ende einer Wohnsiedlung und weist ein starkes Gefälle auf. Innerhalb der Baufläche waren bis zu drei Meter Höhenunterschied zu überwinden.

Bei der Konzeption des Gebäudes stand der Wunsch nach einem einfachen, dabei zeitgemäßen und ökologisch ausgerichteten Einfamilienhaus im Vordergrund. Die Wahl weitgehend natürlicher und regionaler Baustoffe sollte die Einbindung des Hauses in die Landschaft unterstützen.

Das Haus vor imposanter Kulisse

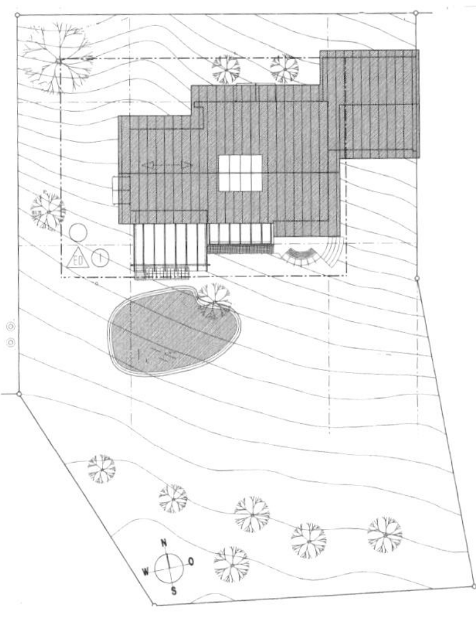

Lageplan

Entwurf

An der Nordseite des Grundstückes gelegen, schirmt das Gebäude den südlichen Teil des Gartens gegen Einblicke und Lärm ab. Dabei nutzt es den Höhenunterschied, um das Untergeschoss zum Garten hin ebenerdig anzubinden.

Die Hauptwohnung im Erd- und Dachgeschoss liegt über einer Einliegerwohnung im Souterrain, vorgelagert findet sich ein Carport, der über einen Vorratsraum direkt von der Küche zu erreichen ist.

Im Inneren ist das Haus als offene Raumfolge konzipiert, in die die verschiedenen Bereiche flexibel eingebunden werden können. So ist es möglich, dass die Räume der Einliegerwohnung wahlweise auch als Arbeits- und Gästezimmer, oder später als separate Wohnung für die Kinder genutzt werden können.

Integraler Bestandteil dieser Konzeption ist ein zum Wohnraum offener Wintergarten. Die Verknüpfung von Innenraum und Landschaft gelingt im Wohn- und Essbereich auf eindrucksvolle Art und Weise. Eine Galerie lässt diesen Bereich aus verschiedenen wechselnden Perpektiven erlebbar werden.

Der Wintergarten öffnet sich zur Galerie

Konstruktion

Der Wintergarten ist als Holzkonstruktion ausgeführt, das Haus selber ist eine Mischkonstruktion aus massiven und leichten Bauteilen. Die weitgehend geschlossene Nordseite besteht aus Mauerwerk, auf den übrigen Seiten des Gebäudes dominieren Holz und Glas. Bei den Innenwänden wurden Ständer- und Holztafelbauweise miteinander kombiniert, Ausfachungen sind mit Tonziegeln ausgemauert.

Durch eine thermostatisch gesteuerte Zu- und Abluftmöglichkeiten im Wintergarten und im verglasten First wird eine Überhitzung wirksam vermieden. Zusätzlich schützt eine sensorgesteuerte Außenmarkise vor zu starker Sonneneinstrahlung.

Künftig soll in den sonnenarmen Monaten ein Kachelofen Wintergarten, Wohnbereich und Galerie beheizen.

Eine vorauschauende Planung, hat dafür gesorgt, dass z.B. Installationsleitungen für eine Solaranlage vorinstalliert wurden. Bereits jetzt wird das Regenwasser gesammelt und in einem zweiten Kreislauf als Brauchwasser genutzt.

Blick in den Wintergarten

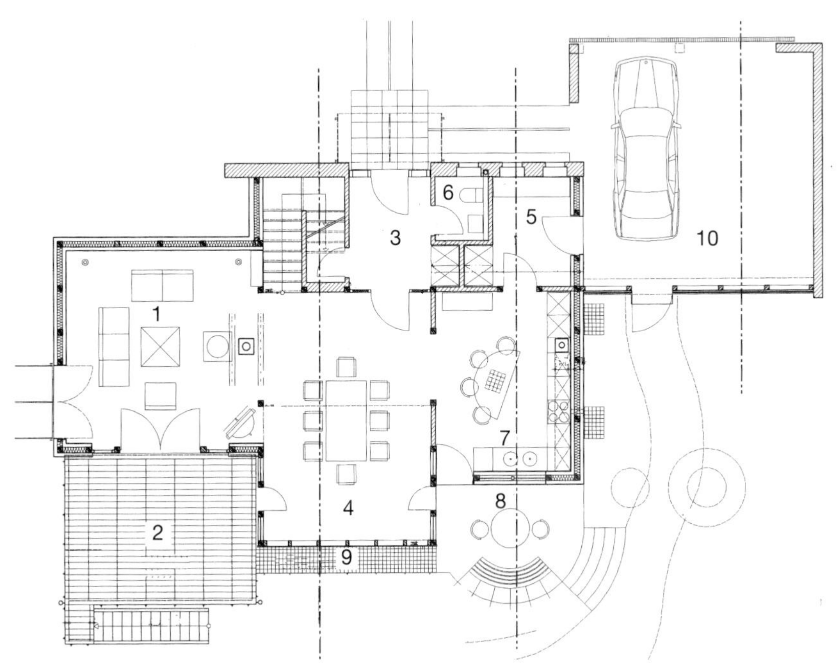

Grundriss Erdgeschoss

1 *Wohnen*
2 *Terrasse*
3 *Windfang*
4 *Essen/Wintergarten*
5 *Vorrat*
6 *WC*
7 *Kochen*
8 *Freisitz*
9 *Steg*
10 *Carport*

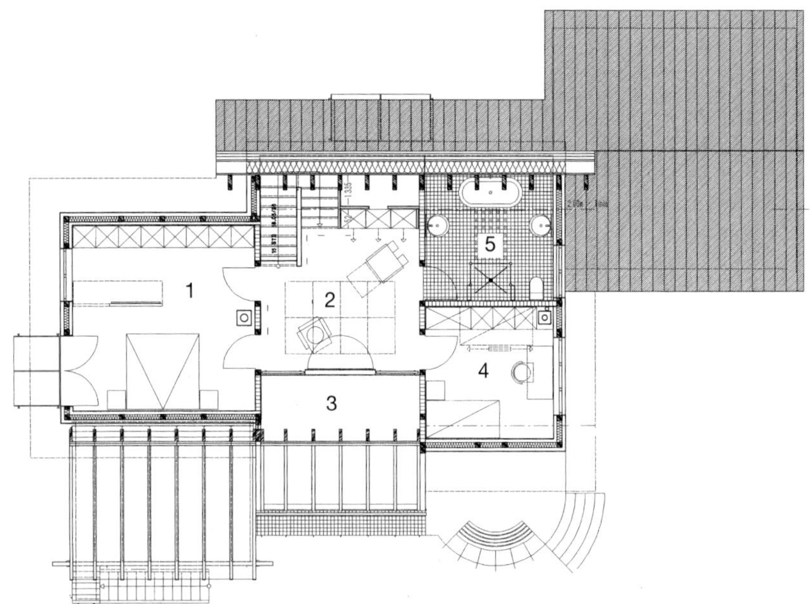

Grundriss Dachgeschoss

1 *Schlafen*
2 *Galerie*
3 *Luftraum*
4 *Kind*
5 *Bad*

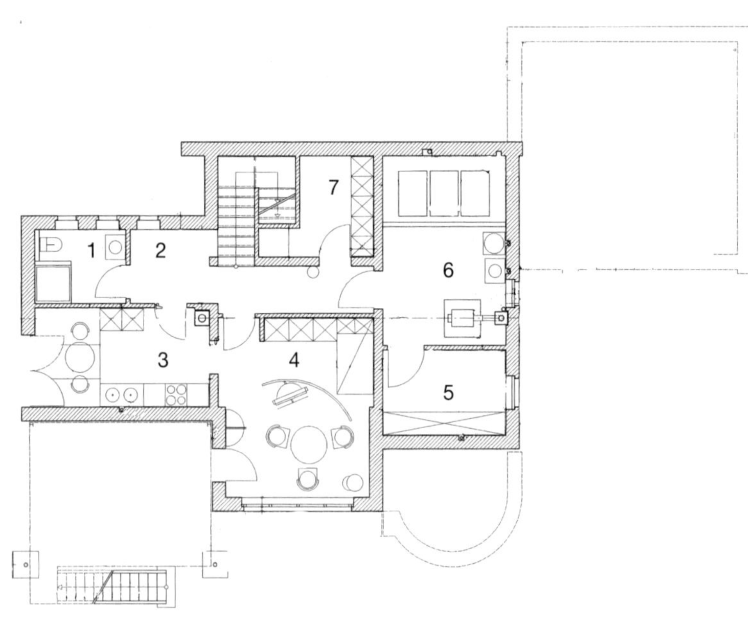

Grundriss Kellergeschoss

1 *Dusche*
2 *Flur/Garderobe*
3 *Gäste/Kochen*
4 *Arbeiten/Wohnen*
5 *Keller*
6 *Heizung/Öl*
7 *Vorrat*

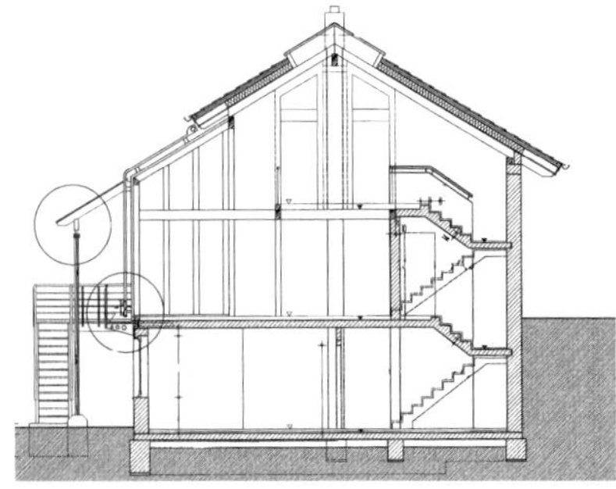

Querschnitt Wintergarten

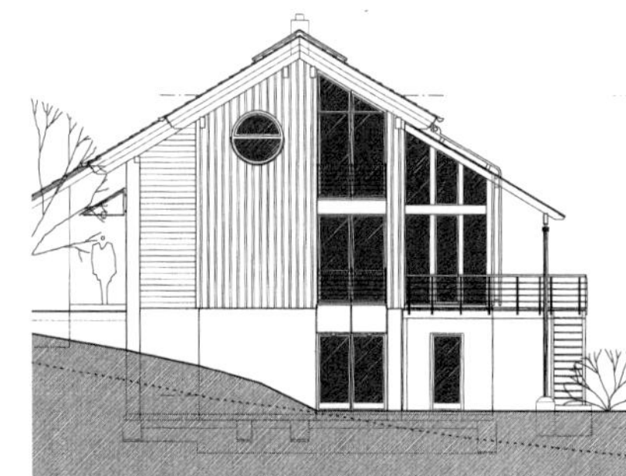

Ansicht West

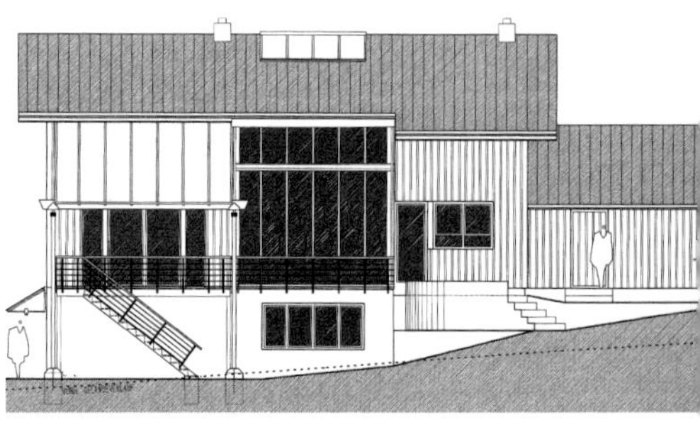

Ansicht Süd

Minimalist

Projekt:	**Neubau eines Atelier und Wohnhauses**
Architekten:	**Schaudt Architekten, Konstanz Helmut Hagmüller**
Standort:	**Allensbach**
Bauzeit:	**1998**
Fläche:	**Hauptwohnung 164 m² Einliegerwohnung 120 m²**
Kosten:	**DM 585.000**
Statik:	**Ingenieurbüro Leisering, Konstanz**
Haustechnik:	**Planungsbüro Klement, Allensbach**

Situation

Das Grundstück des Doppelhauses liegt in einem Neubaugebiet am Dorfrand von Allensbach, einem kleinen Ort in der Nähe von Konstanz.
Die Aussicht reicht von hier bis zum Bodensee, der Insel Reichau und den Schweizer Alpen. Um die hohen Kosten des attraktiven Grundstückes aufzufangen, galt es ein äußerst kostengünstiges Gebäudekonzept zu entwickeln.

Sonnenschutz aus Holzlamellen

Entwurf

Das Doppelhaus zeichnet sich durch seine klare Struktur und den konsequent getrennten Einsatz der verwendeten Materialien aus.

Das Haus gliedert sich einerseits durch die offene Treppenanlage, durch die die beiden Einheiten erschlossen werden, andererseits durch die unterschiedliche Konstruktionen von Haupt- und Nebenräumen.

Durch den leicht abfallenden Geländeverlauf kann das aufgeständerte Haus teilweise unterparkt werden.

In dem Holztrakt finden sich die offen angeordneten Wohn-, Ess- und Schlafbereiche. Die verschiedenen Zonen werden durch flexible Schrankelemente definiert, sie bleiben so jederzeit veränderbar. Durch den großzügigen Einsatz raumhoher, flächenbündiger Glasscheiben wird die Landschaft gleichsam Teil der Wohn- und Lebensräume; die Grenzen zwischen innen und außen verwischen. Verschiebbare, mit Gewebe bespannte Fassadenelemente dienen als Sonnenschutz.

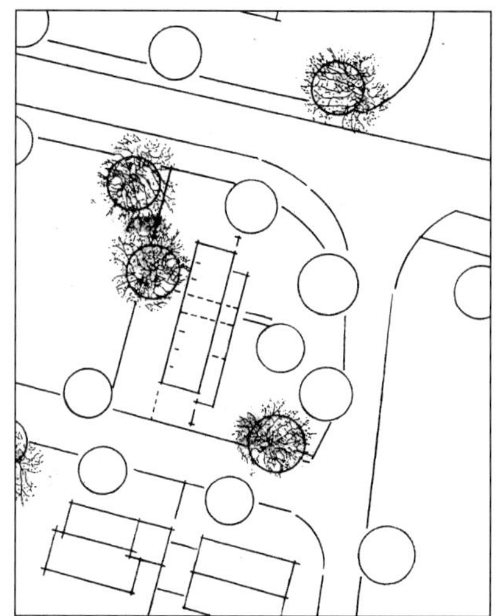
Lageplan

In zwei neben dem Holzhaus stehenden Betonkuben sind zentral die Funktionsräume Küche und Bad, sowie die interne Erschließung der Wohnungen untergebracht. Eine offene Installationsführung erlaubt auch hier eine größtmögliche Flexibilität und den Einbau neuer Technologien. So ist eine Solaranlage auf einem der Dächer bereits geplant. Das Regenwasser wird als Brauchwasser genutzt.

Konstruktion

Die Holzskelettkonstruktion des Holztraktes wurde in enger Zusammenarbeit zwischen Architekt und Statiker soweit als möglich minimiert. Es wurde ein Verbindungsdetail entwickelt, das für alle Knotenpunkte Verwendung fand, wodurch erhebliche Einsparungen in Planung und Ausführung möglich waren.

Die Fassaden sind hoch wärmegedämmt, um einen Niedrigenergiestandard zu erreichen. Als Verkleidung wurde ein Horizontalschalung aus unbehandeltem Red Cedar Holz eingesetzt, die im Laufe des Alterungsprozesses eine silbrige Farbe annehmen wird. Die Betonkuben sind mit Faserzementplatten verkleidet; beide Konstruktionen sind hinterlüftet.

Die Gestaltung des Hauses bewegt sich in seiner Konsequenz und seinem Willen zur Reduktion abseit gängiger Vorstellungen ökologischen Wohnens und der Verwendung „natürlicher“ Materialien. Gerade darin liegt, neben der architektonischen Güte, seine Qualität.

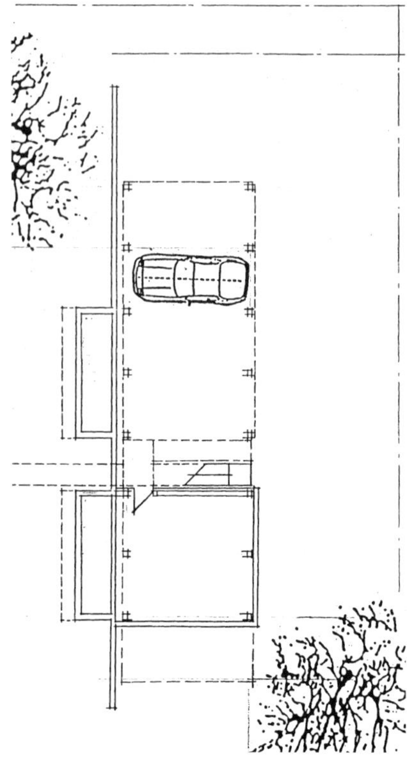
Grundriss Parkebene

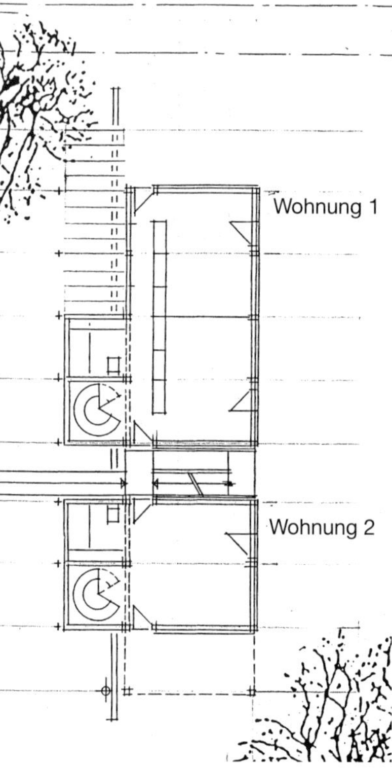

Grundriss Erdgeschoss

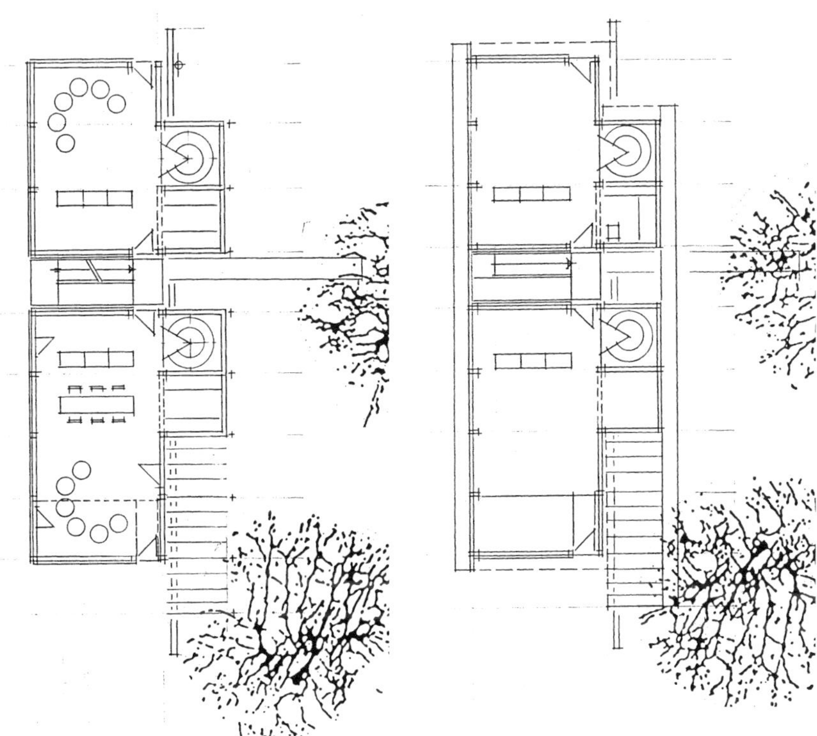

Grundriss 1. Obergeschoss

Grundriss Dachgeschoss

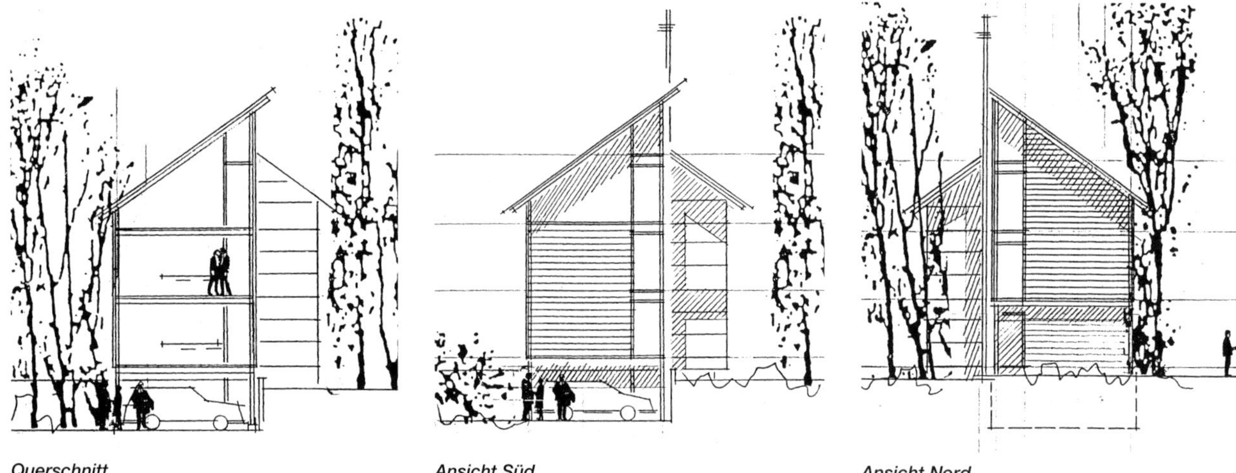

Querschnitt *Ansicht Süd* *Ansicht Nord*

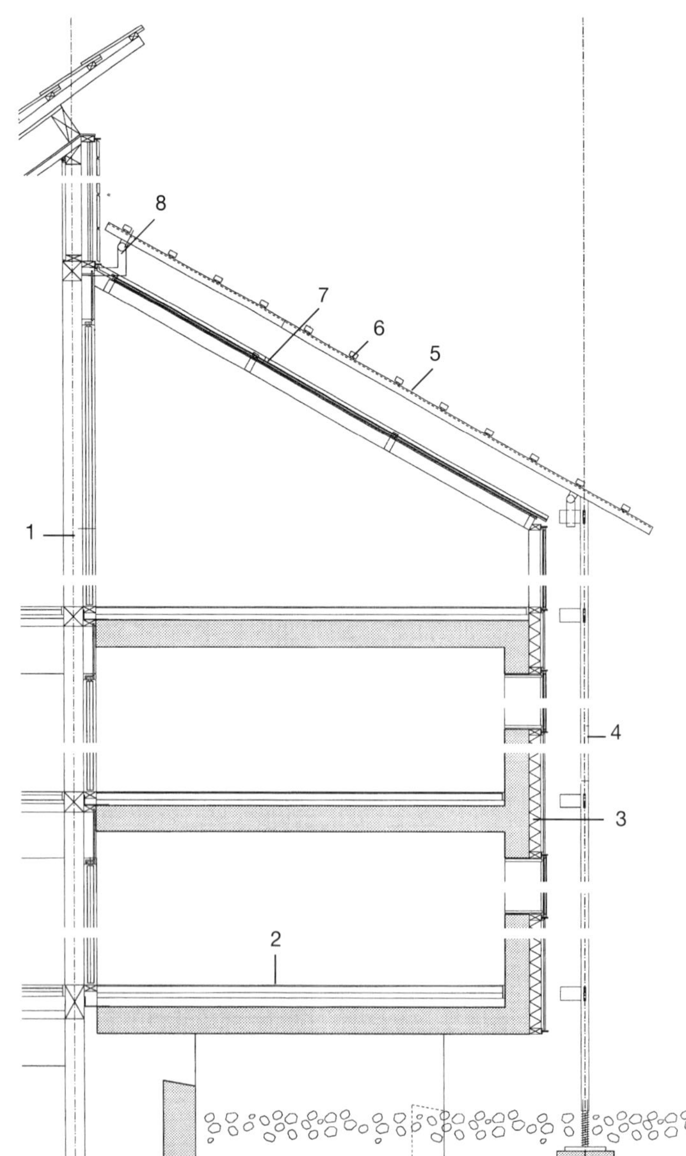

Fassadenschnitt

1 *durchgehende Stützen BSH 120/120*
2 *Bodenaufbau:*
- Riffelblech
- Zementestrich 50 mm
- PE-Folie
- Trittschalldämmung
- Hartschaumdämmung
- Dampfsperre
- Stahlbetondecke 160 mm
3 *Wandaufbau:*
- Flachpressplatte
- Hinterlüftung
- mineralische Wärmedämmung
- Stahlbetonwand 150 mm
4 *Doppelstütze 2 Stahlrohre verzinkt*
5 *L-Stahlprofil verzinkt*
6 *Holzlamellen*
7 *Wärmeschutzverglasung*
8 *Stahlrohr verzinkt*

Haus Sigle

Projekt:	Neubau eines Atelier und Wohnhauses
Architekten:	Architekten Linie 4 BDA Martin Bächle, Karin Meid-Bächle, Maria Kollmann, Uwe Schlenker
Standort:	Deißlingen
Bauzeit:	03/1997 bis 03/1998
Fläche:	300 m^2

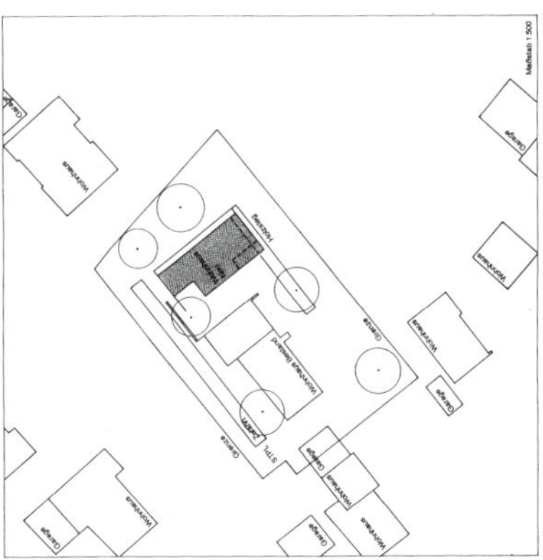

Lageplan

Situation

Das Umfeld des Atelier- und Wohnhauses ist durch eine Bebauung von Einfamilienhäusern mit Satteldach geprägt. An einem Südhang gelegen, sind von hier aus sowohl der Dorfkern als auch das Panorama der Schwäbischen Alb zu sehen. In dem bestehenden Wohnhaus und einer neuen Erweiterung sollten das gemeinschaftliche Wohnkonzept einer Künstler-Großfamilie realisiert werden.

Die raumhohen Fensterelemente des Wohnraums

Entwurf

Der Baukörper des Anbaus nimmt die Formensprache des bestehenden Hauses auf. Durch den Neubau wird gleichzeitig eine neue Interpretation der räumlichen Zusammenhänge geschaffen. Über den Zugangsweg, die Terrasse und einen neuen Innenhof bilden die beiden Gebäude ein in Form und Gestalt einheitliches Ensemble.

Im Erdgeschoss befindet sich neben dem zweigeschossigen Atelier ein offener Koch- und Wohnraum, im Obergeschoss liegen die Schlafräume und das Bad. Der Keller wird neben den Lager- und Technikräumen als Weinkeller genutzt.

Die einzelnen Räume sind lediglich durch Wandscheiben und Möbelelemente gegliedert. Schiebetüren sorgen für die notwendige Abtrennung; im geöffneten Zustand erscheint dagegen jedes Geschoss als zusammenhängender Einraum.

Ein über drei Geschosse offenes Treppenhaus und das zweigeschossige Atelier stellen die vertikalen Verbindungen zwischen den Geschossen her.

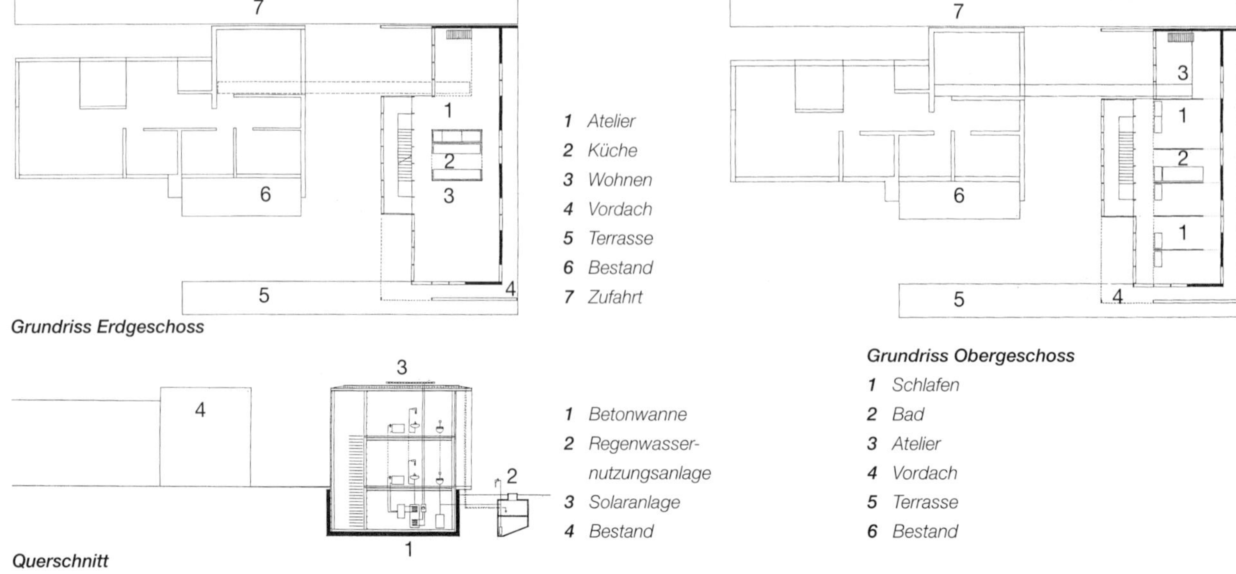

Grundriss Erdgeschoss

1 Atelier
2 Küche
3 Wohnen
4 Vordach
5 Terrasse
6 Bestand
7 Zufahrt

Querschnitt

1 Betonwanne
2 Regenwassernutzungsanlage
3 Solaranlage
4 Bestand

Grundriss Obergeschoss

1 Schlafen
2 Bad
3 Atelier
4 Vordach
5 Terrasse
6 Bestand

Blick aus dem zweigeschossigen Atelier

Konstruktion

Das Haus ist als dreigeschossiger Holzskelettbau konstruiert. Die durchlaufenden Stützen stehen im Untergeschoss in einer wasserdichten Betonwanne. Das Dach und die Geschossdecken sind als vorgefertige Elemente zwischen die Stützen montiert. Die geschlossenen Fassadenelemente wurden mit Zelluloseflocken gedämmt und nach außen mit einer hinterlüfteten Flachbrettschalung aus Lärchenholz verkleidet.

Der Treppenraum ist mit einer transluzenten Festverglasung versehen. Die Fensterelemente der Süd- und Westseite sind jeweils geschosshoch und öffnen nach außen. Über die Verglasung kann die im Winter tief einfallende Sonnenstrahlung als passive Solarenergie genutzt werden. Im Sommer sorgen ein Dachüberstand und ein Lamellenrost für ausreichenden Sonnenschutz.
Das Dach ist extensiv begrünt und bildet so eine zusätzliche Wärmedämmung. Es ist weiterhin mit einer Solaranlage bestückt, die über einen bivalenten Speicher-Wassererwärmer mit der Heizanlage gekoppelt ist. Während der Sommermonate deckt das Solarsystem aus Vakuumröhren den gesamten Wärmebedarf des Hauses. Das Regenwasser wird gesammelt und als Brauchwasser genutzt.

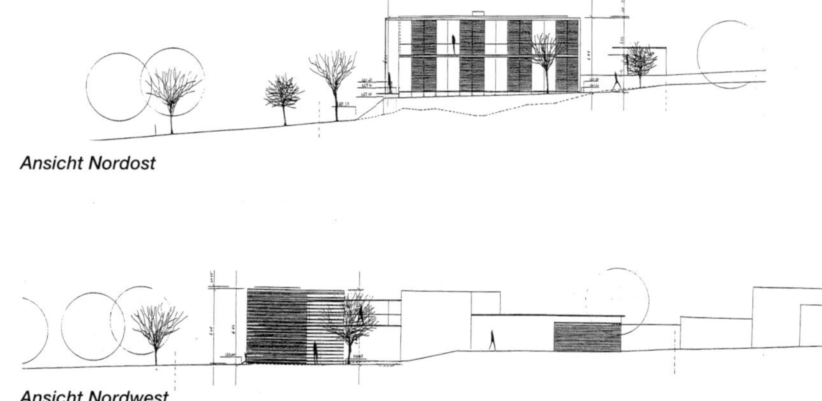

Ansicht Nordost

Ansicht Nordwest

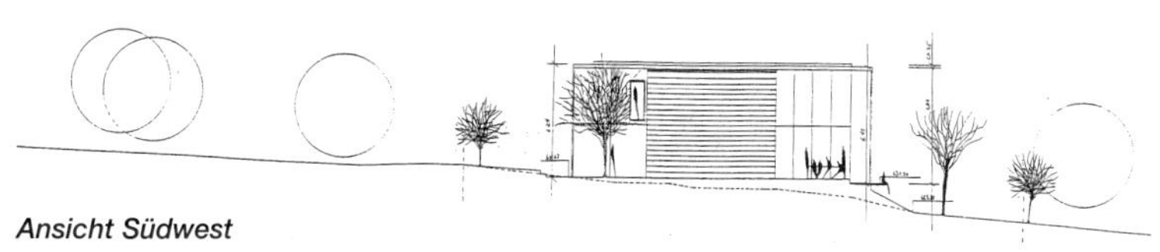

Ansicht Südwest

Die transluzente Verglasung verleiht dem Treppenraum eine eigene Atmosphäre

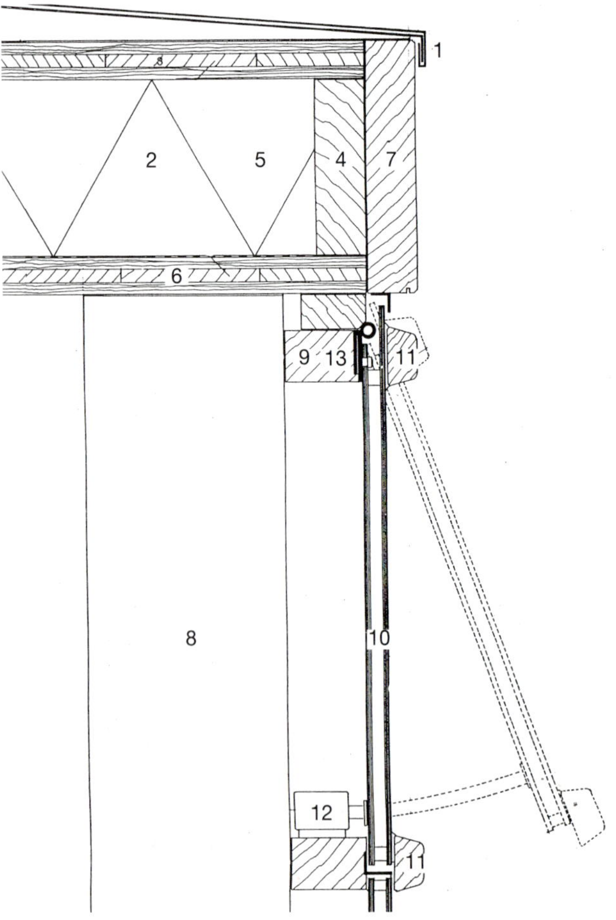

Detail Traufe Öffnungsflügel

1 *Blechabdeckung verzinkt*
2 *Dachelement*
3 *Fichte Dreischichtplatte*
4 *Sparren*
5 *Mineralfaserdämmung*
6 *Fichte Dreischichtplatte/Anstrich weiß*
7 *Randbohle*
8 *Holzrahmenbau BSH/Stützenraster 1,075 m/Anstrich weiß*
9 *Riegelholz BSH/Lärche/gewachst und geölt*
10 *Lüftungsflügel/Isolierverglasung/satiniertes Glas*
11 *Abdeckriegel/Lärche/gewachst und geölt*
12 *Kettenmotor*
13 *dauerhafte Verklebung Fensterband/Scheibe*

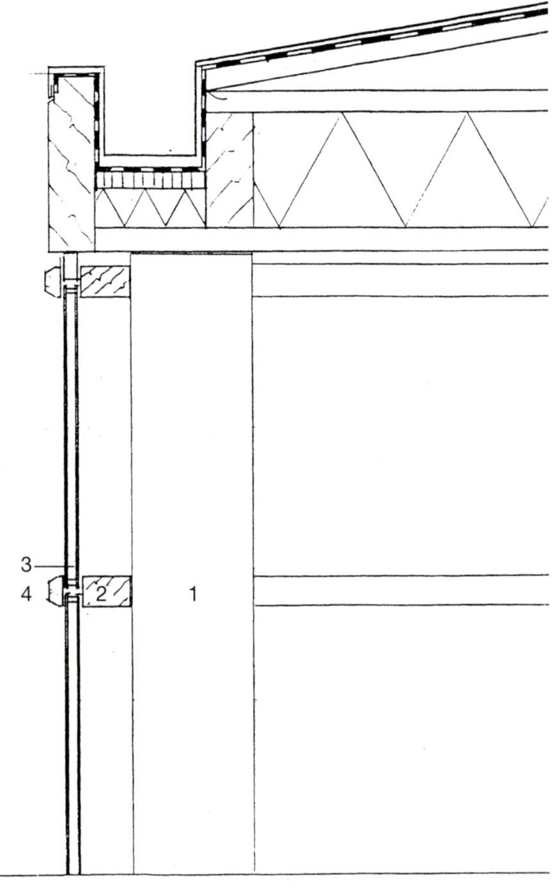

Detail Traufe Festverglasung

1 *Holzrahmenbau BSH/Stützenraster 1,075 m/Anstrich weiß*
2 *Riegelholz/Douglasie/gewachst und geölt*
3 *Verglasung/satiniertes Glas*
4 *Abdeckriegelholz/Douglasie/gewachst und geölt*

Bei geöffneten Schiebetüren ist die ganze Länge des Hauses erlebbar

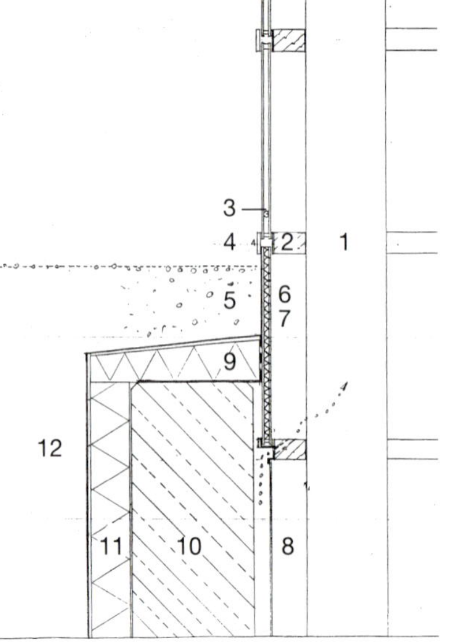

Detail Fußpunkt

1 *Holzrahmenbau BSH/Stützenraster 1,075 m/Anstrich weiß*
2 *Riegelholz/Douglasie/gewachst und geölt*
3 *Isolierverglasung/satiniertes Glas*
4 *Abdeckriegelholz/Lärche/gewachst und geölt*
5 *Blechabdeckung verzinkt*
6 *Hartschaumdämmstoff*
7 *Einscheibenverglasung/satiniertes Glas*
8 *Einscheibenverglasung/satiniertes Glas*
9 *Hartschaumdämmstoff*
10 *wasserdichte Sichtbetonwanne*
11 *Hartschaumdämmstoff*
12 *Erde*

Haus Oertel

Projekt:	**Umbau und Erweiterung eines Wohnhauses**
Architektin:	**Bärbel Knäuper, Odenthal**
Standort:	**Odenthal**
Bauzeit:	**1997**
Fläche:	**Wintergarten 45 m²**
Kosten:	**Glasanbau DM 100.000**

Situation

Bei dem Umbau und der Erweiterung eines Wohnhauses aus den 60er-Jahren sollte zuerst lediglich das Dachgeschoss als Atelier nutzbar gemacht werden. Dazu waren ein separater Zugang über einen zweiten Eingang und eine neue interne Treppe nötig.

Im Laufe der Planung kam der Wunsch nach der Erweiterung des Wohnraums durch einen erdgeschossigen Wintergarten auf, der mit der neuen Erschließung kombiniert werden sollte, auf.

Der Charakter des Hauses als typisches Beispiel der Architekur seiner Zeit sollte nicht gestört werden.

Der Wintergarten als Wohnraum

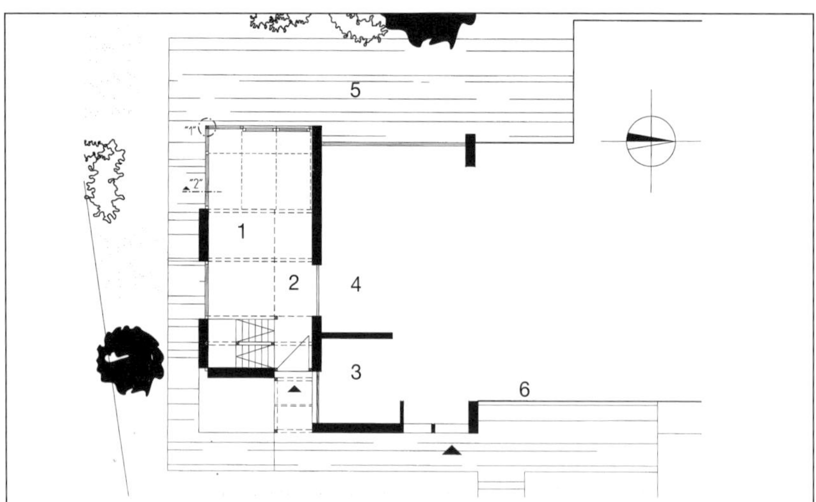

Grundriss
1 *Wintergarten*
2 *Galerie*
3 *Arbeiten*
4 *Wohnen*
5 *Arbeiten*
6 *Wohnhaus*

Entwurf

Form und Struktur des Wintergartens ergaben sich unmittelbar aus den baulichen Vorgaben des Bestandes und der Nutzung der künftigen Räume. Die Dachform des Wintergartens und der beiden neu errichteten Dachgauben orientiert sich an der Neigung des bestehenden Daches. Die Gaube im Anschluss des Wintergartens dient der Erschließung des Dachgeschosses, in der zweiten sind eine neue Küche und Bad untergebracht. Dadurch ist das normalerweise als Atelier genutzte Dachgeschoss auch als vollständig autarke Gästewohnung nutzbar.

Da die Bauherren für ihre zahlreichen Bilder und Kunstobjekte Hänge- und Stellfläche benötigten, wurde der Wintergarten nicht vollständig verglast, sondern seitlich mit massiven Wandscheiben versehen.

Ein wichtige Rolle spielte darüber hinaus die Gestaltung der Innentreppe, die als sichtbares Element im Raum stehen sollte. Sie ist daher als hochwertige Stahlkonstruktion mit Edel-

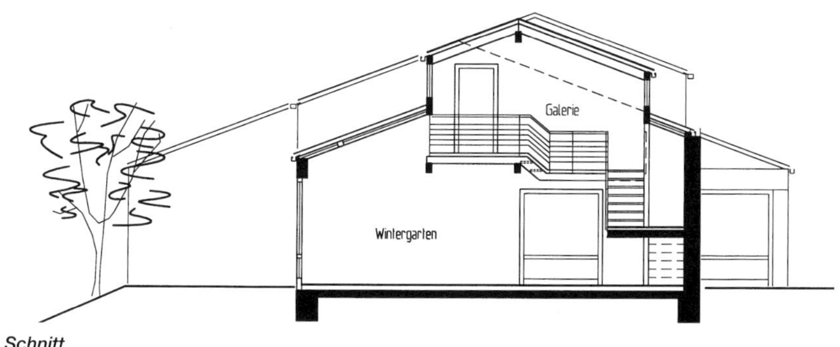

Schnitt

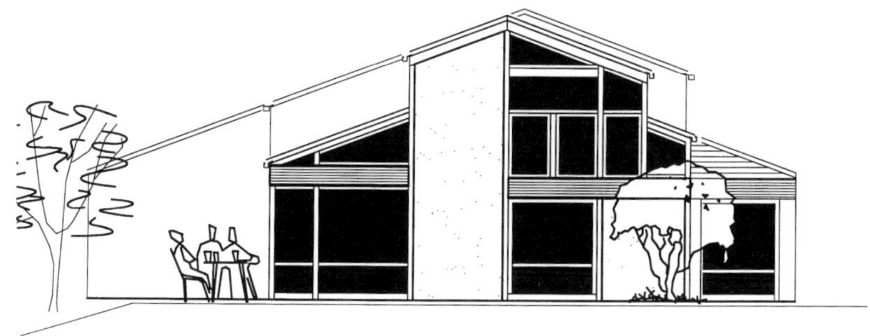

Ansicht Süd

Ansicht Ost

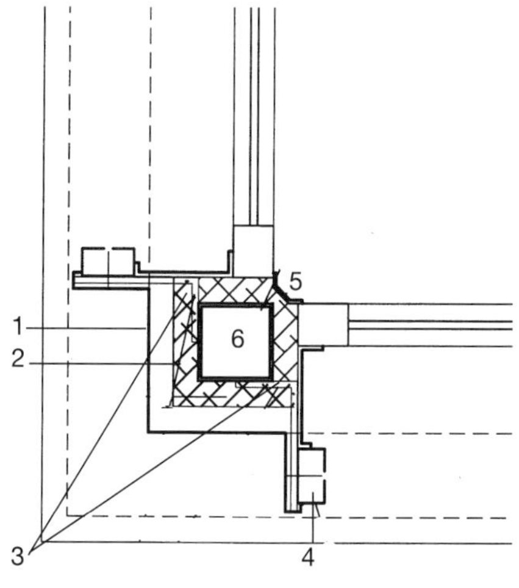

Detail Ecke

1 *Alu-Verkleidung*
2 *Wärmedämmung mind. 40 mm*
3 *Winkel 200/100/10 zur Befestigung der Führungsschiene an Stütze geschweißt*
4 *Führungsschiene für Sonnenschutz an Verblendmauerwerk befestigt*
5 *Alu-Blende*
6 *RP 120/120*

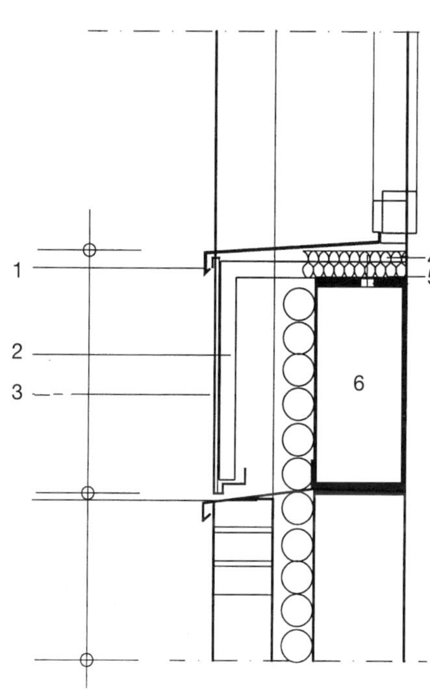

Detail Ringbalken

1 *Alu Abdeckung farbig*
2 *RP 30/30*
3 *Alu Blende farbig*
4 *Dämmplatte 5 cm*
5 *Halfenschiene gem. Schalplan*
6 *Ringbalken 17⁵/40*

Das Glasdach lässt Licht bis auf die Galerie fallen

stahlgeländer konzipiert. Die zweiläufige Treppe führt auf eine Galerieebene, von der aus das Dachgeschoss erschlossen wird. Sie ersetzt die bis dahin als einzige Verbindung zwischen Erdgeschoss und Spitzboden existierende Leitertreppe.

Die Fassade des Wintergartens lässt sich zum Garten hin über großflächige Glasschiebetüren öffnen und ermöglicht so ein Einbeziehen des Außenraums in den mittlerweile als Wohnzimmer genutzten Anbau.

Konstruktion

Der Wintergarten ist als Mischkonstruktion ausgebildet. Die Wandscheiben dienen neben ihrer Funktion als Hängefläche auch als Auflager für eine Stahlkonstruktion, die das Gerüst für die Galerie trägt. Das für den Altbau charakteristische schwarze Betonband setzt sich in dem Wintergartenanbau als Ringbalken fort. Die Verkleidung mit schwarzem Aluminiumblech bindet Bestand und Anbau visuell zusammen. Die Verglasung besteht aus Aluminiumprofilen.

Die Verschattungsanlage ist gleichzeitig als Einbruchssicherung konzipiert. Dabei gewährleistet das System selbst bei geöffneten Lamellen ein Höchstmaß an Sicherheit.

Blick auf die Treppe

IGA Wohnen

Architekten:	Prof. Karla Kowalski, Michael Szyszkowitz, Graz
Projekt:	Experimentelle Reihenhäuser
Standort:	Stuttgart, Nordbahnhof
Umbauter Raum:	2.283 m^3 (gesamt)
Wohnfläche:	120 m^2 (je Haus)

Lageplan

Situation

„Verantwortungsvoller Umgang mit der Natur in der Stadt": Dieses Leitthema der Internationalen Gartenbauausstellung 1993 sollte auch am Beispiel einer neuen innerstädtischen Wohnanlage demonstriert werden. Als Standort wurde das Dreieck zwischen Nordbahnhof- bzw. Löwentorstraße und der breiten Bahnstraße ausgewählt. Dabei sollte südlich der Störzbachstraße die bestehende Bausubstanz mit neuen Geschossbauten für 100 Mietwohnungen ergänzt werden, während am Ende der Sarweystraße 17 neue Eigenheime und zwei Eigentumswohnungen gebaut wurden.
Mit dem tiefgezogenen Tonnendach und ihrer expressiven Formensprache präsentieren sich die experimentellen Reihenhäuser der Grazer Architekten als auffallendste Hausgruppe der Siedlung.
Die Aufteilung im Innern richtet sich nach dem Wärmebedarf: Wohnräume

sind nach Süden, Küche und Bäder nach Norden orientiert. Dem entspricht, dass sich die Südseite transparent und leicht, die Nordseite dagegen massiv und geschlossen darstellt.

Heizung

Energieträger: Elektrischer Strom
Wärmeerzeuger: Elektro-Wärmepumpe
Wärmequelle: Massivabsorber
Heizungssystem: Niedertemperaturheizung mit Fußbodenheizung bzw. Massivheizdecken

Bestandteile des Heizkonzeptes sind:
- Wintergarten mit Luftkollektor
- Wärmepumpe und Massivabsorber
- Massivheizdecken

Als Wärmeerzeuger wird eine elektrisch angetriebene Wärmepumpe verwendet, der als Wärmequelle ein Massivabsorber zur Verfügung steht. Als Massivabsorber dient die Bodenplatte im Untergeschoss, in die ein Rohrleitungssystem eingelegt ist. Über dem Massivabsorber befindet sich ein Deckenhohlraum, der über ein Luftkanalsystem mit dem Wintergarten verbunden ist.
Sobald die Lufttemperatur in den Luftkollektoren höher ist als die des Deckenhohlraumes über dem Absorber, findet eine Luftumwälzung statt. Dabei strömt die erwärmte Luft aus den Luftkollektoren sowie aus Küche und Bad durch den Hohlboden im Untergeschoss und erwärmt dabei den Absorber. Bei Wärmenachfrage „pumpt" die Wärmepumpe die im Massivabsorber eingespeicherte Wärme auf ein höheres Temperaturniveau. Über einen Pufferspeicher steht diese Wärme dann der Fußbodenheizung zur Verfügung.

Wintergarten

Der Wintergarten ist übereck zwischen einer gedämmten Betonscheibe und der Südfassade angeordnet. In der aus der Horizontalen gekippten Schrägverglasung befinden sich zwei ca. 50 cm breite Felder mit Luftkollektoren, die sich über ca. 9 m Länge bis unter die Dachhaut erstrecken. Die Luftkollektoren sind nach außen verglast und nach innen im Abstand von ca. 15 cm mit einem schwarzbeschichteten, gedämmten Blech abgedeckt. Im unteren Bereich der Kollektoren befinden sich Luftklappen für die Zuluft, im oberen Bereich wird die Warmluft abgeführt und zum Absorber geleitet.
Der Wintergarten ist unbeheizt, als Fußbodenbelag wurden Gartenplatten gewählt.
Die Unterkonstruktion des Glashauses besteht aus Stahl-Profilen, grundiert und weiß beschichtet. Außen sind Abdeckleisten aus Alu natur eloxiert verwandt. Durch die Mischkonstruktion können die Rahmenteile sehr schmal dimensioniert werden.

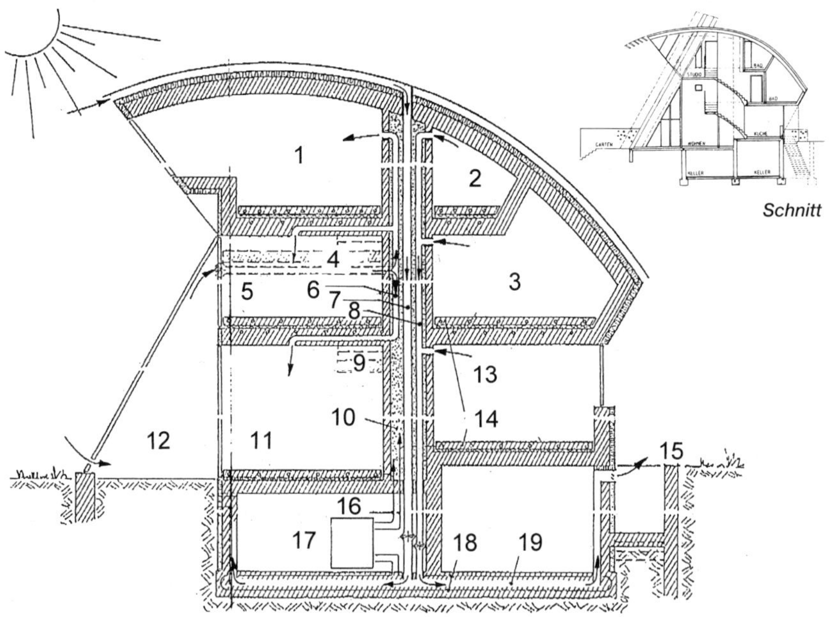

Schnitt

Wärmequellen-Schema

1 Schlafraum
2 Bad/WC
3 Bad/WC
4 Zwischenpodest (Die vorgesehene Direktnutzung der Wintergarten-Warmluft wurde nicht realisiert.)
5 Kinderzimmer
6 Zuluft
7 Abluft
8 Installationsschacht
9 Zwischenpodest
10 Schacht
11 Wohnraum
12 Wintergarten
13 Küche
14 Heizestrich
15 Fortluft
16 Heizkreis
17 Wärmepumpe
18 Solarkreis
19 Fundament-Absorberplatte

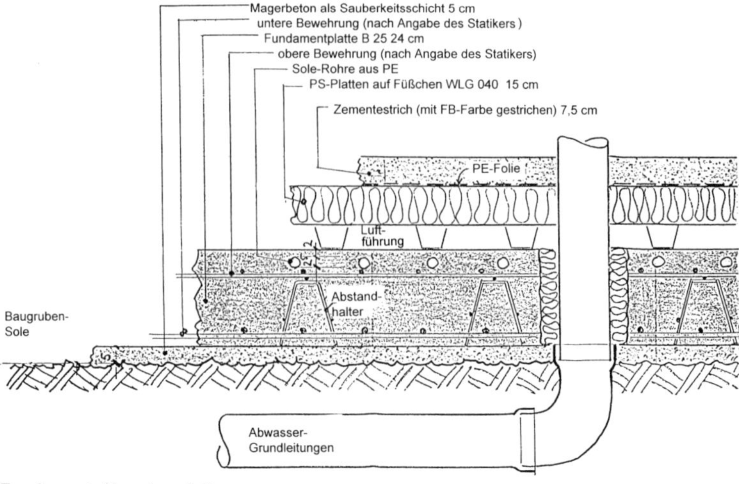

Fundament-Absorberplatte

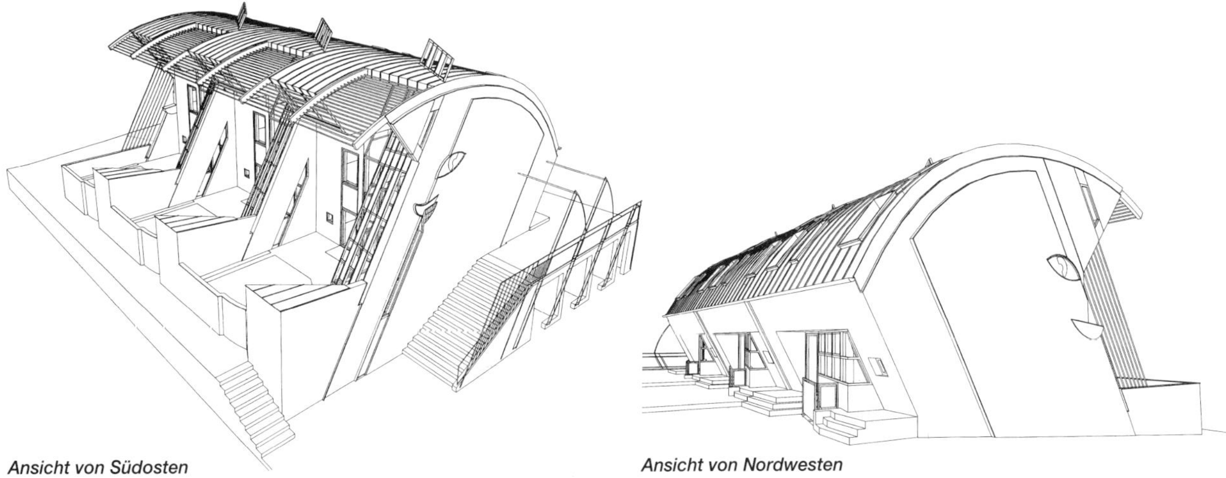

Ansicht von Südosten

Ansicht von Nordwesten

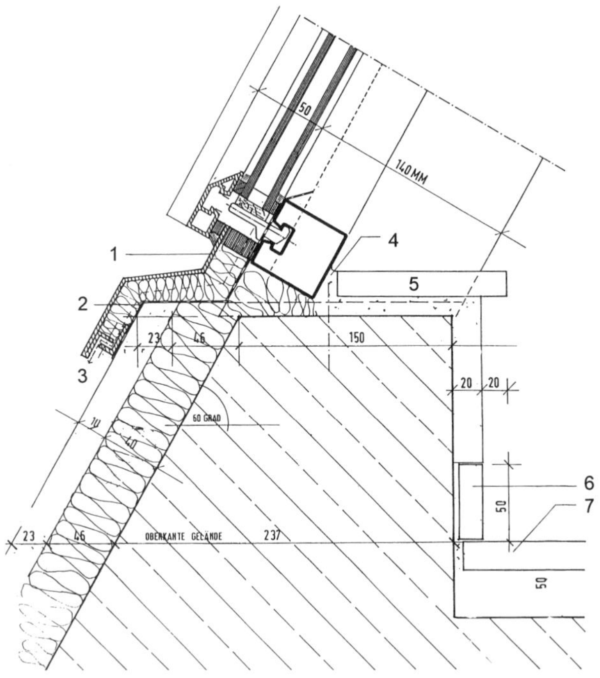

Schrägverglasung Fußpunkt

1 *Alu-Abkantblech*
2 *Dichtfolie*
3 *Druckausgleich*
4 *Dauerelastische Fuge*
5 *Steinabdeckung*
6 *Stein-Sockelleiste*
7 *Steinplatten im Mörtelbett*

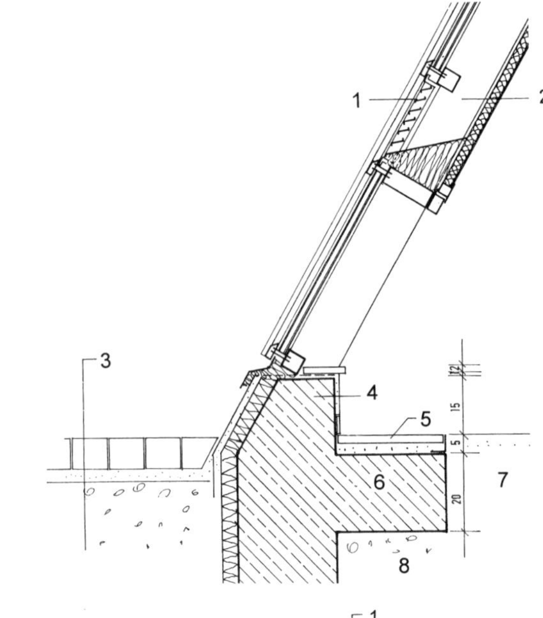

Anschluss Luftkollektor

1 *Schalko-Außenluft-Ansauggitter Typ ALA-SO, Gittergröße 525/225*
2 *Luftkollektor Aufbau siehe Detail*
3 *Pflastersteine 10x10x8 cm Splitt ca. 3 cm Schotter ca. 20 cm*
4 *Betonsockel*
5 *Stein im Mörtelbett*
6 *Unterbeton*
7 *Erdreich*
8 *Rollierung*

20 50 95 20

VK Steinfensterbank
VK Putz
VK Beton

Alu-abkant-blech

50

58,77°

Wintergarten-Eckpunkt

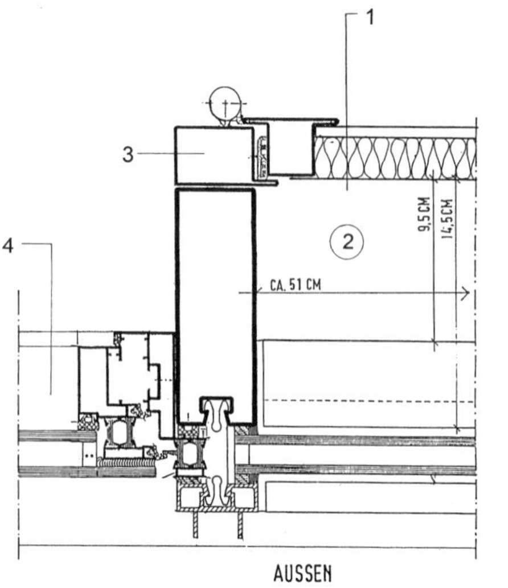

Schnitt Luftkollektor

1 *Paneel-Spiegel ESG 6 mm*
2 *Luftzwischenraum*
3 *Jansen-Profil*
4 *Öffnungsflügel bei schräg geneigter Fläche, Schüco-System SG Senk-Klapp-Flügel*

Solarreihenhaus

Projekt:	**Neubau einer experimentellen Wohnsiedlung**
Architekten:	**Harry Ludszuweit, Michael Hölzenbein, Donaueschingen**
Standort:	**Donaueschingen**
Bauzeit:	**1997**
Fläche:	**Wohnfläche 156 m^2**
Energiekonzept:	**Enersys, Gesellschaft für Energiesysteme mbH, Donaueschingen**

Situation

In der ökologisch konzipierten Siedlung auf der „Staig“ in Donaueschingen wurden eine Reihe von experimentellen Haustypen realisiert. In drei Teilbereichen wurde je eine Hausgruppe als Erdhügel-Häuser, Holzblock-Häuser und Solar-Häuser entwickelt. Der Bebauungsplan für die Siedlung wurde speziell für dieses ökologische Konzept entwickelt. Die drei Hausgruppen umschließen einen zusammen genutzten Platz. Westlich dieses Platzes sind Gemeinschaftseinrichtungen für die Siedlung vorgesehen.

Entwurf

Die Solar-Häuser sind in konsequenter Nord-Süd-Ausrichtung zu einer Kette aufgereiht. Dadurch wird einerseits der Außenwandanteil der einzelnen Häuser reduziert, andererseits kann die Süd-

Im Norden wechseln Fassadenplatten mit Putzflächen

Die Südfassade mit den charakteristischen Einschnitten der Wintergärten

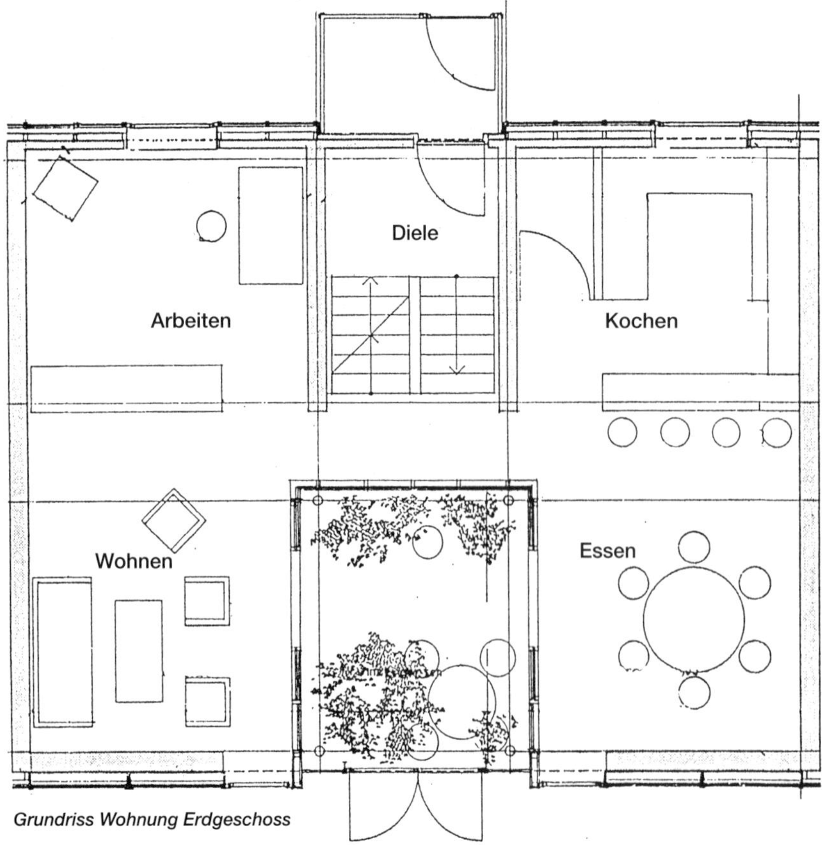

Grundriss Wohnung Erdgeschoss

fläche verschattungsfrei genutzt werden. Die Erschließung der Häuser erfolgt auf der Nordseite über einen Fußweg, südseitig sind die Gärten angelegt. Vorgelagerte Carports und Gartenhäuser schirmen den Außenbereich von der hier vorbeiführenden Erschließungsstraße der Siedlung ab.

Eine Heizungszentrale versorgt die gesamte Zeile mit warmen Wasser.

Energiekonzept

Bei den Häusern werden drei Energiegewinnungs-Systeme eingesetzt, davon zwei passive und ein aktives. Zum einen verfügt jedes Haus über einen Wintergarten als Sonnenraum, zum Zweiten sind die Fassaden mit transparenter Wärmedämmung (TWD) versehen und zum Dritten unterstützt eine Kollektoranlage im Bereich der Heizzentrale die Brauchwassererwärmung.

Der Sonnenraum und die dahinterliegende Treppe gliedern die Häuser in je nach Wohnbedürfnissen organisierbare Teilbereiche. Lediglich der Küchen- und Sanitärbereich ist in allen Varianten gleich.

Die Häuser verfügen über eine außergewöhnlich lange Südfassade. Die Fassadenfläche wird darüber hinaus durch einen eingerückten Sonnenraum mit Glasdach erweitert. Durch diesen Sonnenraum mit seinen zusätzlichen Fassaden können die dahinter liegenden Räume über diesen Raum belichtet werden. So ist es möglich, die Südfassade mit Hilfe der transparenten Wärmedämmung zur Energiegewinnung zu nutzen.Dabei wird die Wärme des massiven Wandteils zeitverzögert in den Raum abgeben. Ein weißer Faltstore zwischen Glas und TWD schützt vor Überhitzung.

Konstruktion

Die Nutzung der solaren Energie für den Wärmehaushalt des Hauses ist natürlichen Schwankungen unterworfen. Um diese Schwankungen auszugleichen, ist die Tragkonstruktion in schweren Mauerwerkswänden und Massivdecken ausgeführt.

Ebenso wie das Dach, ist die Nordwand hochgedämmt. Eine vorgesetzte

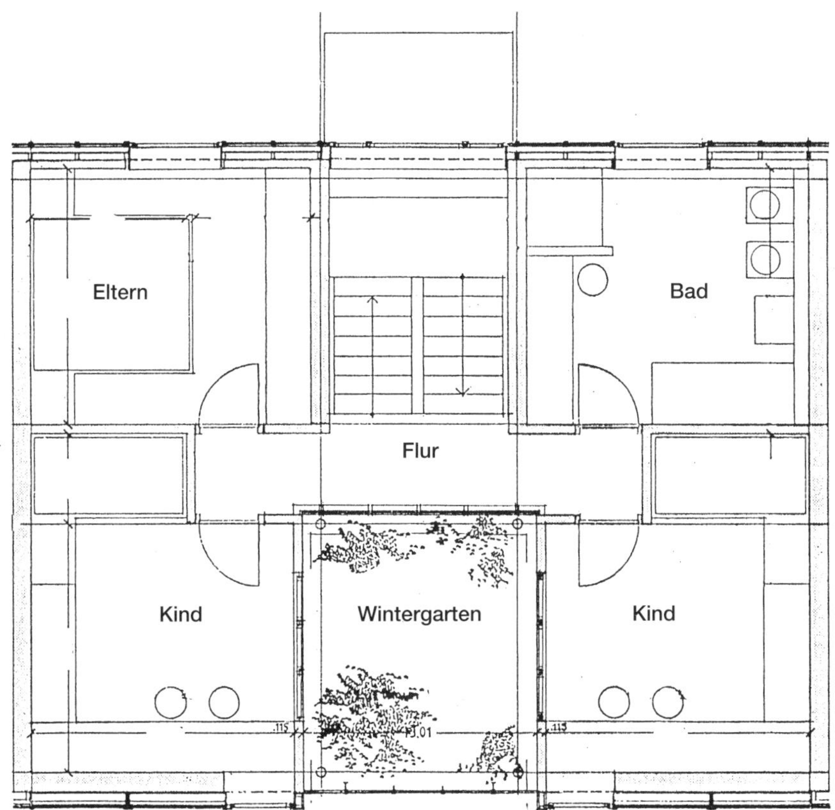

Grundriss Wohnung Obergeschoss

Schale in Holzständerbauweise setzt hier mit farbigen Fassadenplatten Akzente.

Im Bereich des Sonnenraumes sorgt eine filigrane Stahlkonstruktion für ein Höchstmaß an Transparenz.

Insgesamt entspricht der nutzbare Solargewinn etwa 50% der gesamten Wärmeverluste.

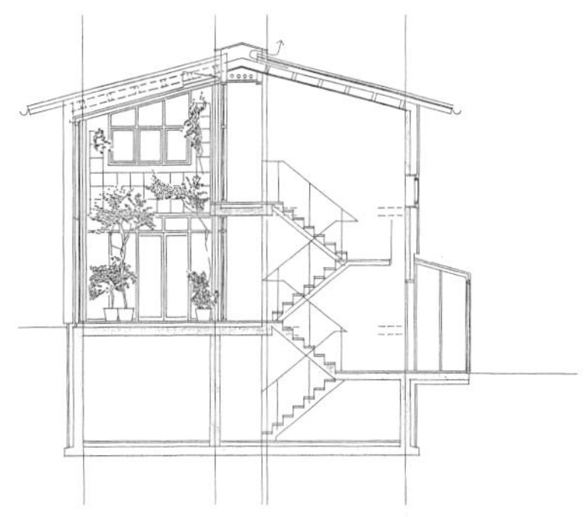

Querschnitt

Kontrast zwischen Glasfassade und transparenter Wärmedämmung

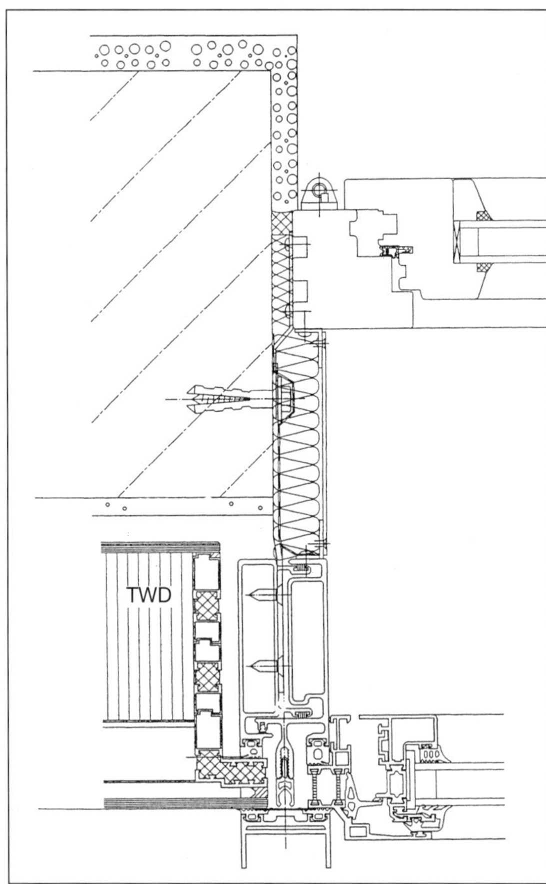

Horizontaler Anschluss Fenster/TWD

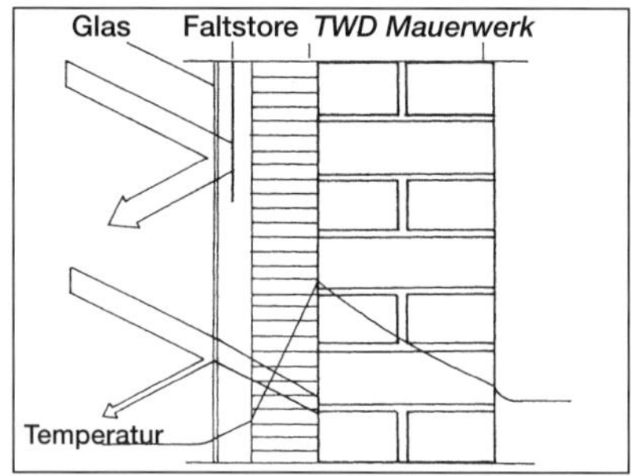

Schema Transparente Wärmedämmung (TWD)

Sonnenraum

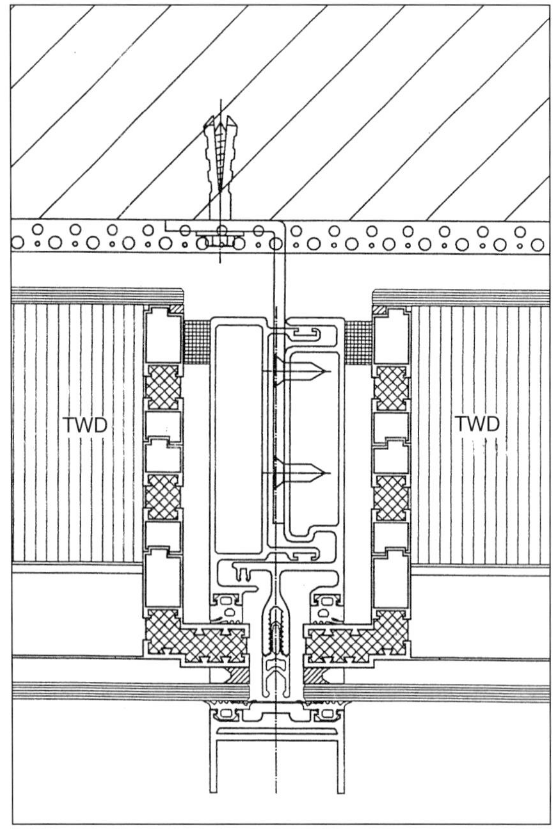

Horizontalschnitt TWD

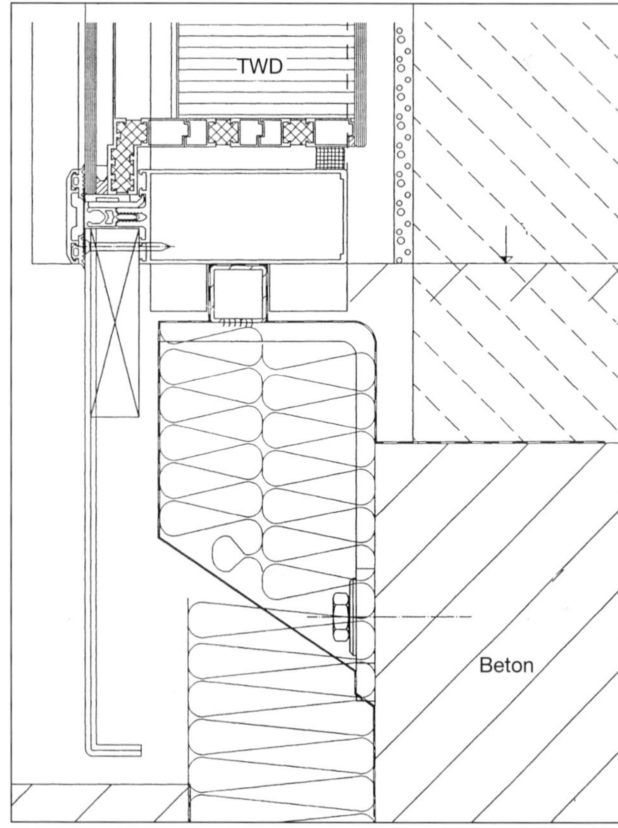

Fußpunkt TWD

Wohnbebauung Wydacker

Projekt:	Acht Solarreihenhäuser
Architekten:	Aarplan, Atelier für Architektur und Planung, Bern
Standort:	Zollikofen (CH)
Bauzeit:	1995
Fläche:	Kleines Mittelhaus 125 m² Großes Mittelhaus 155 m²
Kosten:	Kleines Mittelhaus FR 470.000 Großes Mittelhaus FR 550.000
Statik:	Ingenieurbüro SMT Steiner, Marchand, Türler, Bern
Elektroplanung und Photovoltaik:	Bobst Elektro AG, Bern
Haustechnik:	Matter + Ammann AG, Bern

Situation

Die Wohnbebauung Wydacker liegt auf einem innerstädtischen Grundstück, das durch eine stark befahrene Straße im Norden und einen abfallenden Hang zur Südseite bestimmt ist. Die geographische Ausrichtung bot damit gute Voraussetzungen für die Realisierung eines alternativen Wohn- und Energiekonzeptes.

Die konstruktive Fassade konstrastiert mit den Pflanzen der Gärten

Grundriss Erdgeschoss gesamt

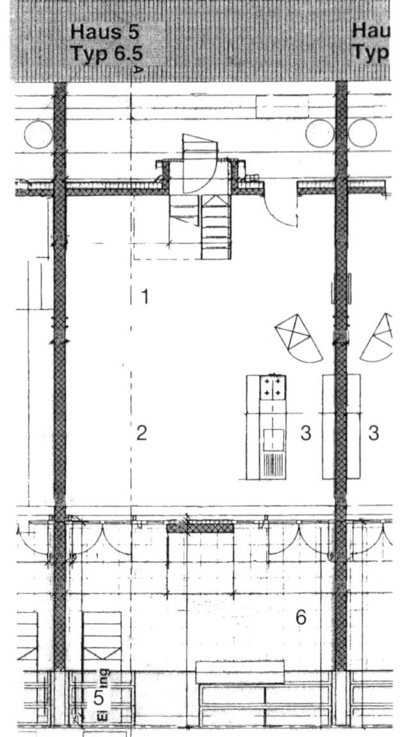

Ausschnitt Erdgeschoss

1 Wohnen
2 Essen
3 Küche
4 Keller/Abstellraum
5 Eingang
6 Wintergarten

Austritt in der obersten Ebene des Wintergartens

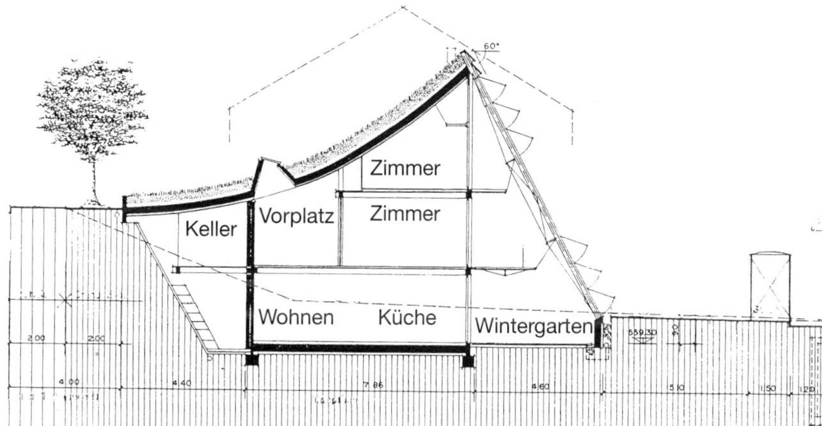

Querschnitt

Entwurf

Aus diesen Paramentern entwickelt sich die charakteristische Form dieses ungewöhnlichen Gebäudes. Das begrünte, leicht gewölbte Hängedach ist zur Straße bis auf die Erde geführt. Dadurch wird einerseits ein optimaler Lärmschutz erreicht, zum anderen gelten die dort angeordneten Nebenräume als unterirdisch, was wiederum einen geringeren Grenzabstand ermöglichte. Ein bereits auf dem Grundstück vorhandenes Gebäude konnte erhalten und in die Gesamtkonstellation einbezogen werden.

Auf der Südseite öffnen sich die Reihenhäuser über drei Geschosse mit einer schräg gestellten Glasfassade zu den Gärten.

Durch die Ausnutzung der topographischen Besonderheiten des Terrains fügt sich die kompakte Großform der Bebauung harmonisch in die Umgebung ein. Dabei wird das baurechtlich mögliche „Normalprofil" einer Hausform mit Sattedach noch deutlich unterschritten.

Konstruktion

Die gläserne Südfassade ist als Stahlkonstruktion ausgeführt. Dabei wurde der Stahl, ebenso wie die anderen Baumaterialien Springstein und Holz, unbehandelt belassen. Er wurde lediglich sandgestrahlt und eingeölt.

Die südlich an der Glasfassade liegenden Räume sind als Wintergartenzone ausgebildet. Diese dient als erweiterter Wohnraum, ist aber auch Bestandteil des energetischen Konzeptes. Durch das einfallende Sonnen-

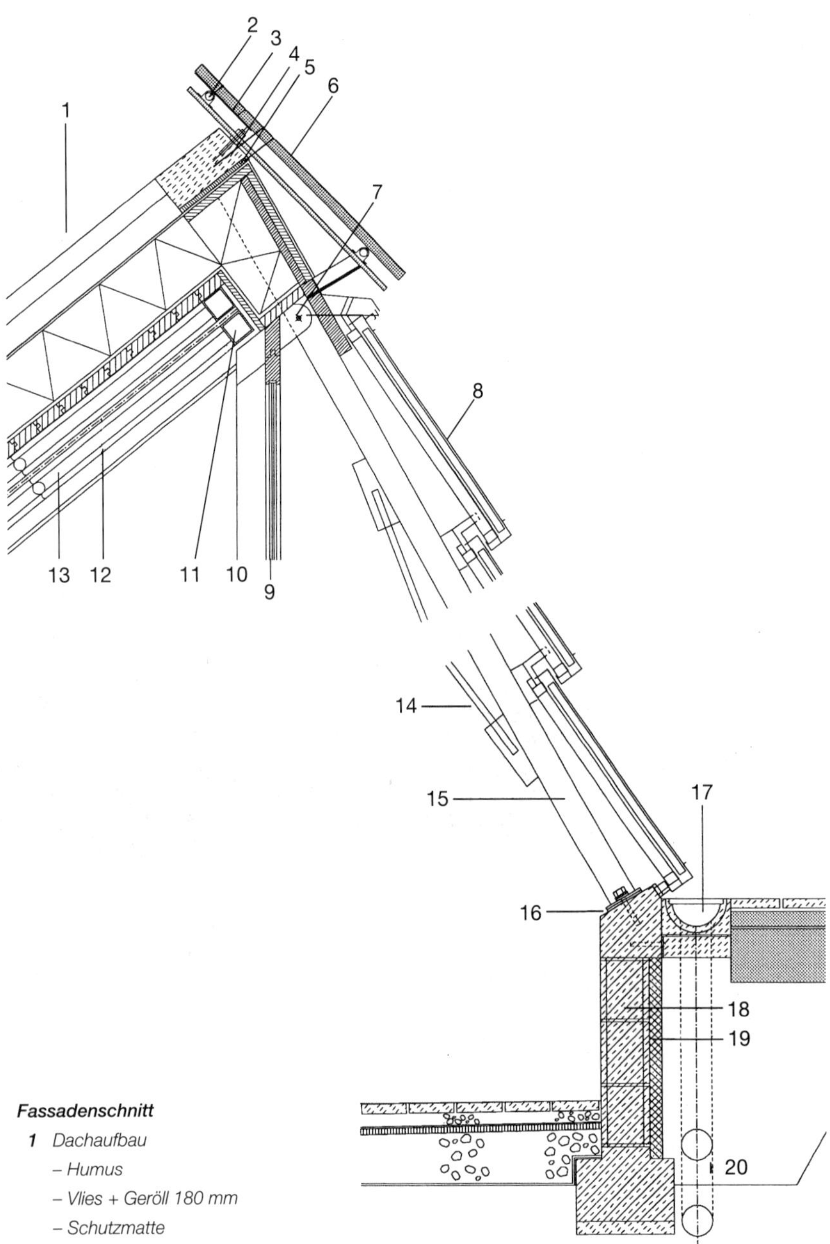

licht werden die massiven Bauteile in der Mittelzone des Gebäudes erwärmt. Um eine ausreichende Luftzirkulation in der gesamten Wohnung zu gewährleisten, sorgt ein Ventilator in den Nebenräumen für einen leichten Unterdruck. Dadurch wird die im Wintergarten vorgewärmte Luft in das Gebäude gezogen.

Die Heizung dient als unterstützende Wärmequelle, die nach Bedarf manuell eingeschaltet werden kann und sich nach einer Stunde automatisch ausschaltet. Der Bewohner ist somit für die Kontrolle der Temperatur und des Klimas in der Wohnung selbst verantwortlich.

Die Lüftung erfolgt über stufenlos einstellbare Lüftungsklappen in der inneren Fassade zwischen Wohnbereich und Wintergarten. Im rückwärtigen Teil sorgen Schlitze im Bad/WC-Bereich sowie die „Fenster" über den Treppen für die notwendigen Abluftmöglichkeiten.

Sonnenrollos an der Glasfassade verhindern ein Aufheizen der Wintergärten.

Die Photovoltaikanlage am First des Hängedaches speist Strom in das allgemeine Netz ein.

Bereits im Vorfeld wurde mit der Diane-Gebäudesimulation der Verbrauch für die Heizung eines Mittelhauses ermittelt, das Ergebnis zeigt eine mögliche Senkung der Energiekennzahl von 12 MJ/m^{2}a.

Fassadenschnitt

1 *Dachaufbau*
- *Humus*
- *Vlies + Geröll 180 mm*
- *Schutzmatte*
- *Dämmung 250 mm*
- *Dampfsperre*
- *Holzschalung 50 mm*
- *Stahlfachwerk*

2 *Ø 1" t = 3,25 Briden*
3 *Lochblech Alu*
4 *Betonelemente*
5 *Gummischrotplatten*
6 *Photovoltaikelemente 527/1200*
7 *Gewindestab Ø 10 mm*
Rohr 3/4"
8 *Klappflügel mit Isolierglas*
9 *Isolierverglasung in Holzrahmenkonstruktion*
10 *Flachstahl 20/100*
12 *Stahlhohlprofile 100/100/6,3*
13 *Stahlfachwerk aus Rundstählen*
Ø 20 mm, Ø 50 mm
14 *Ø 24 mm*
15 *Stahlhohlprofile 120/60/5*
16 *Fußplatte 160/220/10*
Gummischrotplatte 10 mm
Klebanker Ø 10 mm
Bodenaufbau
- *Zementplatten 40 mm*
- *Splitt 60 mm*
- *Vlies*
- *Einlaufschacht*
- *Styrofoam 30 mm*
- *Geröll*
- *Flies*

17 *Rinne Halbschale Ø 250 mm*
Baulänge 2000 mm
18 *Springstein 200 mm*
19 *Perimeterdämmung 50 mm*
20 *Kanalisation Ø 125 mm*

Sonnengang

Projekt:	**Neubau einer Wohnanlage**
Architekten:	**Fink + Jocher, München**
Standort:	**München-Riem**
Bauzeit:	**2000**
Landschaftsarchitekten:	**Berger + Reitsam, Freising**
Tragwerksplanung:	**Ingenieurbüro Hingerl, München**
Bauphysik:	**Ingenieurbüro Steger + Piening, München**

Situation

Die zwei Zeilenbauten sind Teil einer größeren Siedlung im Münchener Stadtteil Riem. Durch die Verlegung des Münchener Flughafens nach Erding ist Riem als Wohngebiet wieder attraktiv geworden. Auf dem Gebiet entstanden insgesamt 250 öffentlich geförderte Wohnungen, ein Kindergarten und ein Parkhaus. Da das Grundstück auf drei Seiten von stark frequentierten Verkehrswegen umschlossen ist, musste ein Konzept entwickelt werden, das dieser Belastung Rechnung trägt.

Die rahmenlose Verglasung lässt sich aufschieben

Entwurf

Der Gesamtplan, Ergebnis eines Wettbewerbes, formt nach Osten eine geschwungene Bebauung als eine Art Schutzwall aus. In Richtung Westen schließen fünf Zeilen an, von denen sich vier jeweils zu zwei Paaren gruppieren.

Jeweils eine Zeile dieser Paare wurde von dem Münchener Büro Fink + Jocher geplant.
Zur einen Seite entsteht bei diesem Konzept ein Erschließungshof, zur anderen zwischen den Zeilen ein Grünhof.

Möglich wurde diese Anordnung, durch die der Anteil versiegelter Flächen reduziert wird, durch eine ungewöhnliche Erschließung der Bauten auf der Südseite der Gebäude, während das Gegenüber konventionell auf der Nordseite erschlossen wird.

Die offenen Treppenhäuser liegen bei der Süderschließung längsseits der Südfassade und sind mit Holzlattungen verkleidet. Sie führen unmittelbar zu den ebenfalls südlich orientierten Wohnungseingängen. Hier schließt sich eine Wintergartenzone an, die auch als Windfang fungiert. Mittelpunkt der Wohnungen ist ein offener, über die ganze Tiefe des Hauses reichender Raum. Zwischen zwei Wohneinheiten liegt jeweils ein Schaltraum, der variabel den Wohnungen zugeordnet werden kann. Maisonetten mit Dachterrassen ergänzen in den beiden oberen Geschossen das Angebot an Wohnungstypen.
Die Verglasung der Südbalkone kann bei Bedarf zur Seite geschoben werden, sodass dort ein offener Balkon entsteht. Der variabel zu nutzende Bereich rückt so nach außen sichtbar in den Mittelpunkt des Wohnens.

Bei diesem Konzept stehen weniger energetische Aspekte im Vordergrund, obwohl die südlichen Wintergärten auch als Pufferzone wirken, sondern der Versuch, durch unkonventionelle Strukturen, Räume und deren unterschiedlichen Potentiale zu aktivieren. Durch ein solches Konzept konnten innerhalb einer im Prinzip herkömmlichen Siedlung neue Anordnungen und räumliche Zusammenhänge realisiert werden.

Südbalkon in den oberen Geschossen

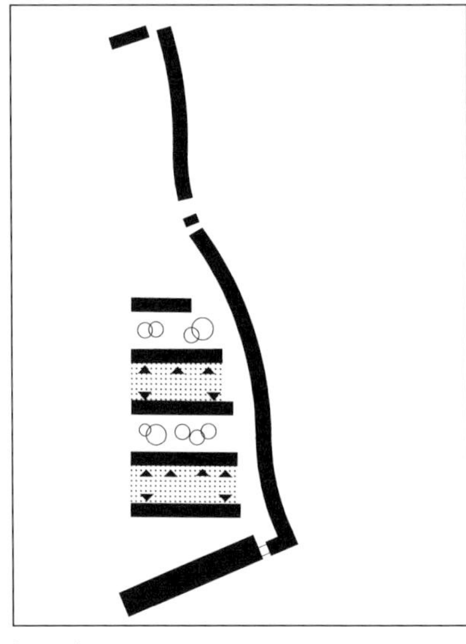

Lageplan

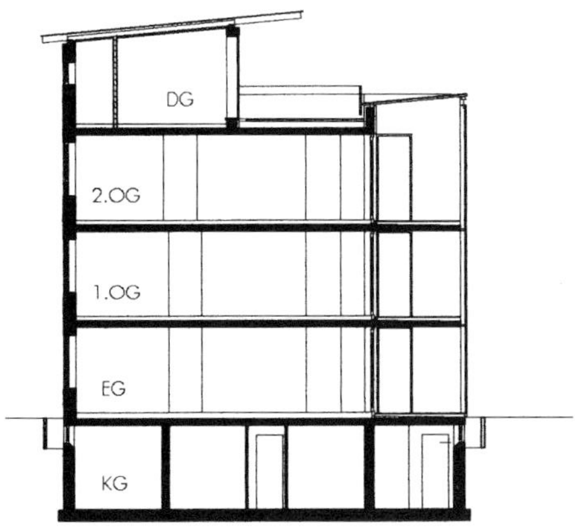

Schnitt A

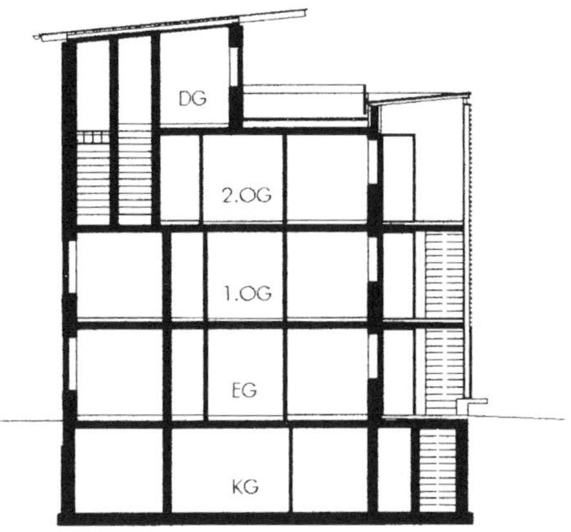

Schnitt B

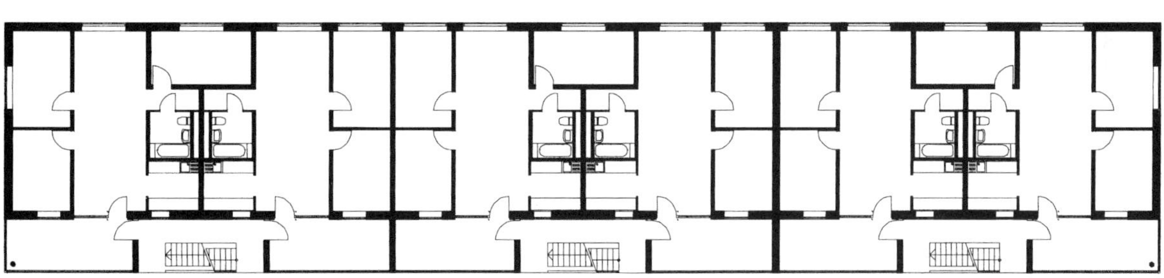
Grundriss Erdgeschoss, 1. + 2. Obergeschoss

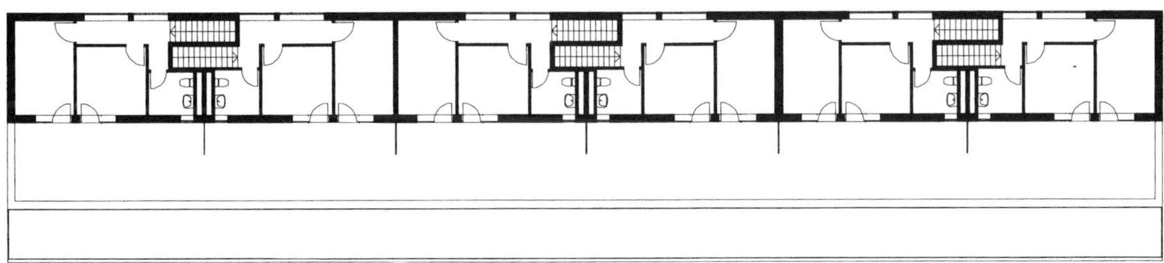
Grundriss Dachgeschoss

Die Südfassade mit Treppenhäusern

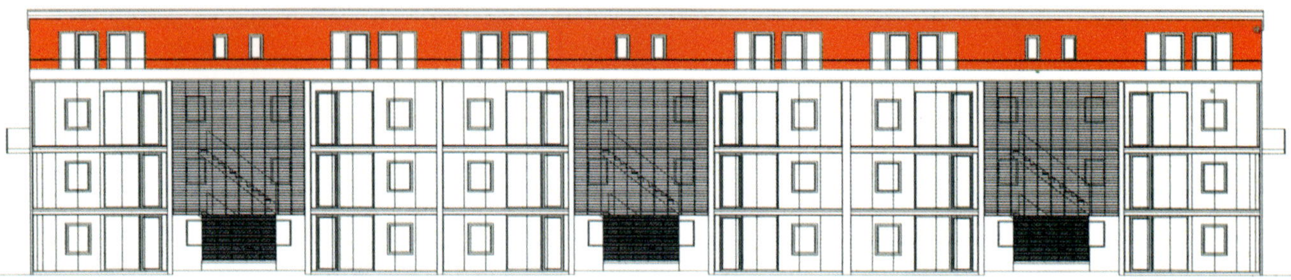

Ansicht Süd

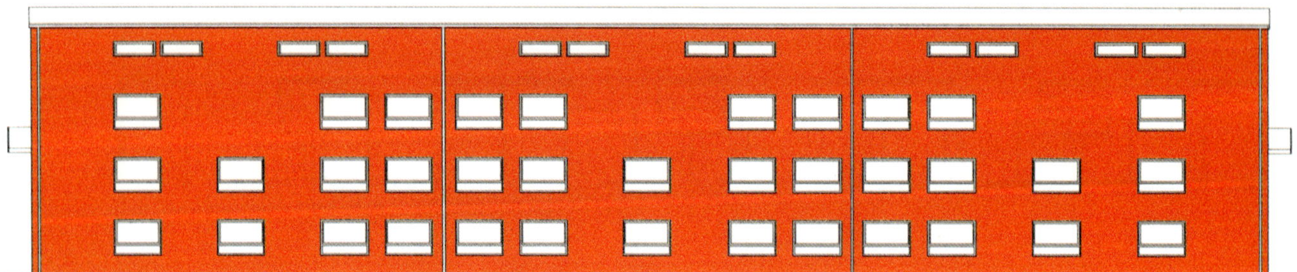

Ansicht Nord

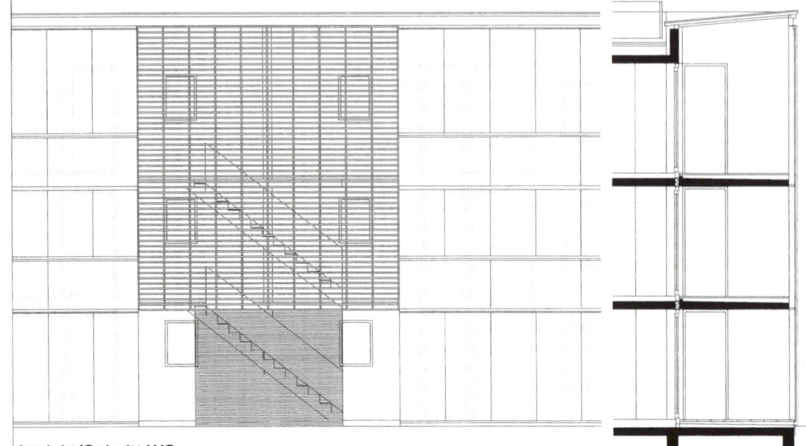

Ansicht/Schnitt WG

Geschosswohnungsbau „Höttinger Au“

Projekt:	**Neubau eines Wohnhauses**
Architekten:	**Kathan - Schranz - Strolz, Innsbruck**
Standort:	**Innsbruck (A)**
Bauzeit:	**05/1995 bis 04/1996**
Fläche:	**BGF 1.270 m^2**
Statik:	**Ingo Gehrer, Höchst**
Elementfertigung:	**Fussenegger & Rümmele, Dornbirn**
Haustechnik:	**Huter Vorfertigung, Matrein am Brenner**

Situation

Das siebengeschossige Wohnhaus liegt am Rande der Innsbrucker Altstadt. Eingereiht in eine dichte Bebauung steht es mit der Nordseite direkt an einer stark frequentierten Innsbrucker Straße. Nach Süden hin verfügt das Grundsück über einen kleinen Gartenhof.

Entwurf

Das Gebäude reagiert mit seiner äußeren Erscheinung auf diese Randbedingungen. Die Fassade zur Straße wirkt geschlossen, ebenso wie die beiden zur Nachbarbauung gelegenen Seiten. Die Öffnungen sind hier auf ein Minimum beschränkt. Trotz der hohen Bebauungsdichte des Grundstückes galt es, den knapp bemessenen Freiraum möglichst qualitätvoll zu gestalten und in die Wohnungen miteinzubeziehen. So wurden im Erdgeschoß mittels Parkpaletten zehn Stellplätze geschaffen und das Untergeschoss schiebt sich unterirdisch in den Garten hinein, um so den Hof zu erhalten und gleichzeitig den nötigen Platzbedarf zu decken.

Je Normalgeschoss sind in einer Etage symmetrisch zwei Appartements und zwei Dreizimmerwohnungen untergebracht. Im Dachgeschoss gibt es zwei Maisonettewohnungen.

Zum Garten und zur Sonne orientiert: die Wintergärten

Auffällig sind die Erker auf der Nord- und die Wintergärten auf der Südseite. Damit hat jede Wohnung einen Wintergarten oder, wie im Erdgeschoss, einen Gartenzugang.

Konstruktion

Die straßenseitigen Erker sind nur seitlich und oben verglast, und bieten somit Licht und Ausblicke, schützen aber auch vor Lärm und Einblicken.

Die zum Garten hin gerichteten Wintergärten sind rundum einfach verglast, und mit geschosshohen Schiebefenstern zu öffnen. Die Konstruktion der Erker und Wintergärten ist als Holzrahmen ausgeführt, die auskragenden Bodenplatten in Beton.

Die Fassade ist umlaufend mit einer Stülpschalung aus Eichenbrettern versehen.

Eine Besonderheit ist das von den Architekten entwickelte Fertigteilsystem, das in diesem Haus als Prototyp angewandt wurde. Die Wandelemente wurden als fertige Elemente mit einer verlorenen Schalung aus Spanplatten vorgefertigt – einschließlich Dämmung, Fenstern und Fassadenschalung. Auch die Haustechnik konnte in den Wandelementen bereits vorinstalliert werden. Dabei wurde eine Wandheizung eingesetzt, die im Sommer auch zur Kühlung eingesetzt werden kann.

Bei der Montage vor Ort braucht dann lediglich im Verbund mit den verwen-

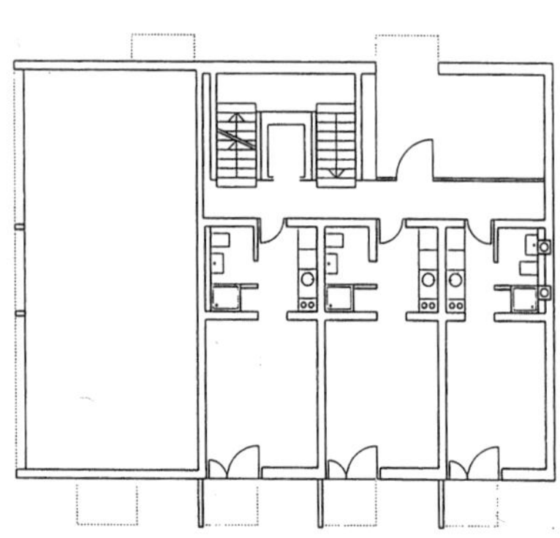

Grundriss Erdgeschoss

Grundriss Dachgeschoss

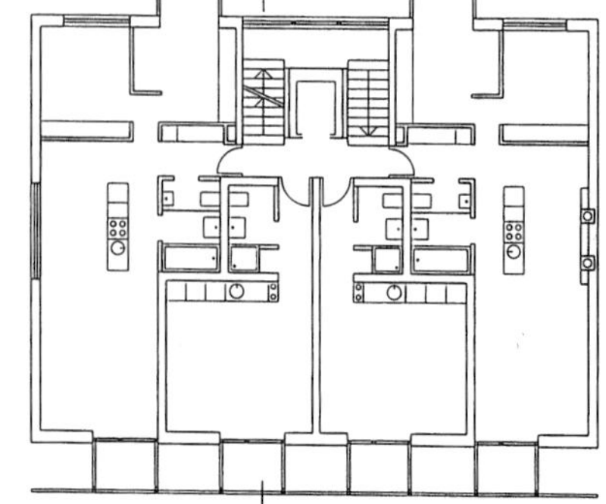

Grundriss Regelgeschoss

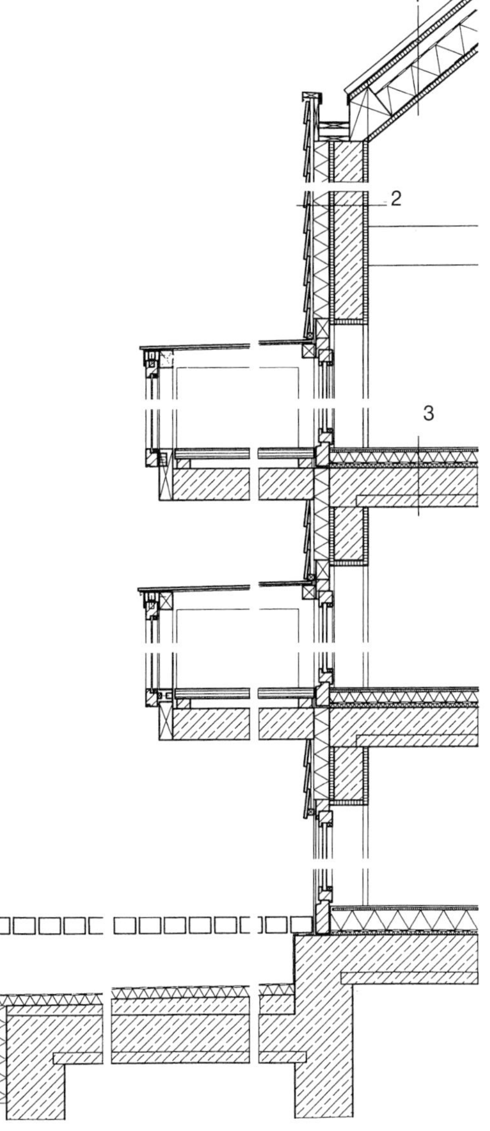

Fußpunkt Hängedach

1 Dachaufbau
- Aluminimblech bzw. Sonnenkollektor
- 25 mm Lattung
- 50 mm Hinterlüftung
- 140 mm Mineralwolle Dampfsperre
- 25 mm Spannplatte

2 Wandaufbau
- 15 mm Stülpschalung Eiche
- 20 mm Lattung
- 80 mm Mineralwolle zwischen Lattung
- 25 mm Spanplatte
- 150 mm Stahlbeton
- 25 mm Spanplatte, malerfertig gespachtelt

3 Deckenaufbau
- 24 mm Parkett
- 24 mm Spanplatte
- Trittschalldämmung PE Folie
- 20 mm Trittschalldämmung
- 200 mm Elementdecke

Die Straßenfassade gibt sich bis auf wenige Öffnungen geschlossen

deten Elementdecken die Konstruktion mit Recyclingbeton ausgegossen zu werden. Dadurch konnte die Bauzeit auf insgesamt elf Monate reduziert werden.

Die Wand- und Deckenoberflächen erhalten nach der Verspachtelung lediglich einen Anstrich.

Auf dem Dach wurde flächenbündig mit der Aluminiumdeckung eine Kollektoranlage integriert, die die Beheizung und Warmwasserversorgung unterstützt. Anfallendes Regenwasser wird zur Bewässerung des Gartens genutzt.

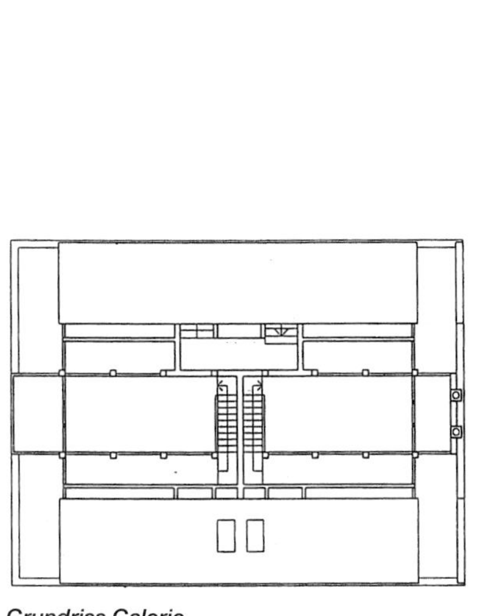

Grundriss Galerie

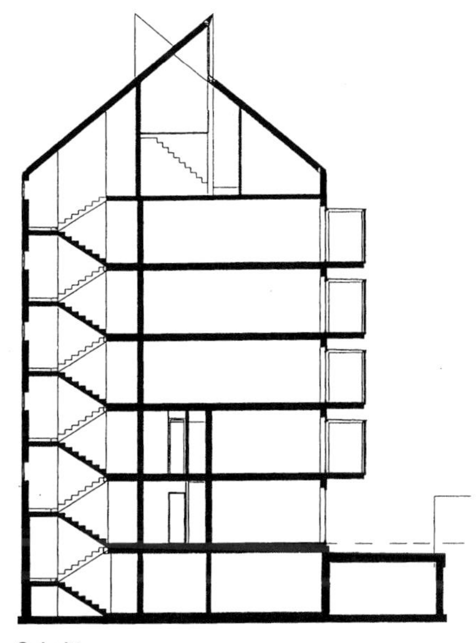

Schnitt

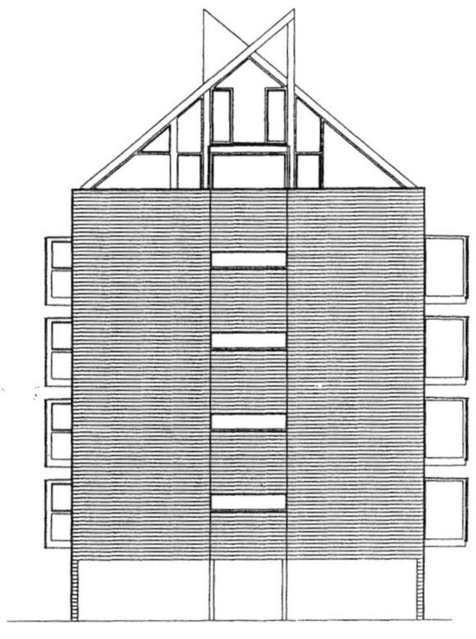

Ansicht Giebel

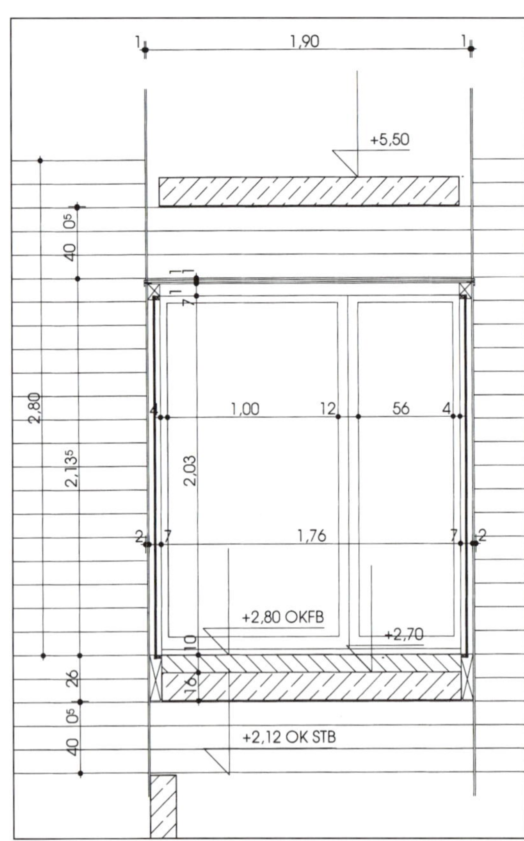

Detail Wintergarten

Wintergarten

- Rahmenkonstruktion 68/90,
- Gefälle oberseitig 3 cm nach außen
- Schiebeflügel 61/90
- Einfachverglasung seitlich, 6 mm
- ESG mit Glasleisten befestigt
- Einfachverglasung Dach, 12 mm
- ESG auf Rahmen verklebt

Innenfenster

- Rahmen 68/100 oberseitig aufgedoppelt
- Flügel 68/80
- Isolierverglasung k 1,3; 2x4 mm

Fassade

- Umlaufende Stülpschalung Eiche 15/150
- Überdeckung 1,67 cm
- Lattung 20/40 senkrecht
- Konterlattung 20/40 waagerecht dazwischen Steinwolle WD 80 mm

Die Erker erhalten Seiten- und Oberlicht

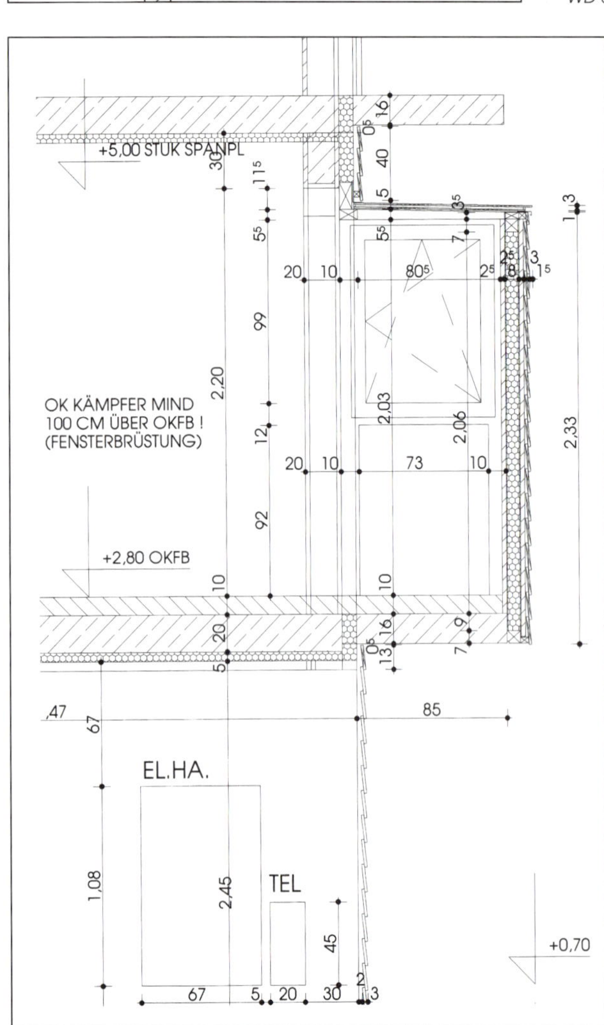

Detail Erker, Schnitt Paneel

Erker

- Seitlich links und rechts Fensterelement
- Rahmenaußenmaß 101/22
- Unterteil fix, Isolierverglasung k 1,3 ESG 2x4 mm
- Oberteil Drehkipp, Isolierverglasung k 1,3; 2x4 mm

Mittelpaneel

- Spanplatte 25 mm malfertig gespachtelt
- Dampfsperre
- Schwerdämmfolie 5,5 mm EMFA M1612
- WD Steinwolle 70 mm zwischen Holzrahmen
- Schwerdämmfolie 5,5 mm EMFA M1612
- Spanplatte 25 mm mit Umleimer
- Eichenstülpschalung 2x15 mm

Dach

- Isolierverglasung k 1,3; ESG 10 + 6 mm auf Rahmen verklebt, Gefälle 2 cm

Zechensiedlung Hamm

Projekt:	**Wohnanlage „Das gesunde Haus"**
Architekten:	**Karin Meyer, Bochum** **Ursula Ringleben, Düsseldorf** **Henning Carsens Tegnestue, Kopenhagen**
Standort:	**Hamm**
Bauzeit:	**1995**
Fläche:	**Wohnfläche gesamt 10.000 m²**
Kosten:	**Kosten gesamt DM 11.000.000**

Situation

Die Wohnanlage in Hamm entstand im Rahmen eines dänisch-nordrheinwestfälischen Gemeinschaftsprojektes. Geprägt ist das Areal von einer für das Ruhrgebiet typischen kleinteiligen Zechensiedlung einerseits und einer dicht bebauten Wohnsiedlung aus den 70er-Jahren andererseits. Gefragt war ein Konzept, das neben der städtebaulichen Klärung dieser Situation vor allem neue Wohnkonzepte unter sozialen und ökologischen Gesichtspunkten entwickelt.

Großen Wert wurde auf eine Durchmischung von Wohnungen für alte Menschen und Familien mit Kindern gelegt.

Luftbild der Gesamtanlage

Die Wintergartenzonen der Eckhäuser

Entwurf

Verbindendes Element der städtebaulichen Struktur ist eine zweigeschossige, multifunktional nutzbare Wand, die die Anlage von dem Lärm einer viel befahrenen Straße abschirmt. Hier finden Abstellräume für die Wohnungen ebenso ihren Platz wie Fahrradunterstände und Technikräume. Durch diese Anordnung konnte auf eine kostspielige Unterkellerung der Gebäude verzichtet werden. An der Wand reihen sich vier Hauszeilen auf, die jeweils durch einen leicht verdrehten Wohnturm als Kopfbau ihren Abschluss finden. Der südlichste dieser Köpfe ist von der Zeilenbebauung abgerückt und steht als Einzelbaukörper frei. Hier sind im Erdgeschoß Gemeinschaftsräume eingerichtet, die den Aufbau von sozialen Kontakten fördern sollen. Insgesamt entstanden 56 Wohneinheiten. Parkflächen wurden komplett außerhalb der Siedlung ausgewiesen, sodass innerhalb der Anlage kein störender Verkehr anfällt.

Die Wohntürme fungieren als Wintergartenhäuser mit experimentellem Charakter. Hier finden sich in den oberen Geschossen mehrere Wohnungstypen: vom barrierefreien Wohnen im EG, über normale Dreizimmer-Wohnungen im 1. OG, bis hin zu Maisonetten im 2. und 3. OG. Alle Typen verfügen auf der Südseite über einen Wintergarten mit seitlichen Balkonen. Auch in den Wohnungen der Zeilenbebauung sind im mittleren der drei Geschosse nach Süden Wintergärten vorhanden.

Konstruktion

Die Wintergärten sind als Pfosten-Riegelfassade in Aluminium ausgeführt und vom Wohnraum abtrennbar. Die Klimatisierung erfolgt manuell durch die Bewohner.

Die Tragkonstruktion der vorgelagerten Balkone und Wintergärten wurde weitgehend in Betonfertigteilen ausgeführt. Die Dachgeschosse bestehen aus vorgefertigten Holztafelelementen.

Jeder der vier Riegel verfügt über ein dezentrales Heizssystem. Das Regenwasser der extensiv begrünten Dächer versickert innerhalb der Siedlung in zwei wechselfeuchten Mulden.

Auch die Wohnungen der Zeilen verfügen über Wintergärten

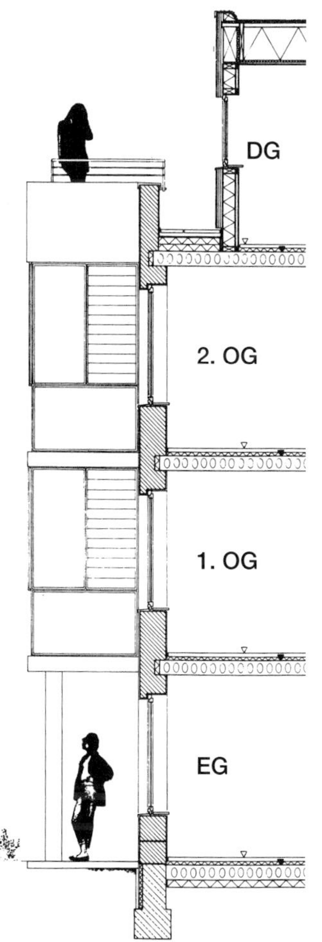

Fassadenschnitt Schlafen

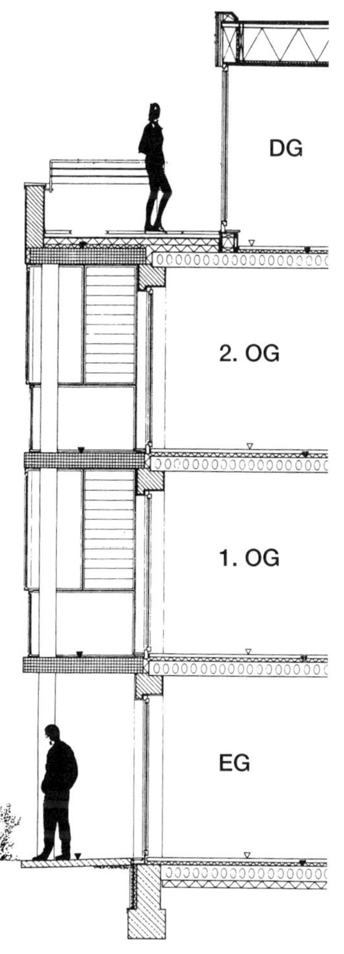

Fassadenschnitt Wohnen

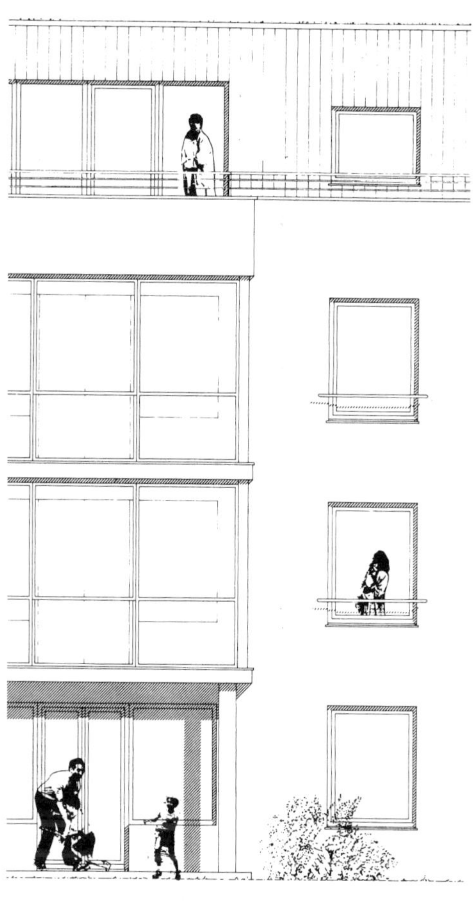

Teilansicht Süd

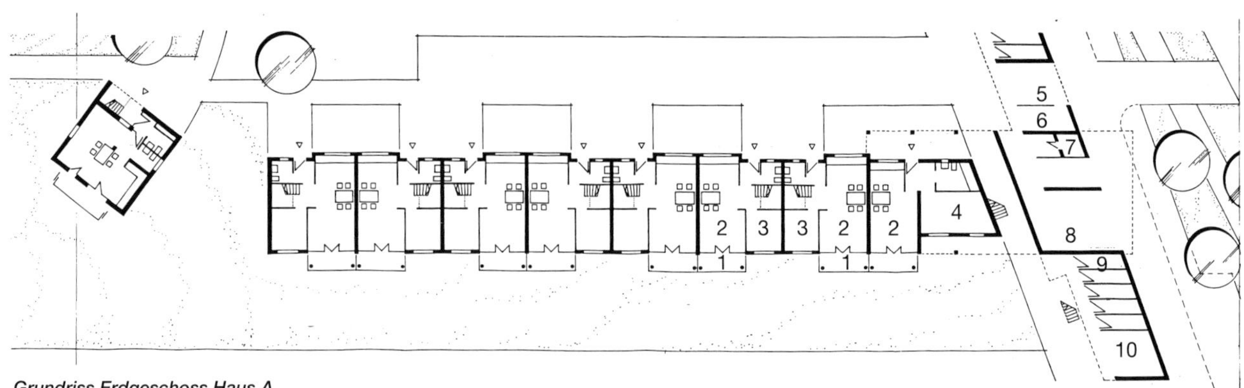

Grundriss Erdgeschoss Haus A

1 *Terrasse*	***5*** *Durchgang*	***9*** *Abstellraum*
2 *Wohnen*	***6*** *Müll*	***10*** *Fahrräder*
3 *Kind*	***7*** *HA*	
4 *Schlafen*	***8*** *Parken*	

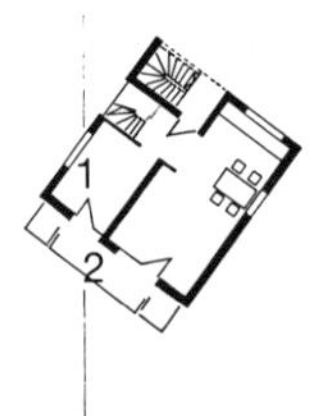

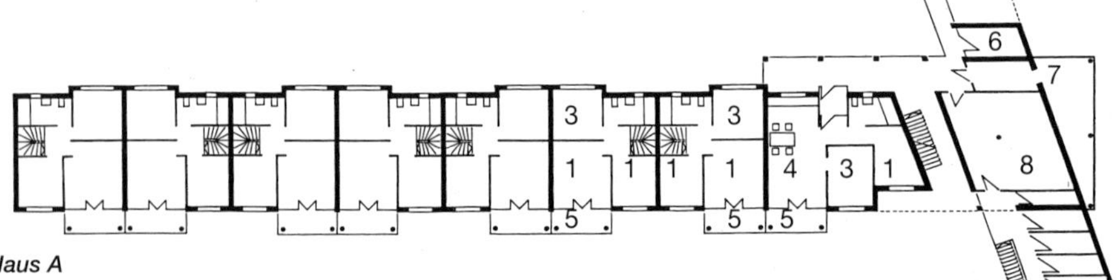

Grundriss 1. Obergeschoss Haus A

1 *Kind*	***5*** *Balkon*
2 *Wintergarten*	***6*** *Abstellraum*
3 *Eltern*	***7*** *Technik*
4 *Wohnen*	***8*** *Trockenraum*

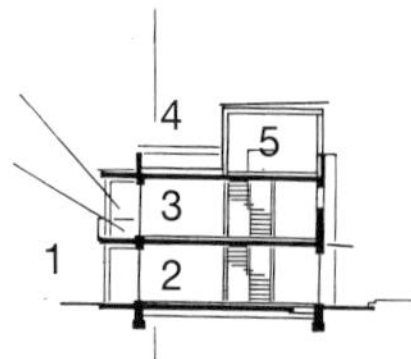

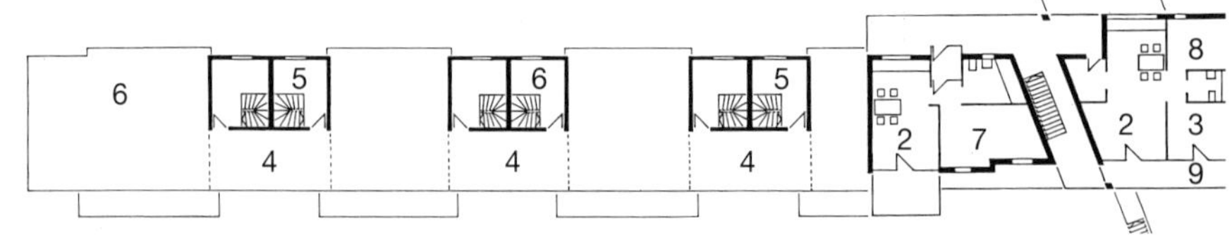

Schnitt/Grundriss 2. Obergeschoss Haus A

1 *Mietergarten*	***4*** *Dachterrasse*	***7*** *Schlafen*
2 *Wohnen*	***5*** *Spielen*	***8*** *Eltern*
3 *Kind*	***6*** *Arbeiten*	***9*** *Balkon*

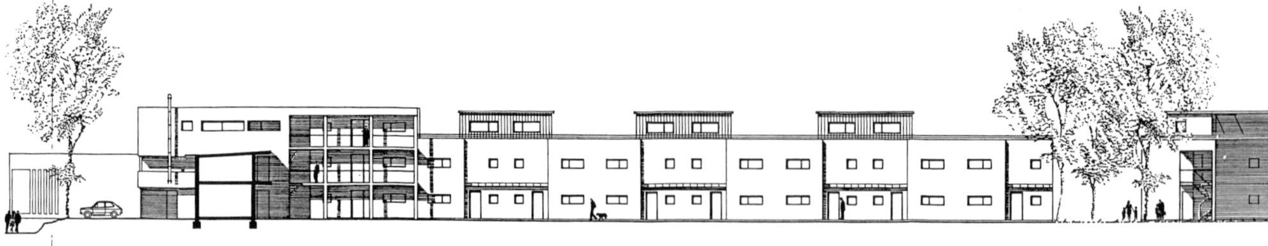

Ansicht Nord Haus A

Ansicht Süd Haus A

Seniorenheim Titting

Projekt:	**Neubau des Seniorenheimes Anlautertal**
Architekten:	**Nickl & Partner, München Prof. Hans Nickl, Christine Nickl-Weller**
Standort:	**Titting**
Bauzeit:	**01/1987 bis 05/1990**
Fläche:	**42 Pflegeplätze**
Kosten:	**DM 8.100.000**

Situation

Das „Haus Anlauntertal" entstand an der Stelle eines früheren Kreiskrankenhauses. Es liegt inmitten des idyllisch gelegenen Ortes Titting auf der Fränkischen Alb. Das Grundstück wird charakterisiert durch seine Lage an einem steilen, dem Dorf zugewandten Südhang.

Entwurf

Das zwei- bis dreigeschossige Gebäude fügt sich mit seiner Kubatur in die Landschaft und die charakteristische kleinteilige Struktur des Ortes ein. Das flach geneigte, mit grauem Titanzink verkleidete Dach greift die traditionelle Gebäudetypologie der Region auf.

Das Seniorenheim gliedert sich durch einen inneren Flur, der die Neben-

Blick in die zweigeschossige Wintergartenzone

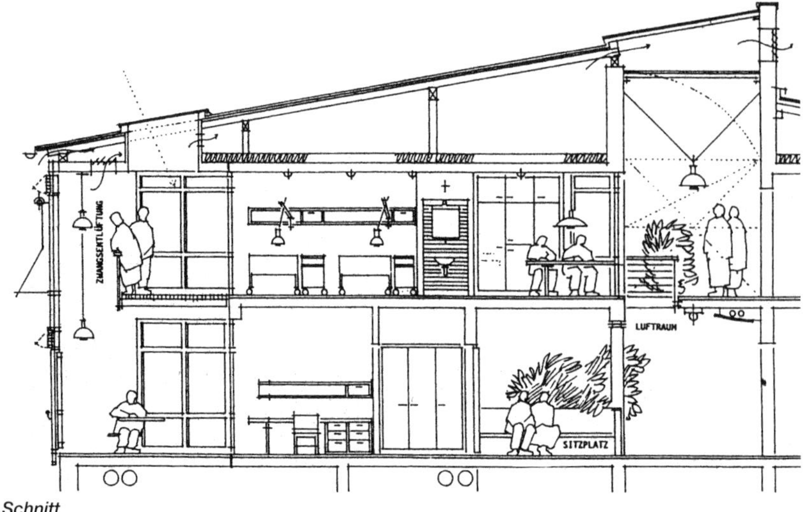

Schnitt

räume im Norden von den Wohn- und Schlafbereichen im Süden trennt. Er fungiert gleichzeitig als „innere Straße", in der sich der Tages- und Jahresablauf widerspiegeln. Der Flur wird durch ein gläsernes Oberlicht im First mit Tageslicht versorgt. Hier befinden sich die gemeinsam genutzten Wohn- und Aufenthaltsräume.

Erdgeschossig schließen hier die Haus- und Wohngärten an, wo jeder Bewohner die Möglichkeit hat, ein eigenes Beet zu bewirtschaften. Ein Obstgarten unterstreicht den ländlichen Charakter der Anlage.

Die Pflegezimmer orientieren sich einerseits zum Flurbereich, als auch zu einer Balkonzone, die als Wintergarten ausgebildet ist. Die hier liegenden Balkone und Galerien werden von jeweils zwei Zimmern und deren Bewohnern benutzt.

Durch Schiebewände entstehen in den gemeinschaftlich genutzten Bereichen die notwendigen Rückzugsmöglichkeiten und individuellen Zonen.

Konstruktion

Die durchgehende gläserne Südfassade der Wintergärten bildet eine „zweite Haut", die als klimatische Pufferzone konzipiert ist. Die Fassade ist als Stahlkonstruktion mit Hinterspannung ausgebildet, wodurch die Profile außergewöhnlich schlank gehalten werden konnten. Je ein Wintergarten bildet einen Aussteifungsverband.

Die hier im Winter und in den Übergangszeiten erwärmte Luft dringt ohne Zugluftbildung durch Fensteröffnungen in die angrenzenden Wohn- und Aufenthaltsbereiche. Gleichzeitig wird überschüssige Warmluft über einen Wärmetauscher der Warmwasseraufbereitung zugeführt.

Das südliche Dach ist zusätzlich mit 85 m^2 Solarkollektoren (Röhrenkollektoren) bestückt. Eine Messung nach zwei Jahren Betriebszeit ergab, dass durch dieses Verbundsystem 28% der Energie für die Warmwasseraufbereitung gedeckt werden kann.

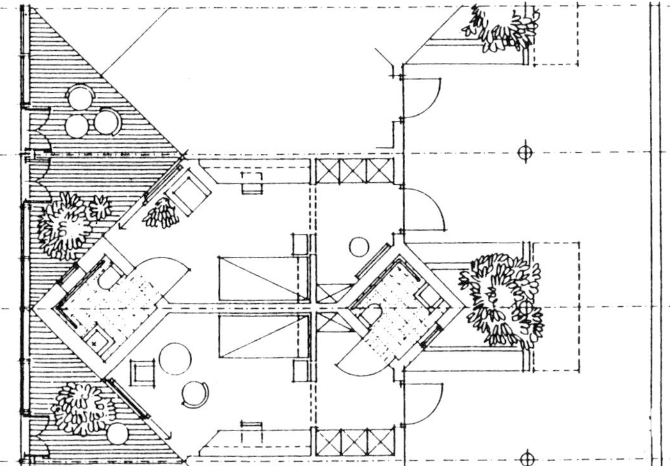
Grundrissausschnitt unten

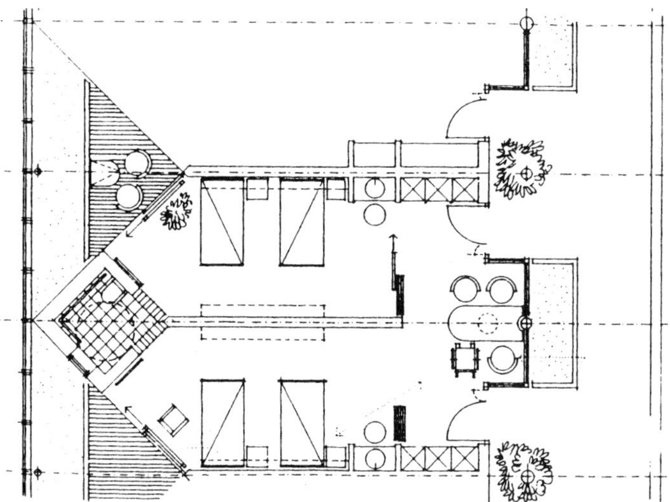
Grundrissausschnitt oben

Die gläserne Südfassade

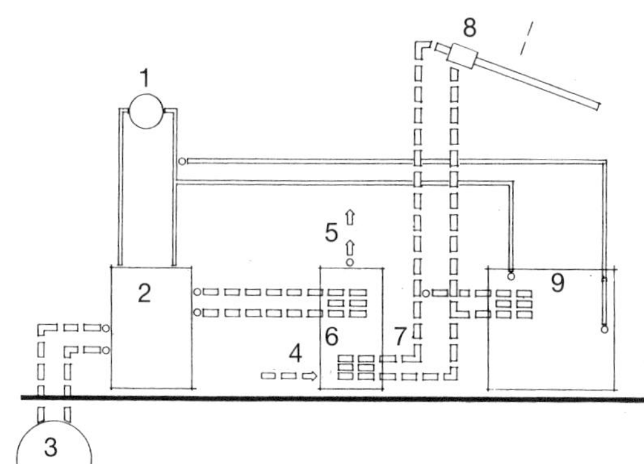

Diagramm Energienutzung Solaranlage
1. *Heizung und Lüftung*
2. *Heizkessel*
3. *Erdöltank*
4. *Kaltwasser*
5. *Warmwasser*
6. *Boiler 2500 l*
7. *Glykolkreislauf auf max. 95°C*
8. *Vacuumkollektoren ca. 85 m²*
9. *Wärmespeicher ca. 4000 l*

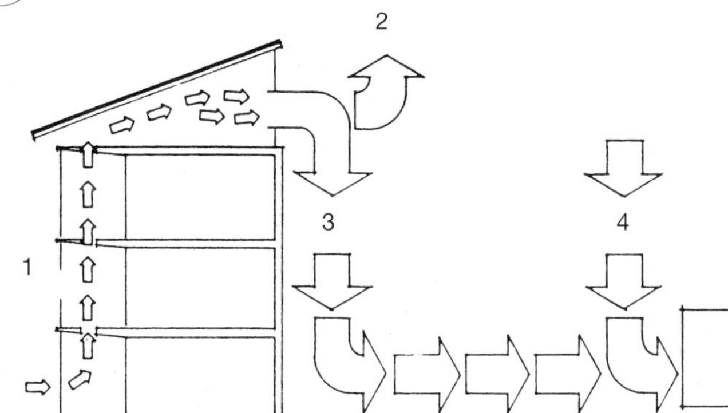

Diagramm Energienutzung Wintergarten
1. *Wintergarten*
2. *Entwärmung der Wintergärten im Hochsommer*
3. *Vorgewärmte Frischluft über Wintergärten*
4. *Frischluftansaugung im Winter vom Freien*
5. *Lüftungsanlagen*

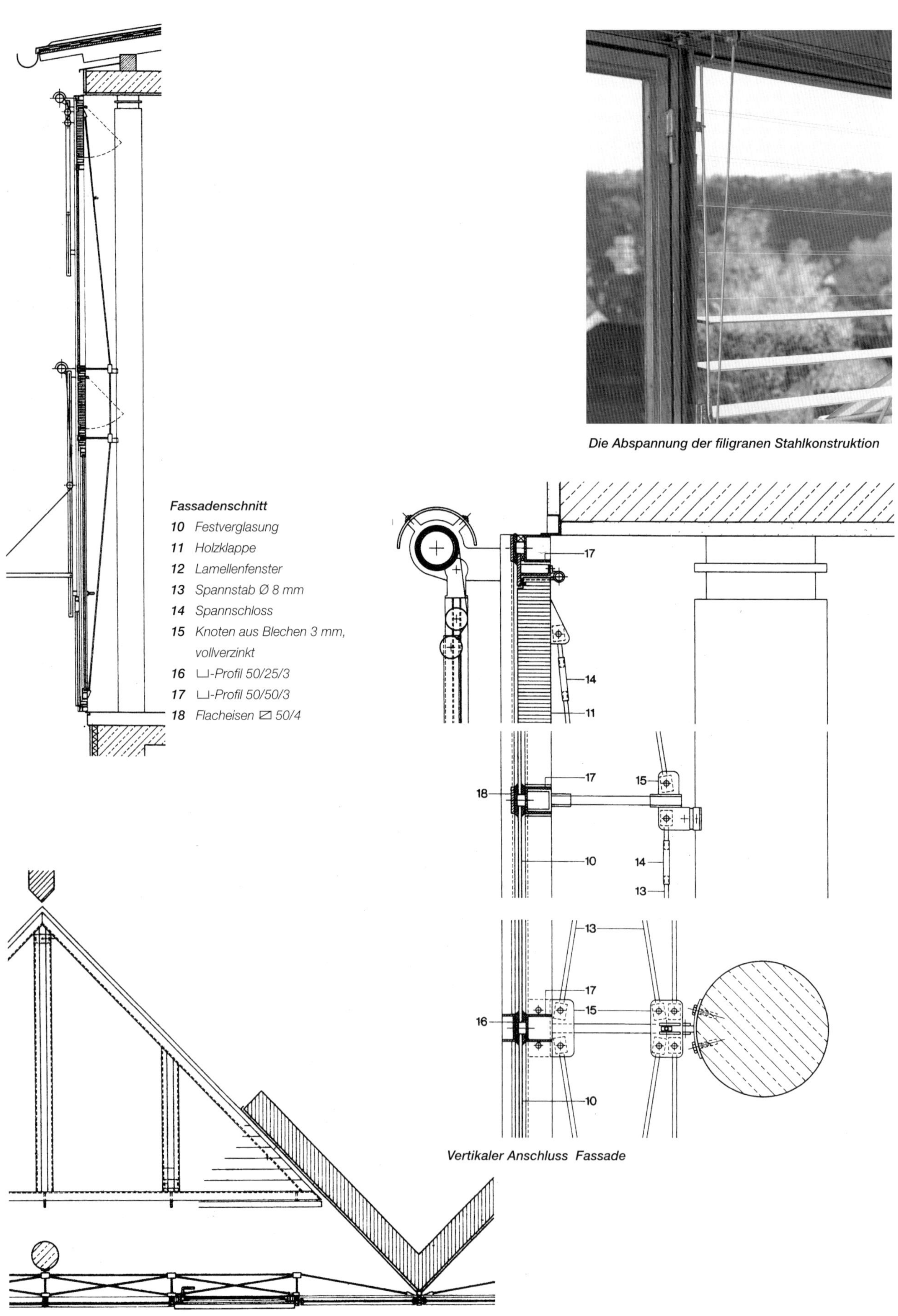

Die Abspannung der filigranen Stahlkonstruktion

Fassadenschnitt

10 Festverglasung
11 Holzklappe
12 Lamellenfenster
13 Spannstab Ø 8 mm
14 Spannschloss
15 Knoten aus Blechen 3 mm, vollverzinkt
16 ⊔-Profil 50/25/3
17 ⊔-Profil 50/50/3
18 Flacheisen ▨ 50/4

Vertikaler Anschluss Fassade

Horizontaler Anschluss Fassade

Glashallen

Mediendruckerei Lahr

Bauherr:	Alfred Schütz, Lahr
Planung:	LOG ID Dieter Schempp, Tübingen
Entwurf:	Fred Möllring
Projektleiter:	Gerhard Steiner
Pflanzplanung:	Jürgen Frantz
Gesamtnutzfläche:	2.051 m^2
Nutzfläche Glashaus:	205 m^2
Gesamtrauminhalt :	9.694 m^3
Rauminhalt Glashaus:	1.572 m^3
Gesamtbaukosten (netto):	DM 4.277.000
Baukosten Glashaus:	DM 445.000

Städtebauliche Einbindung und Umgebung

Das Gebäude liegt im Gewerbegebiet von Lahr und wird über eine parallel zur Hauptverkehrsstraße geführte Zufahrtsstraße erschlossen.
Im Süden und Norden grenzt das Grundstück an Gewerbegebiete, die Erschließung erfolgt von Osten. Eine Erweiterung des Gebäudes ist nach Norden möglich, im Westen erfolgen die Anlieferung und der Abtransport der Waren über eine an der Nordseite des Grundstücks geführte Erschließungsstraße.

Architektur, Gebäudestruktur und Nutzung

Zu planen war eine Produktionshalle mit zwei Druckmaschinengebäuden und ein Verwaltungsgebäude mit 16 Büroräumen und Nebenräumen.

Das Glashaus ist verbindendes Element zwischen Produktion und Verwaltung. Darin sind der Eingangs- und Erschließungsbereich, Besprechungsplätze, Cafeteria und Sozialräume integriert. Durch die sich öffnende Form und das transparente Dach entsteht ein sehr großzügiger Raum. Die Bürobereiche öffnen sich zum Glashaus hin.
Die Druckerei musste aus brandschutztechnischen und akustischen Gründen zum Glashaus hin weitgehend geschlossen bleiben.

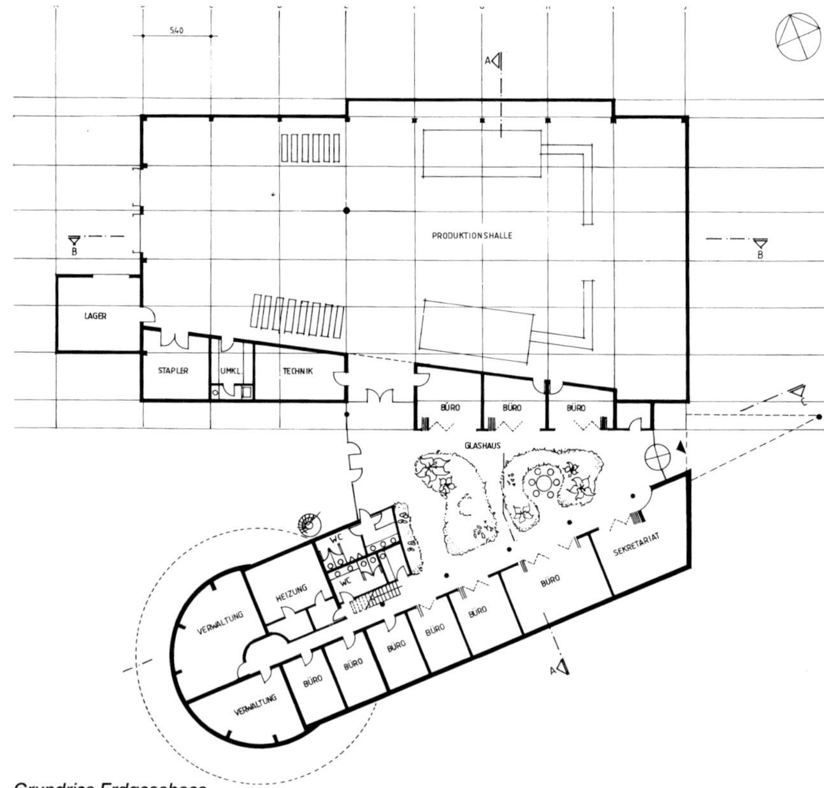

Grundriss Erdgeschoss

Sonnenenergienutzung

Die vom Glashaus erzeugte Sonnenwärme wird passiv für die Büros verwendet. Dazu werden die großen Glasfaltelemente geöffnet.
Die Zusatzenergie für den Bürobereich wird konventionell über Heizkörper gedeckt. Des Weiteren erhält das Gebäude eine gute Wärmedämmung.

Licht

Für die Büros mit Computerarbeitsplätzen ist eine gleichmäßige und blendfreie Belichtung der Arbeitsplätze wichtig. Deshalb sind nur kleine Fenster an der Südfassade vorgesehen, die Belichtung erfolgt überwiegend über das Glashaus. Das Glashaus erhält über das große Glasdach sehr viel Licht, das im Sommer durch die Pflanzen gefiltert wird.

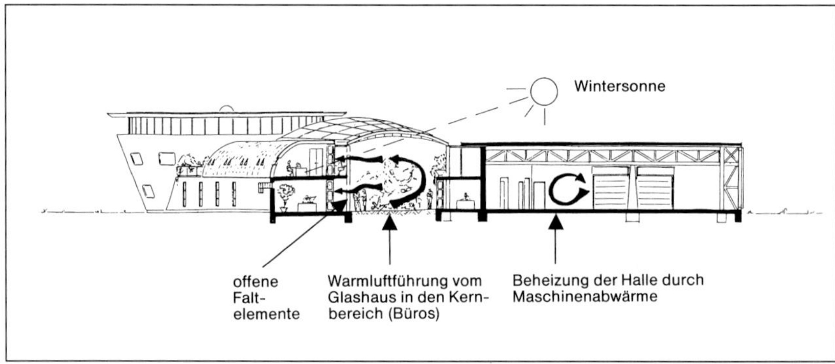

Prinzipskizze Heizsysteme

Pflanzplanung

Die Beete wurden so ausgelegt, dass Besprechungsinseln entstehen, die mit Wegen verbunden sind. Die Wege verlaufen gewunden und führen an subtropischen Pflanzen vorbei. Die Pflanzen wurden direkt ins Erdreich gepflanzt. Die Beete sind mit einem automatischen Bewässerungssystem im Erdreich versehen.

Glashalle

Der Raum, über dem sich das Glasdach befindet, ist trapezförmig ausgebildet. Das Glasdach wurde als Giebeldach ausgeführt. Die Traufkante verläuft waagrecht, während der First aufgrund der Geometrie nach oben ansteigt. Die Glashalle besteht lediglich aus dem Glasdach und den beiden Fassaden auf der West- und Ostseite. An den angrenzenden Längsseiten befindet sich der Bürotrakt bzw. die Produktionshalle.

Glasdach

Das Glasdach liegt über dem 1. OG, die Dachneigung beträgt ca. 14°. Die kleinste Breite des trapezförmigen Grundrisses beträgt 6,3 m, die größte 14,75 m.

Konstruktionsraster

Um den größten Teil der Scheiben in rechtwinkliger Form einbauen zu können, wurde das Konstruktionsraster für die Verglasung parallel zur Traufkante gelegt. Dadurch werden alle Scheiben mit Ausnahme derjenigen, die an den First bzw. an die beiden Fassaden stoßen, rechtwinklig. Die Kosten reduzieren sich mit dieser Maßnahme.

Holztragkonstruktion

Die Tragkonstruktion wurde aus Holz vorgefertigt und aufgebaut, während die Verglasung von einem anderen Handwerksbetrieb nachträglich aufgebracht wurde. Die Holzkonstruktion besteht aus unterspannten Trägern und daraufliegenden Pfetten. Unter den Glasprofilen befindet sich die Holzkonstruktion, jedoch nur in Längsrichtung.

Stahlkonstruktion

Für die Verglasung wurden zusätzliche Rechteckrohrprofile auf die Holzkonstruktion aufgebracht. Unter den Glasprofilen befindet sich die Holzkonstruktion, jedoch nur in Längsrichtung. In Querrichtung laufen lediglich die Rechteckrohre, die die Holzpfetten kreuzen.
Die Stahlkonstruktion liegt nicht flächig auf den Holzpfetten auf, sondern wurde mit Abstandsplatten ca. 5 mm von der Holzkonstruktion abgehoben. Damit wird vermieden, dass sich Schwitzwasser an den Berührungsflächen zwischen Holz und Stahl bildet und die Konstruktion angegriffen wird.
Als Verbindungsglied zu den beiden angrenzenden Gebäuden sind Zinkblechrinnen mit einer Breite von ca. 1,10 m eingebaut worden.

Glasstöße

Alle Glasstöße, die rechtwinklig zur Dachneigung liegen, mussten aufgrund der flachen Dachneigung bündig mit der Glasoberfläche ausgeführt werden, um Wasserstau und Schmutzansammlung zu vermeiden. Die Versiegelung an dieser Stelle erfolgte mit einem Material, das bei Fassaden mit sog. „Structural Glazing" verwendet wird. Es muss aber gewährleistet sein, dass der Randverbund des Glases für diese Versiegelung geeignet ist.
Aufgrund der flachen Dachneigung kann auf dem Glasstoß kein Abdeckprofil angebracht werden. Ein Stufenglas kam aus gestalterischen Gründen nicht in Frage, somit blieb nur die Alternative, eine bündig versiegelte Fuge herzustellen. Die Technik und das verwendete Material entsprechen dem von „Structural Glazing".
Die Scheibenkanten werden dazu bei der Fabrikation mit einem Material beschichtet, das dem Material der Versiegelung, die auf der Baustelle angebracht wird, entspricht. Die oberen Scheiben ragen über den Randverbund etwas heraus, um die Fugenbreite zu verringern.
Die Verklotzung erfolgt gegen das durchlaufend eingeschraubte U-Profil aus Alu. Die Belüftung der Glasfalze, die nach den Verglasungsvorschriften erforderlich ist, wird über die Glasstöße quer dazu erreicht.
Die Scheibengröße wurde im Dachbereich auf ca. 1,0 x 1,0 m festgelegt. Die Holzpfetten verlaufen nur unterhalb der Längsstöße. Die Scheiben müssen mit einem UV-festen Randverbund versehen werden.
Um einen Übergang zwischen der Glasfassade und dem Massivgebäude zu finden, wurden jeweils an den Rändern zurückversetzte senkrechte Glasstreifen angebracht, die am oberen Rand den vorderen Abschluss der Blechrinne bilden.
Der Versatz beginnt bei der Betonstütze für die Dachkonstruktion, die mit einem Achsmaß von 1,20 m vom Gebäude entfernt steht.

Firstpunkt

1 *Firstpfette h = 18 cm, BSH entsprechend der Dachneigung abgeschrägt*
2 *Abstandsblech*
3 *2 x Rechteckrohr 50/30/3, feuerverzinkt*
4 *Dichtband*
5 *Wärmeschutzglas, oben ESG, unten VSG*
6 *Abstandhalter aus EPS mit Alukaschierung und Löchern für Entlüftung, Dicke entsprechend der Glasdicke*
7 *Gummidichtung*
8 *Deckleisten mit Abdeckkappe, Alu eloxiert*
9 *zus. Firstabdeckkappe, Alu eloxiert*

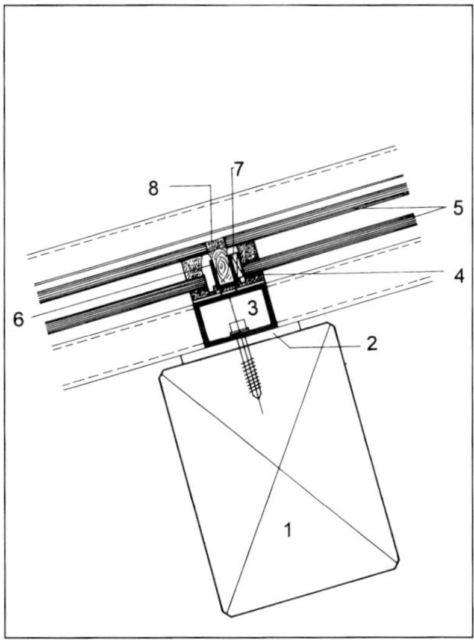

Längsstoß der Glasscheibe

1 *Holzpfette h = 18 cm als BSH*
2 *Abstandsblech zwischen Holz und Rechteckrohr*
3 *Rechteckrohr 50/30/3, feuerverzinkt*
4 *Dichtband*
5 *Wärmeschutzglas mit k = 1,5 W/m²K, außen 8 mm, SZR 12 mm, innen VSG 2 x 4*
6 *Alu-⊔ 20/15/2 , auf Profil festgeschraubt mit Gummiband als Widerlager für Verklotzung (muss zur oberen Scheibe Abstand haben!)*
7 *Verklotzung*
8 *Versiegelung*

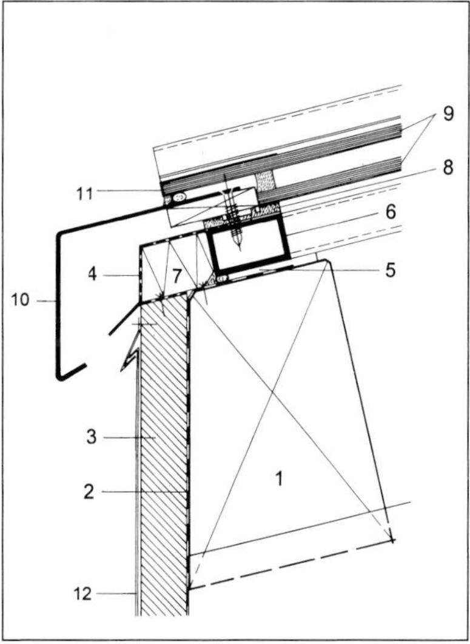

Traufpunkt

1 *Holzpfette h = 18 cm BSH*
2 *Dampfsperre bis unter das Glasprofil*
3 *V100-Verlegeplatte senkrecht zwischen Holzpfette und Rinnenkonstruktion*
4 *Dampfsperre (Folie), verbunden mit dem Stahlprofil*
5 *Abstandsblech zwischen Holz und Rechteckrohr, Abstand ca. 5 mm*
6 *Rechteckrohr 50/30/3, feuerverzinkt*
7 *EPS als Wärmedämmung vor Rechteckrohr*
8 *Dichtband auf Rechteckrohr/Auflagergummi für Glas*
9 *Stufenglas mit Verklotzung, Wärmeschutzglas mit k = 1,5 W/m²K, innen VSG*
10 *Überhangblech mit Verklotzung zusammen auf Rechteckrohr geschraubt*
11 *Abdeckblech, auf Glaskante aufgeklebt*
12 *Anschluss an innen liegende Kastenrinne*

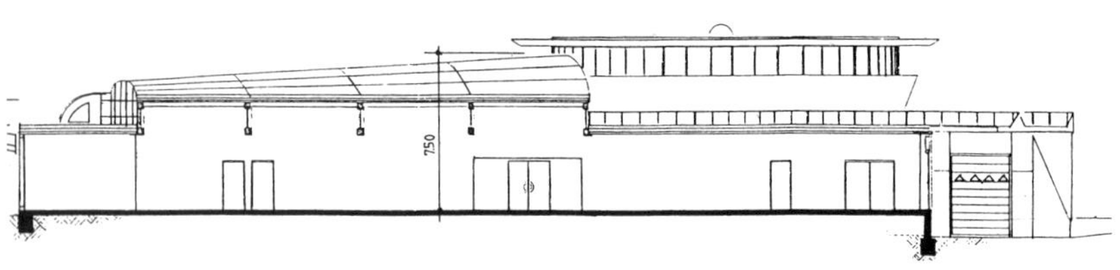

Schnitt B-B

Blick auf die Glaskonstruktion mit Entlüftungssystemen

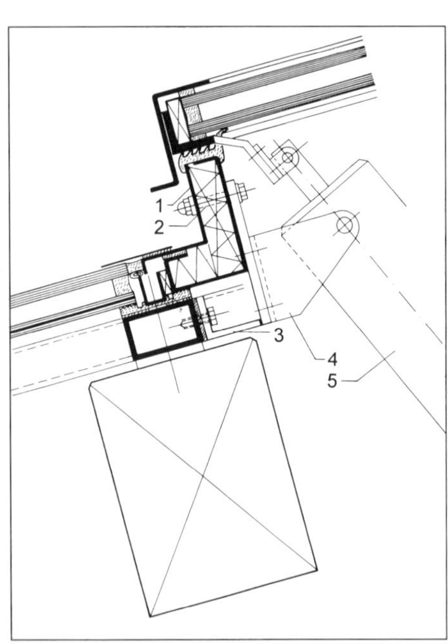

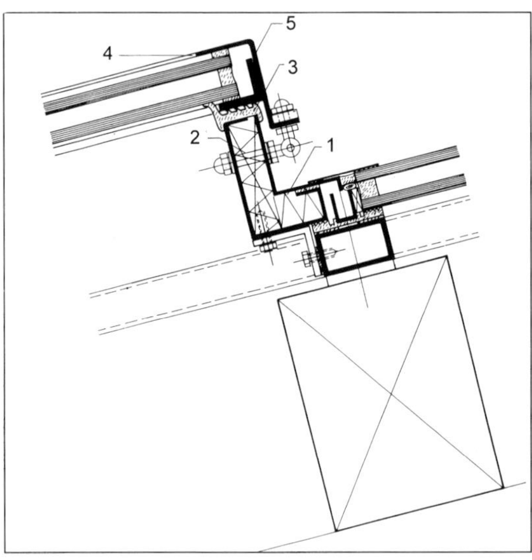

Unterer Anschluss Lüftungsklappe

1 *Rahmen aus elox. Alu-Blech mit innen liegender Wärmedämmung*
2 *Kunststoffklotz im Kern im Bereich der Motorhalterung*
3 *Winkel zur Befestigung am Profilsystem und der Motorhalterung*
4 *Motorhalterung*
5 *Spindelmotor*

Oberer Anschluss Lüftungsklappe

1 *Winkelrahmen aus Alublech mit Styroporkern*
2 *Kunststoffklötze im Kern im Bereich der Bänder*
3 *Dichtgummi, ringsumlaufend*
4 *Öffnungsklappe, verglast mit Bändern*
5 *zwei Winkel als Befestigung am Rahmen*

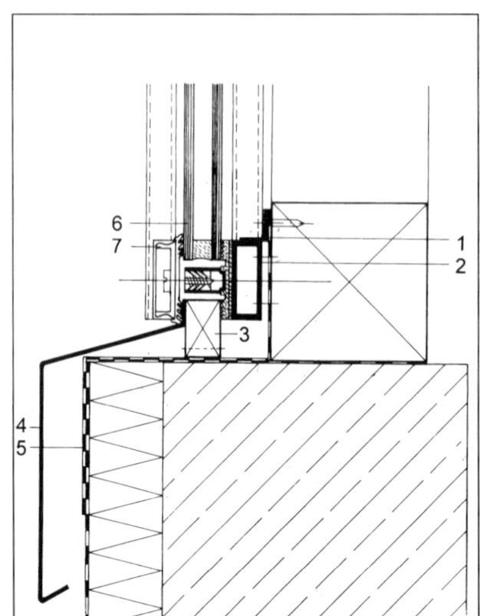

Fußpunkt Fassade Glashaus

1 *Abstandhalter für Rechteckrohr*
2 *Rechteckrohr 50/30/3 mm, feuerverzinkt*
3 *Abstandhalter Deckleiste aus Eichenholz mit Durchbrüchen für Belüftung und Entwässerung*
4 *Überhangblech Alu 2 mm*
5 *Folie durchgehend verklebt*
6 *Wärmeschutzglas*
7 *Deckleiste mit Abdeckklappe*

Kindertagesstätte Niederrad

Projekt:	Kindertagesstätte Frankfurt-Niederrad
Architekten:	Wörner + Partner, Frankfurt
Projektarchitektin:	Petra Sachse
Bauzeit:	1988 bis 1990
Brutto-Rauminhalt:	(Massivgebäude) ca. 3.715 m³ (Glashalle) ca. 1.887 m³
Netto-Grundrissfläche:	(Massivgebäude) 777 m² (Glashalle/Spielhof) 197 m²
Baukosten Glashalle:	ca. 1,10 Mio. DM (incl. innen liegender Fassaden)

Situation

Auf dem Areal einer ehemaligen Gärtnerei sollte eine Kindertagesstätte mit 60 Kindergarten- und 40 Hortplätzen entstehen. Sowohl aktive wie passive Solarenergienutzung war vorgesehen. Das Grundstück liegt in der zweiten Reihe hinter dem Neubau eines Wohn- und Geschäftshauses.

Entwurf

Die Entwurfskonzeption für die Kindertagesstätte ergab sich aus folgenden Kriterien:

1. Die städtebauliche Einbindung des zur Verfügung stehenden Grundstückes – im Osten der Andinungshof eines geplanten SB-Marktes, im Norden die Zufahrt zum Bauhof und im Westen die Bahngleise mit der dahinter liegenden Bürostadt-Kulisse.
2. Die Anlage sollte eingeschossig sein.
3. Die Vorgabe, für die Verwendung aktiver Sonnenenergie (Photovoltaik) ca. 120 m^2 geneigte Dachfläche nach Süden vorzusehen.
4. Die Wahl einfacher, kindvertrauter Baukörper und Formen, wie z.B. die der Bauklötze. Als Entwurfsidee ergab sich hieraus die „Burg aus Bauklötzen".

Die drei Bereiche der Kindertagesstätte – Kindergarten, Eingang und Nebenräume, Hort – bilden drei Flügel um einen gemeinsamen Innenhof, der sich nach Südwesten zu den Außenanlagen hin öffnet.
Entsprechend dem Gedanken der Burg – Schutz gegen die Außenwelt – sind die äußeren Fassaden aus massivem Kalksandstein-Sichtmauerwerk gestaltet und die inneren transparent mit großen Glaselementen zum Öffnen in den Spielhof.

Glashalle

Der Spielhof wird von einer Satteldach-Stahl-Glaskonstruktion überdeckt. Das Tragwerk besteht aus feuerverzinkten Fachwerkträgern mit Pfetten, die sowohl die Glasrahmenprofile als auch die Solarpaneele tragen. Die Vertikalkräfte der Konstruktion werden über die aus den Betondecken ausgeklappten 45° geneigten Betonfußpfetten abgetragen. Eine Stütze durchdringt im Eingangsbereich die Außenhaut und läuft bis zum Betonfundament im Außenbereich. Sie dient gleichzeitig als Rankgerüst.

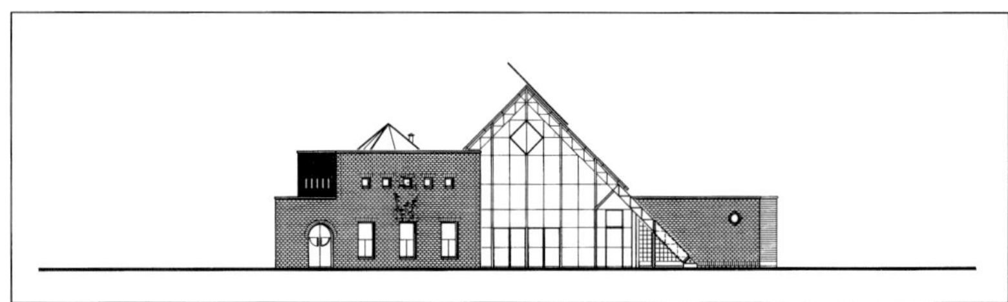

Ansicht von Süden

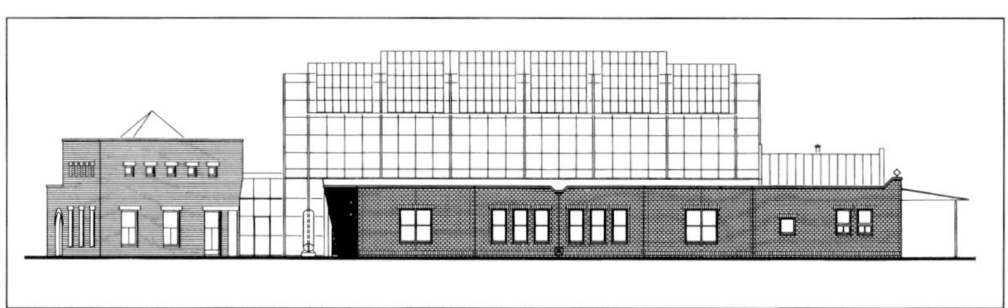

Ansicht von Norden

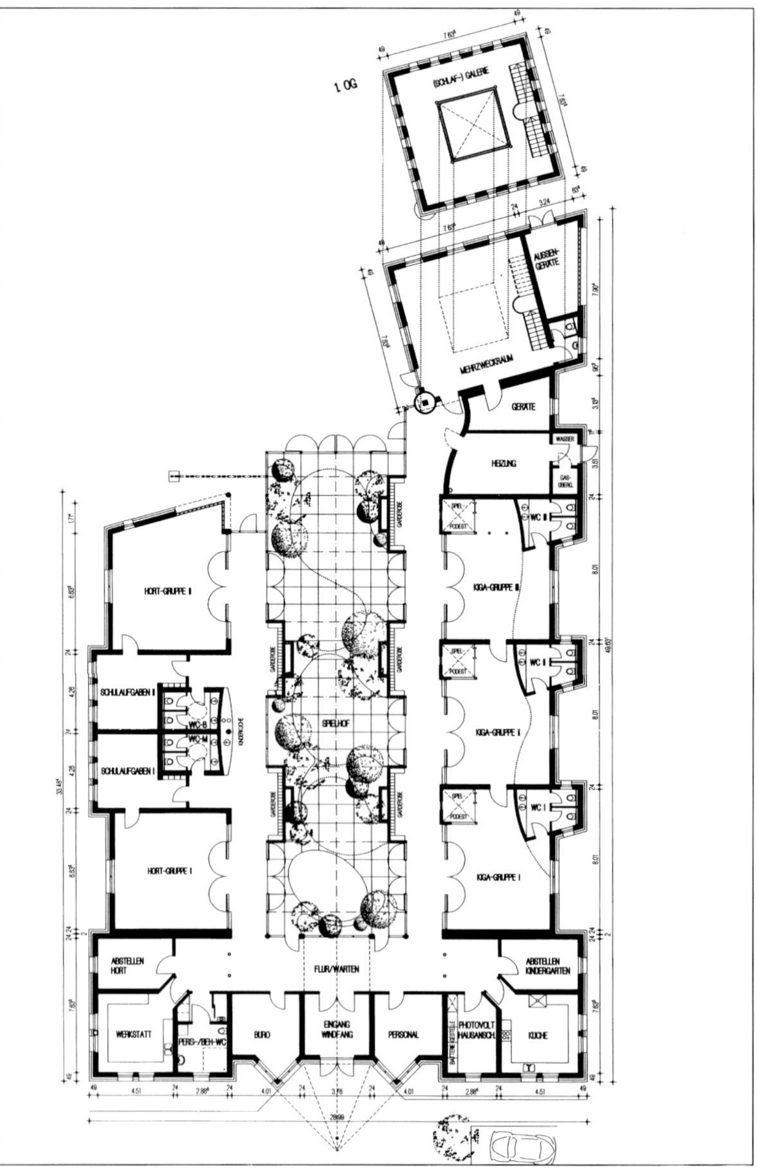

Grundriss

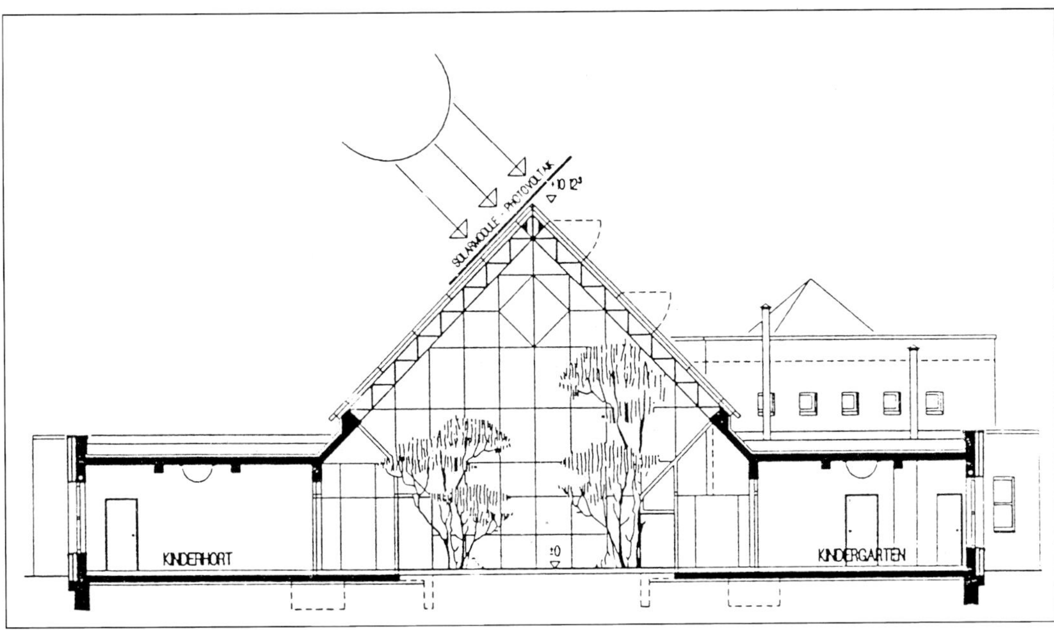

Schnitt

Blick in den Spielhof

Verglasung

Zwischen Flur und Halle 5 mm Floatglas, im Brüstungsbereich 5 mm ESG; im Fassadenbereich Isolierglas 2 x 6 mm Floatglas mit 14 mm SZR; im Schrägdachbereich außen 6 mm Floatglas, 12 mm SZR, innen 8 mm VSG. Wärmeschutz-Isolierglas kam aus Kostengründen nicht zum Einsatz.

Passive Solararchitektur

Etwa ein Drittel der Glasdachfläche wird von Solarpaneelen überdeckt, der andere, weitaus größere Teil der transparenten Dachfläche dient der passiven Sonnenenergienutzung. In der kalten Jahreszeit erwärmt sich die Halle durch die Sonneneinstrahlung. Zusätzlich kann die Warmluft zur Temperierung der angrenzenden Flure und Gruppenräume beitragen.
Um Energieverluste so gering wie möglich zu halten, besteht die gesamte Außenhaut des Gebäudes aus zweischaligem Kalksandstein-Mauerwerk. Als Wärmespeicher im Spielhof dienen zusätzlich die Pflasterbeläge und Mauernischen aus rotem Klinker. Eine sorgfältig geplante Pflanzenanordnung sorgt dafür, dass auch im Sommer bei starker Sonneneinstrahlung im Spielhof ein angenehmes Klima herrscht. Ursprünglich waren als zusätzliche Verschattungseinrichtung Sonnensegel geplant. Inzwischen wird die Verschattung allein durch die üppigen Pflanzen sowie durch die nach Süden orientierte Photovoltaikanlage, die ca. ein Drittel der Glasfläche abdeckt, als ausreichend empfunden. Für gute Durchlüftung sorgen zwei Reihen Lüftungsflügel im Dachbereich. Die Zuluft strömt über Kanäle unter dem Spielhof ein. Mechanisch regelbare, wärmeisolierte Zuluftklappen befinden sich in den Mauernischen im Bodenbereich und in Kopfhöhe.

Im Spielhof sind mediterrane Pflanzen in einer Humus-Substrat-Mischung gepflanzt. Die Bewässerung erfolgt automatisch. Die Pflanzen gedeihen außerordentlich gut, „fast schon zu üppig", wie die Projektarchitektin, Frau Sachse, anmerkt. Im Winter wird nur bei Unterschreiten der 5-°C-Grenze geheizt.

Solarzellen

Die Solaranlage besteht aus monokristallinen Solarzellen mit 10 kW Leistung, aufgeständert auf dem 45°- Süddach. Sie dient zur Stromversorgung der Kindertagesstätte. Bei Entladung der Batterien bis auf ca. 20% wird auf Netzbetrieb umgeschaltet.

Akzeptanz

Der Spielhof erfreut sich großer Beliebtheit bei Kindern und Personal. Das Echo kann als durchweg positiv bezeichnet werden. Inzwischen wurde das Glashaus als Cafeteria eingerichtet und kann ganzjährig als Pausenhof genutzt werden.

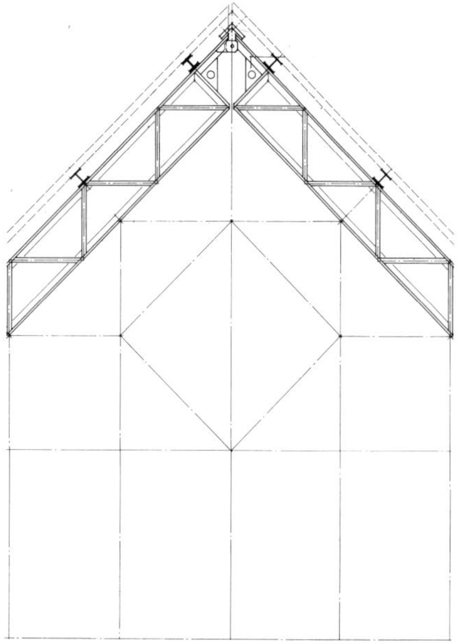

Firstpunkt

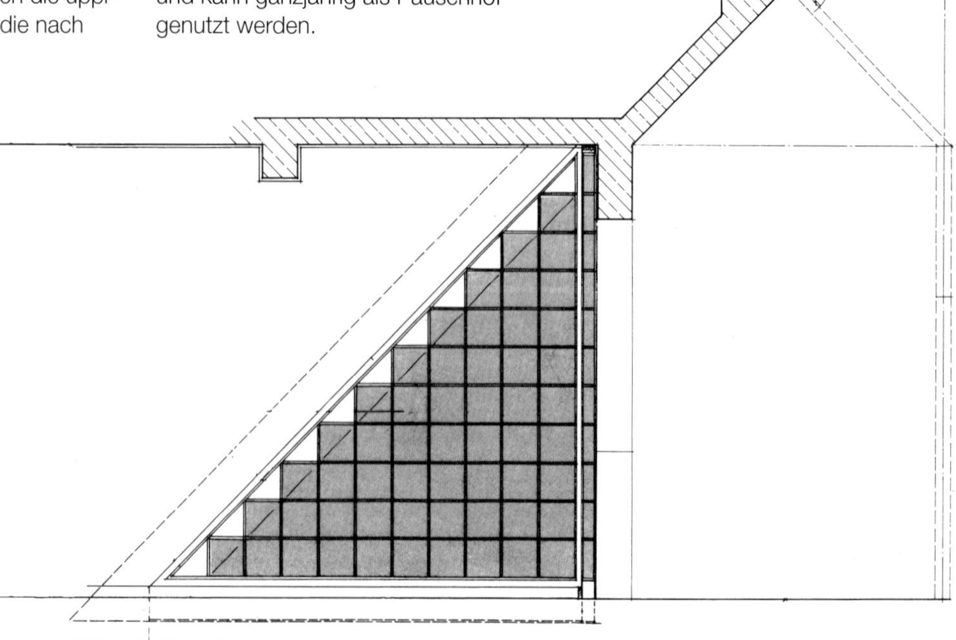

Fußpunkt/Anschluss Glassteinwand

Ökologischer Wohn- und Gewerbehof „Prisma“

Projekt:	Ökologischer Wohn- und Gewerbehof ‘Prisma’
Architekten:	Joachim Eble Architektur, Tübingen
Standort:	Nürnberg
Bauzeit:	12/1993 bis 05/1997
Fläche:	Nettonutzfläche 18.000 m^2 Umbauter Raum 85.000 m^3 + 15.000 m^3 Glashaus
Statik:	Ingenieurbüro Schneck & Schaal mit Ströbel und Konstruktives Bauen, Tübingen
Haustechnik:	Ingenieurbüro Spieß – Jarasch, Fellbach Bauphysik, Energieberatung,
Gebäudesimulation:	SUNNA, Dr. Wilhelm Stahl, Freiburg

Situation

Der Wohn- und Gewerbehof „Prisma“ ist Bestandteil eines städtebaulichen Sanierungsgebietes im Nürnberger Stadteil Gostenhof. Das Grundstück liegt an einem verkehrsreichen Platz, der durch den umfließenden Verkehr mit starken Lärmemissionen belastet ist.

Entwurf

Zwei winkelförmig angeordnete, sechsstöckige Baukörper öffnen sich zu einem begrünten Innenhof und schirmen den Lärm der viel befahrenen Straßen ab. Im Innenwinkel verbindet ein Glashaus die Gebäude. Es bildet den visuellen und kommunikativen Mittelpunkt des Hofes. Nach Osten wird die Dreiecksform der Anlage durch einen fünfgeschossigen Wohntrakt geschlossen. Auf der Westseite des Innenhofes ergänzt ein Kindergarten das Ensemble.

Das 15.000 m^3 große Glashaus ist das Herzstück der Anlage, in dem die Elemente Licht, Luft, Wasser und Wärme zirkulieren. Hier kreuzen sich alle Wege, die Halle ist der zentrale Ort der Begegnung und Kommunikation.

Klimakonzept

Von Beginn der Planung an wurde in intensiver Zusammenarbeit zwischen Architekten und Ingenieuren ein integriertes Naturklimakonzept verfolgt. Dabei standen verschiedene Ziele im Vordergrund: optimale Arbeitsplatzbedingungen, eine naturnahe Luftreinigung durch Wasser und Pflanzen, Wärmegewinnung und auch Kühlung mit dem Glashaus, sowie Reduktion der technischen Gebäudeausstattung.

Ein Teich, Wasserkaskaden und die Pflanzen kühlen die Glashausluft und vermitteln den Eindruck von Frische

Das Glasdach mit seinen rahmenlosen Lüftungslamellen

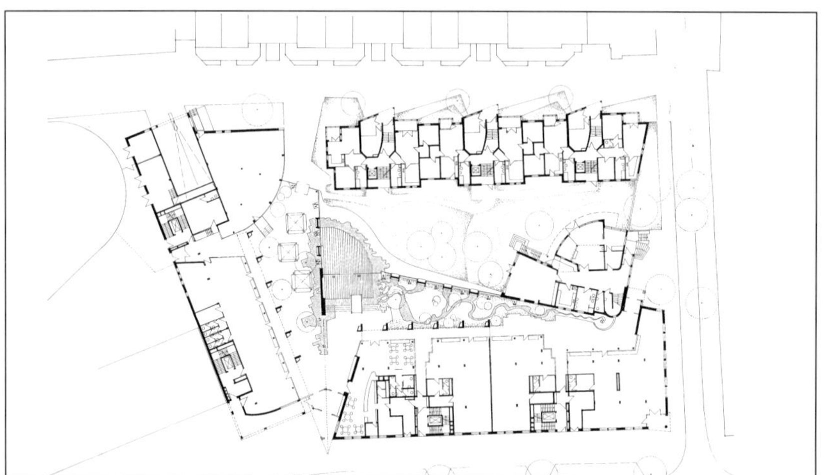

Grundriss Erdgeschoss

Grundriss Dachgeschoss

und Natur. Die einströmende Außenluft wird durch die Pflanzen mit Sauerstoff angereichert und im Sommer durch die Wasserverdunstung gekühlt und befeuchtet. Die Bürobereiche und Läden werden über die Halle mit Zuluft versorgt, die darüber liegenden Wohnungen sind natürlich belüftet. Im Winter wird die Glashausluft durch passive Sonnenenergienutzung vorgewärmt. In dieser Jahreszeit dient die Halle als Klimapuffer zwischen kalter Außenluft und warmem Gebäude.

Das Regenwasser wird in einer unterirdischen Zisterne gesammelt und für die Bewässerung der Pflanzen, für die Wasserwände und einen Quellbrunnen benutzt.

Das Gesamtkonzept basiert so auf dem aufeinander abgestimmten Zusammenspiel von Architektur, Baumaterialien, Sonne, Wasserflächen und Bepflanzung.

Konstruktion

Während die dem Glashaus abgewandten Seiten der Häuser massiv in Ziegelmauerwerk ausgeführt wurden, besteht die Fassade zur Halle aus einer Leichtbauholzkonstruktion. Die Halle selbst ist ebenfalls ein Holztragwerk. Fast alle Ebenen der Gebäude sind begrünt, bis hin zu den Flachdächern.

Die verwandten Baustoffe wurden unter dem Aspekt eines möglichst niedrigen Gesamtprimärenergieverbrauchs ausgewählt.

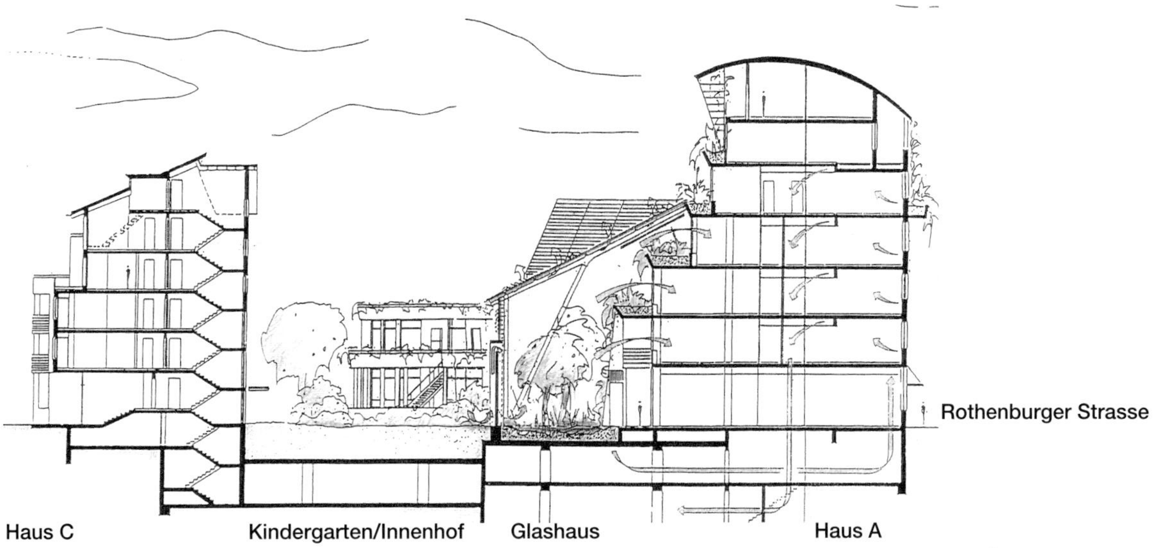

Rothenburger Strasse

Haus C Kindergarten/Innenhof Glashaus Haus A

Schnitt

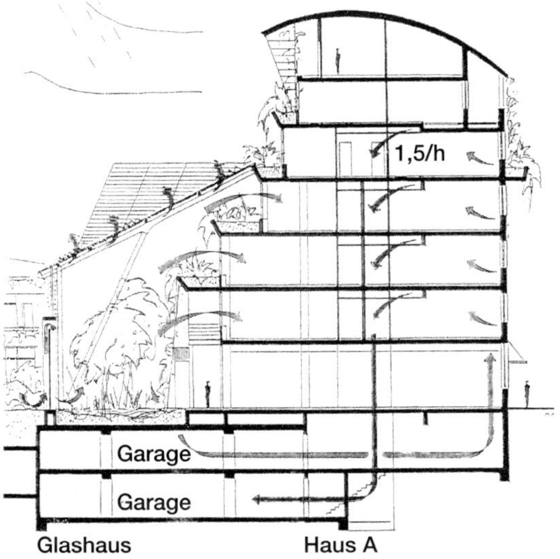

1,5/h

Garage

Garage

Glashaus Haus A

Klimadiagramm Sommertag

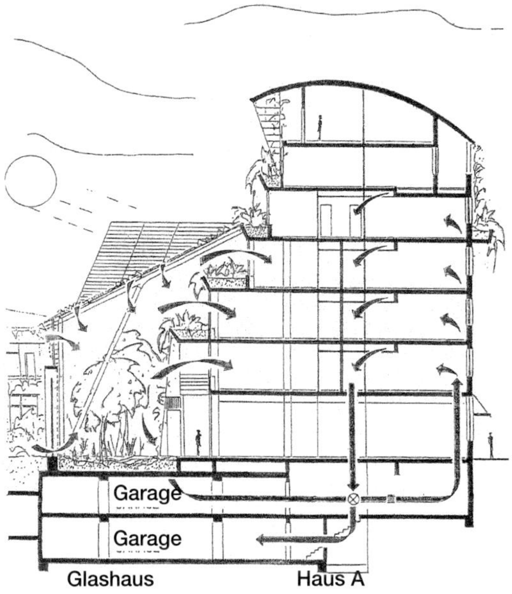

Garage

Garage

Glashaus Haus A

Klimadiagramm Wintertag

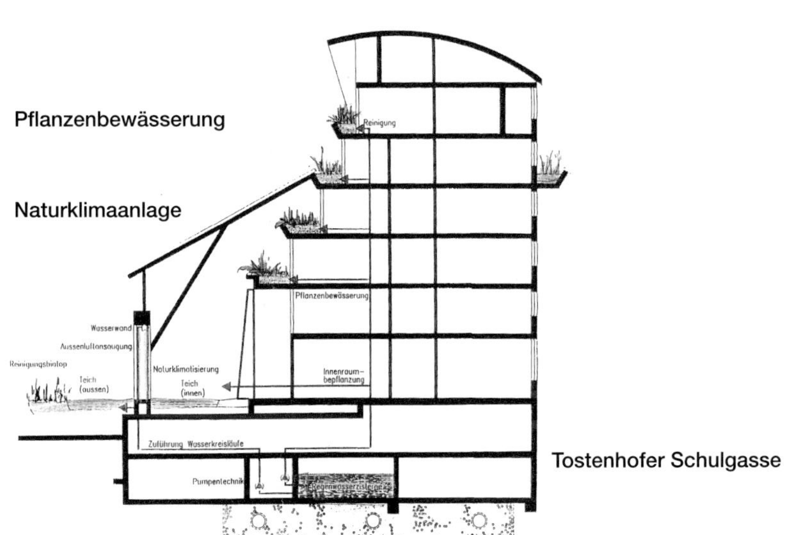

Diagramm Regenwassersammlung

Im Inneren des geschützten Hofes

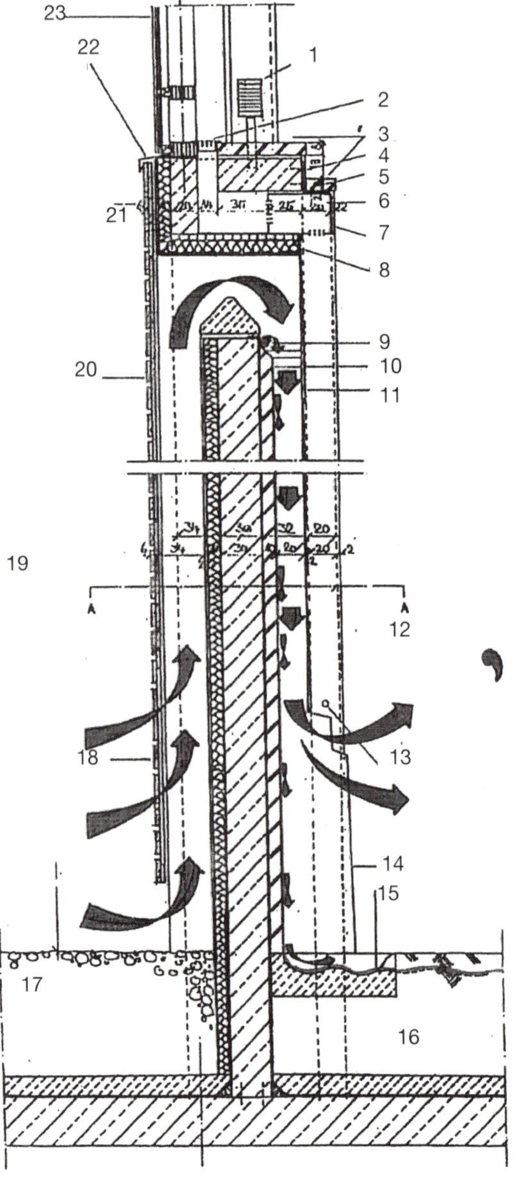

Details Wasserwand

1 *BSH 10/26*
2 *Edelstahlgitterzuluft*
3 *Natursteinabdeckung*
4 *Spachtelputz*
5 *Stahlwinkel*
6 *Heizlüfter 45/28*
7 *Spachtelputz auf Putzträger*
8 *Tischlerplatte wasserfest (Oberflächen vergütet)*
9 *Wasserrinne*
10 *Naturstein*
11 *Stahlblech*
12 *Glashaus innen*
13 *Thermostat*
14 *Naturstein*
15 *Formstein*
16 *Substrat*
17 *Kiesbett*
18 *Holzverkleidung fest (als Zuluftgitter)*
19 *Hof außen*
20 *Holzverkleidung ausklappbar (für die Wartung zum Öffnen)*
21 *Holzverkleidung fest*
22 *Blechabdeckung*
23 *Verglasung*

Die Halle ist Mittelpunkt der Anlage

Verdichtung

Haus Böhm

Projekt:	**Umbau eines bestehenden Wohnhauses**
Architekt:	**Harry Ludszuweit, Donaueschingen**
Standort:	**Donaueschingen**
Bauzeit:	**1993**
Fläche:	**EG 23 m^2** **OG 9 m^2**
Kosten:	**DM 106.000**

Situation

Mit dem Umbau des Hauses Böhm wurde ein bestehendes Fertighaus energetisch und funktional aufgewertet. Das Haus ist mit einer Giebelseite nach Süden orientiert, damit auch der auf dieser Seite liegende Wohnraum.

Entwurf

Um diese Ausrichtung besser nutzen zu können, wurde die Giebelseite des Hauses vollständig verglast. In einem Teilbereich weitet sich die neue Fassade zu einem Wintergarten/Gewächshaus auf.

Die neue Fassade erhöht die Nutzungsqualität

Wechselspiel zwischen innerer und äußerer Fassade

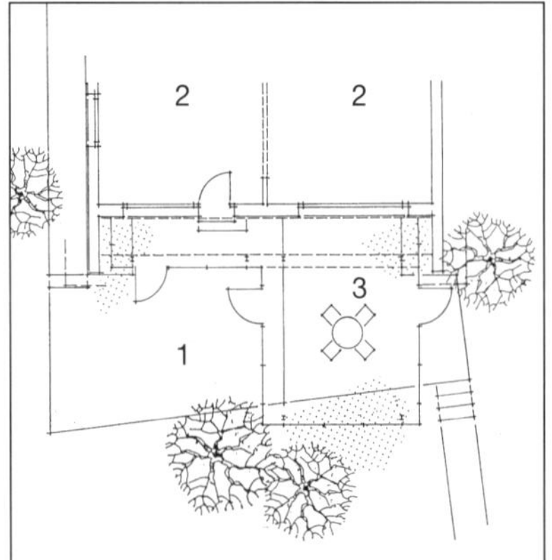

Grundriss
1 Terrasse
2 Wohnen
3 Wintergarten

Durch die dazugewonnene Zone konnte einerseits die Wohnfläche vergrößert werden. Gleichzeitig wurde die Qualität der Räume, innen wie außen, erheblich erhöht. Durch den Wintergarten erweitert sich der Wohnbereich in den Außenraum, gerade in den Übergangszeiten bietet sich hier die Gelegenheit, geschützt inmitten einer natürlichen Umgebung zu wohnen. Der Bereich bietet eine Vielzahl von Nutzungsmöglichkeiten, die mittlerweile üppige Begrünung zeigt, wie intensiv die neuen Räume bewohnt werden.

Der Wintergarten schafft darüber hinaus eine räumliche Begrenzung der vorher ungegliederten Terrassenfläche und bietet Wind- und Sichtschutz.

Die elegante Verglasung verleiht dem eher unscheinbaren Gebäude ein zeitgemäßes attraktives Erscheinungsbild, ohne in den Charakter des Hauses einzugreifen. Durch das Wechselspiel zwischen innerer und äußerer Fassade entsteht durch diesen einfachen Eingriff ein spannungsvoller Zwischenraum.

Konstruktion

Die Glasfassade und der Wintergarten sind im Sinne einer klassischen Gewächshauskonstukion aus verzinkten Stahlprofilen erstellt. Um die Konstruktion möglichst filigran erscheinen zu lassen, wurden die Isolierglasscheiben in dauerelastischem Kitt in T-Sprossen verlegt.

Anfallendes Schwitzwasser wird in den Querträgern der Stahlkonstruktion aufgefangen.

Üppig begrünt: das Glashaus

Zustand vor dem Umbau

Die ausklappbaren Fenster werden elektronsich gesteuert. Durch die auftretende Kaminwirkung in dem hohen und schmalen Glasraum vor der alten Giebelfassade kann aufgrund der guten Thermik die Wamrluft im Sommer weggelüftet werden. Eine zusätzliche Verschattungsanlage ist nicht notwendig.
Der Wintergarten und die Glasfassade wirken als Klimapuffer, die dahinter liegende Wand als Speichermasse. Durch diese passive Nutzung der Solarenergie und die Verringerung von Lüftungsverlusten wird eine erhebliche Einsparung von Heizenergie erreicht.

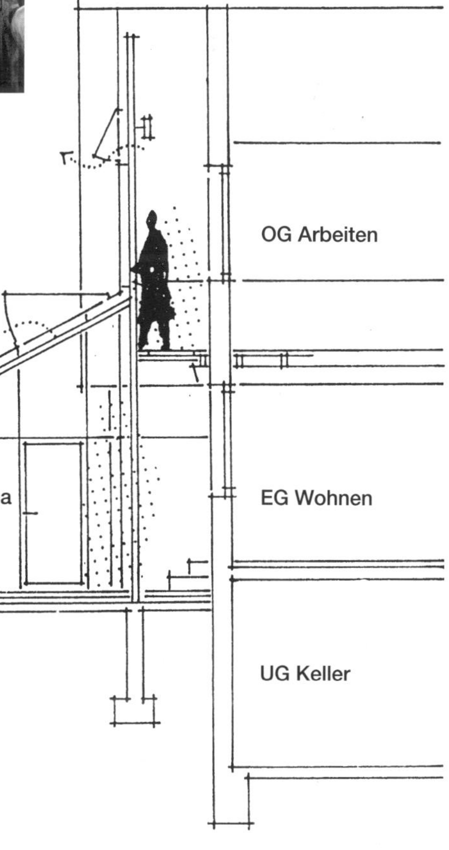

Schnitt

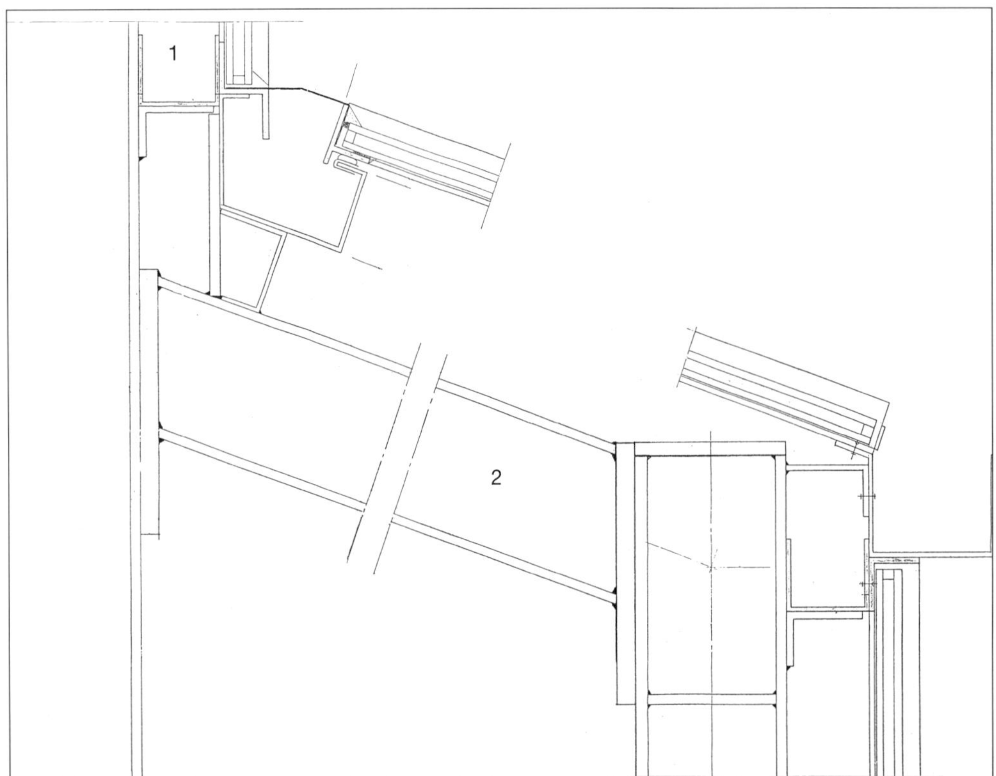

Schnitt: Giebelverglasung (1) mit Wintergarten (2)

Der Wintergarten und die neue Terrasse bilden eine Einheit

Sonnendach

Architekt:	Schulte Architekten, Köln vormals Architekten PPP GmbH
Standort:	Köln
Fläche:	vor Umbau 112 m^2 nach Umbau 157 m^2
Kosten:	Gesamtkosten DM 175.000 (ohne Photovoltaik)
Statik:	Prof. Dr. Ing. Polonyi + Partner GmbH, Köln
Photovoltaik:	Energiebau Köln

Situation

Das Haus der Familie des Architekten Wilhelm Schulte liegt in einer Siedlung zweigeschossiger Einfamilienhäuser in Zeilenbauweise. Die Häuser aus den 20er-Jahren sind geprägt durch eine reduzierte Fassadensprache im Stil der Zeit. Zahlreiche Dachgeschosse in der Siedlung wurden bereits zu Wohnräumen umgebaut und dabei mit Dachgauben versehen.

Lichtlenkung durch das Solardach

Beim Umbau wurden neben der Erweiterung des Dachgeschosses auch energiesparende und energiegewinnende Maßnahmen mit einbezogen.

Entwurf

Durch eine Aufständerung parallel zu der vorhandenen Neigung des Satteldaches konnten beide Anforderungen erfüllt werden – die Wohnraumerweiterung und die Installation einer Photovoltaikanlage. Die Wohnfläche wurde um 45 m^2 vergrößert, zusätzlich entstand eine Galerie von 15 m^2, die einen Rundblick bis zum Kölner Dom bietet.

Das Erscheingungsbild des neuen Dachaufbaus, spricht eine deutlich sichtbare technische Formensprache, die gleichwohl von ökologischen Grundsätzen geprägt ist. Sie weist damit über die Grenzen „traditioneller" alternativer Ästhetik hinaus.

Konstruktion

Der spiegelsymmetrisch über den First zusammengeführte Aufbau, ist als filigrane Holzkonstruktion ausgeführt. Die vollflächige Verglasung wurde in einer Pfostenriegelkonstruktion aus Aluminium ausgeführt, in die Dachflächenfenster aus Holz als Öffnungsflügel integriert sind.

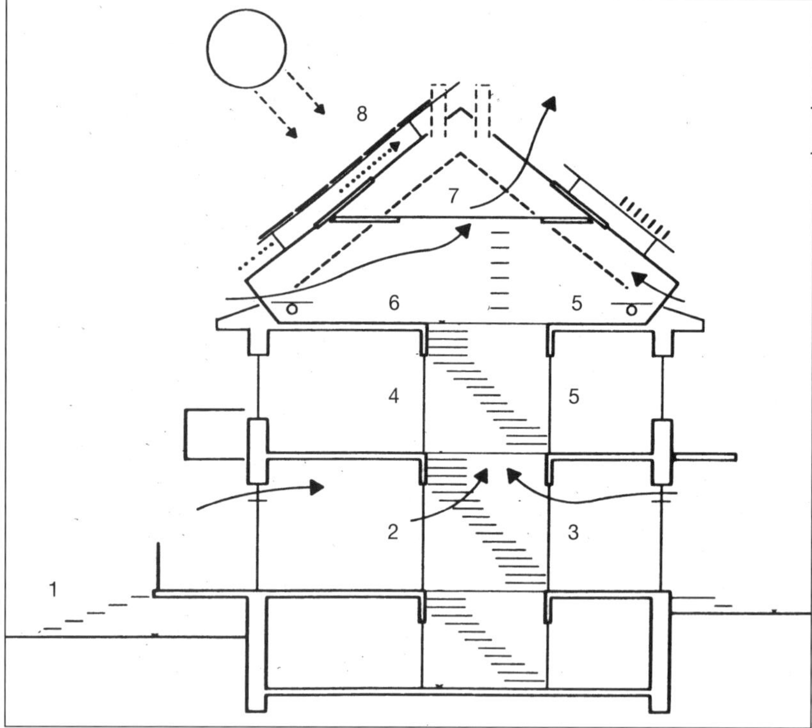

Systemschnitt

1 Garten
2 Küche
3 Flur
4 Kind
5 Bad
6 Eltern
7 Atelier
8 PV-Anlage als Sonnenschutz

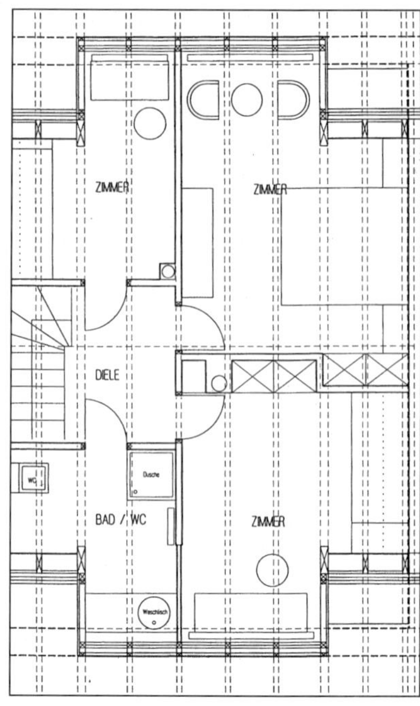

Grundriss

Durch die Erhöhung des Daches entstand zusätzlicher Raum

Zur Straßenseite sorgen Metalllamellen für Sonnen- und Sichtschutz. Zum Garten wurde eine Photovoltaikanlage aus Doppelglasmodulen installiert. Die Photovoltaikelemente sind mit einem Abstand von 45 cm auf die Aluminiumkonstruktion der Fassade montiert. Ihre transparente Fläche ermöglicht gleichzeitig Durchblick und Sonnenschutz auf der nach Süd-West ausgerichteten Seite des Daches. Eine optimierte Zu- und Ablüftung über das offene Treppenhaus, sowie Lüftungslamellen innerhalb der Glaskonstruktion sorgen für eine ausreichende Regelung der Temperatur.

Energiekonzept

Die Photovoltaikanlage besteht aus monokristallinen Zellen, die zwischen zwei Glasscheiben auflaminiert werden. Diese Modulle gelten als Verbundsicherheitsglas und sind daher für eine Überkopfverglasung geeignet.

Die Photovoltaik-Anlage weist eine Leistung von 2.000 Wp auf. Die Effizienz liegt bei 95% unter 40° Abweichung aus der Südachse und einem Anstellwinkel von 38°. Unter der Berücksichtigung der Sonneneinstrahlleistung von 925 W/qm in der Region Köln beträgt die elektrische Jahresarbeitsleistung der Anlage 1.500 kWh.

Mit CAD-Simulationen wurde bereits während der Planungsphase der Verschattungsgrad und damit die Leistungsfähigkeit der Anlage überprüft.

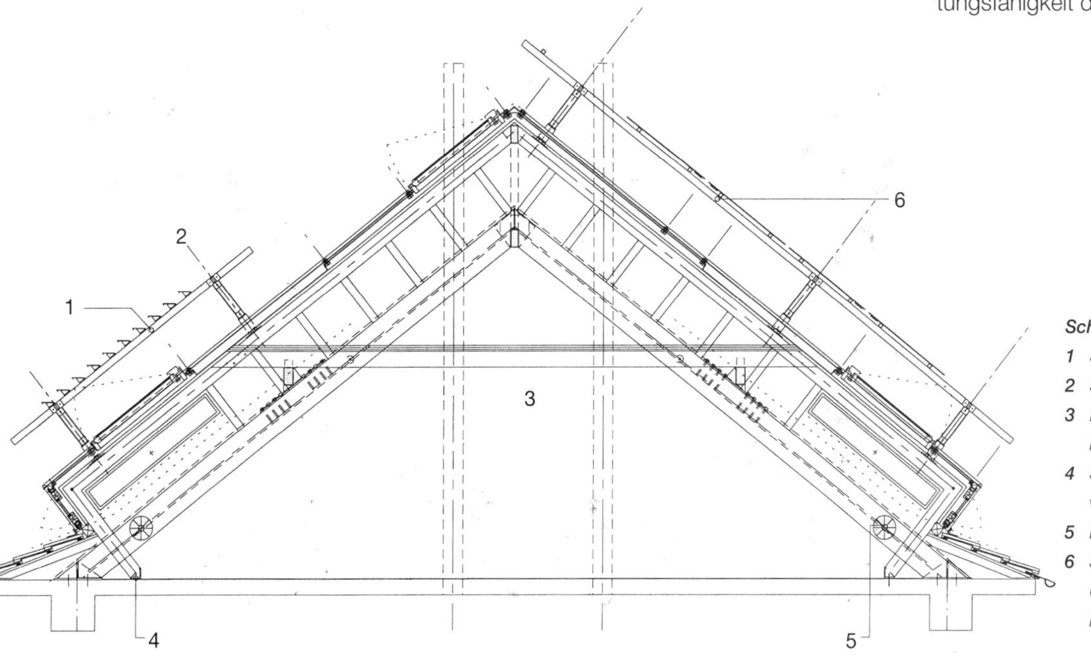

Schnitt Dach
1 *Stahlkonstruktion verzinkt*
2 *Sonnenschutz/Sichtschutz*
3 *Primärtragwerk mit sichtbaren Stahlpfetten verzinkt*
4 *Stahlkonsolen sichtbar verzinkt*
5 *Industrieheizkörper verzinkt*
6 *Stahlkonstruktion verzinkt als Unterkonstruktion für Photovoltaikanlage*

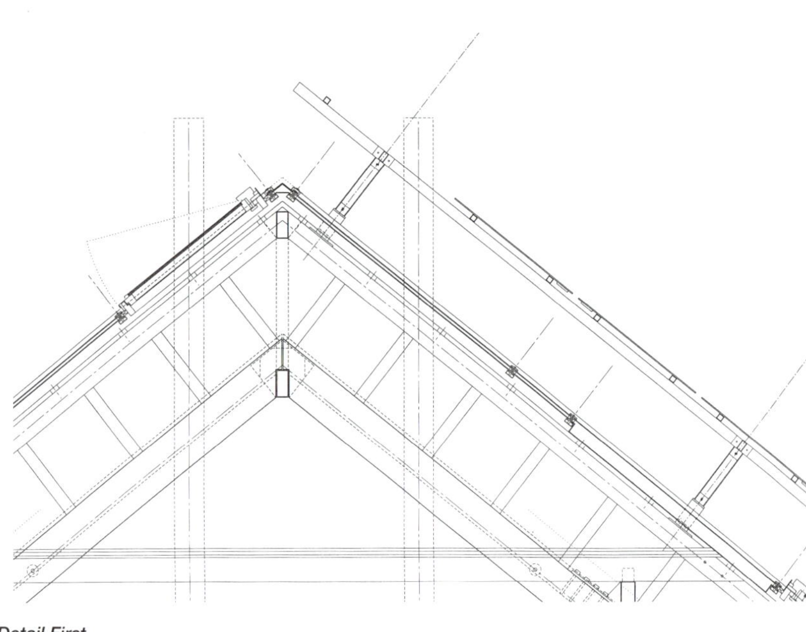

Detail First

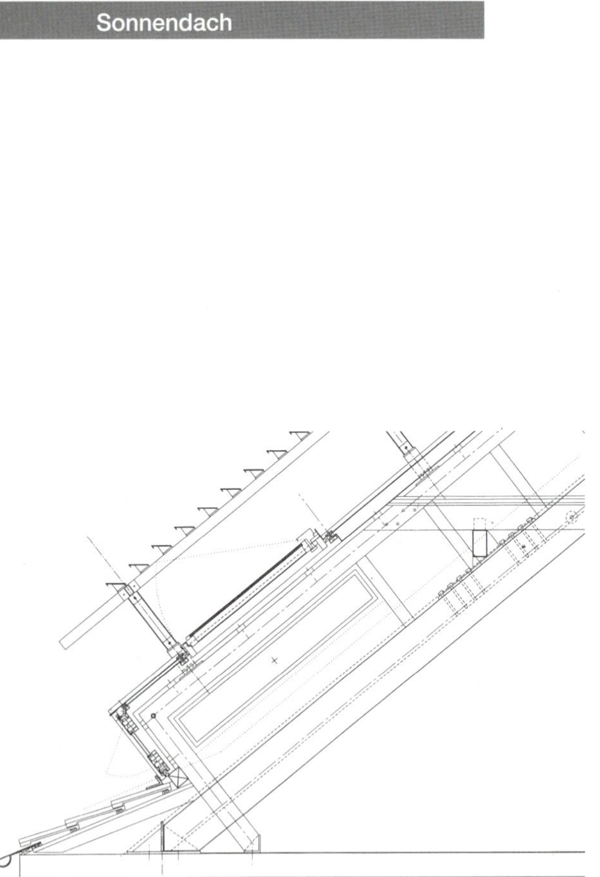

Detail Fußpunkt

Die Photovoltaikzellen sind zugleich Sonnenschutz

Solar Cube

Projekt:	Umbau und Erweiterung eines Wohnhauses
Architekt:	Georg Driendl, Wien
Standort:	Wien-Währing (A)
Bauzeit:	07/1997 bis 11/1997
Fläche:	Wohnfläche 380 m^2
Kosten:	ATS 14.700/m^2 NF

Situation

Bei dem Bestandsbau dieses Projektes handelt es sich um eine Doppelhaushälfte, die in den 30er-Jahren von einem Schüler Adolf Loos' geplant worden war. Zur Straßenseite beinahe völlig geschlossen, wies das Haus auch zum Garten hin ursprünglich eine kleinteilige Fassade auf. Ein Bezug zum Außenraum war kaum vorhanden. Bei der gewünschten Erweiterung des Hauses stand die Behebung dieses als Mangel empfundenen Zustands im Zentrum der Baumaßnahmen.

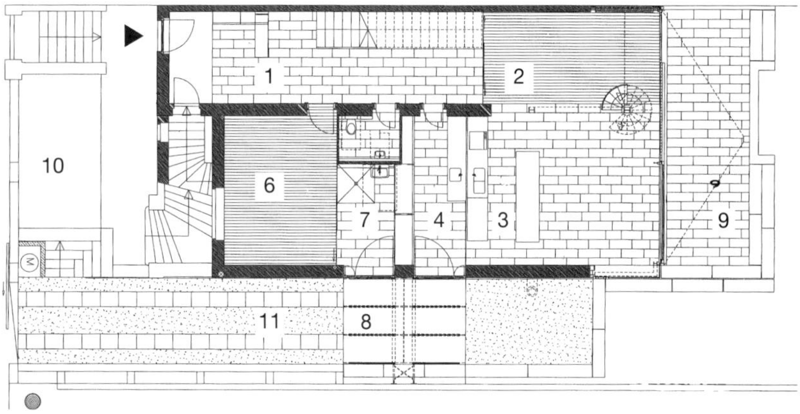

Grundriss Erdgeschoss

1 Diele
2 Essplatz
3 Küche
4 Wirtschaft
5 WC
6 Zimmer
7 Bad
8 Carport
9 Terrasse
10 Vorgarten
11 Zufahrt

Grundriss 1. Obergeschoss

1 Wohnraum
2 Salon
3 Office
4 WC
5 Kamin
6 Luftraum
7 Glasdach
8 Galerie
9 Zugang

Grundriss 2. Obergeschoss

1 Bad
2 Zimmer
3 Schrankraum
4 WC
5 Balkon
6 Loggia

Entwurf

Die Lösung ist gleichsam radikal, wie einfach. Die südseitige Gartenfassade wurde völlig geöffnet und durch einen zur Gänze verglasten Baukörper ersetzt. Die alte Bausubstanz wurde dadurch in der Tiefe erweitert, gleichzeitig aber durch die maximale Transparenz des Anbaus ungleich stärker in den Garten einbezogen. Die Belichtungssituation konnte trotz der größeren Tiefe erheblich verbesser werden.

In dem Bereich des Glasanbaus sind die einzelnen Geschosse jetzt durch Lufträume miteinander verbunden, eine neue Wendeltreppe mit gläsernem Podest schafft hier einen neuen Weg zwischen Erdgeschoss und 1. Obergeschoss. Fazit ist ein formal wie funktional verbesserter Raumzusammenhang.

Große, geschosshohe Glasschiebetüren verbinden im Erdgeschoss den Koch- und Essbereich, im 2. Obergeschoss den Schlafraum mit dem Außenraum. Hier sorgt ein gläsernes Dach zusätzlich für das Gefühl, in den Bäumen zu wohnen.

Die Einbauelemente im Innenraum reflektieren in ihrer Materialwahl, insbesondere dem Einsatz unterschiedlich behandelter Arten von Glas, das Thema der Transparenz in seinen verschiedenen Ausprägungen.

Konstruktion

Die Entfernung der tragenden Außenwand erforderte eine Ersatzkonstruktion. Vorgefertigte Stahlrahmen bilden jetzt das Haupttragwerk für die Erweiterung. Die darauf aufgebrachten Holzelemente bestehen ebenfalls aus vorgefertigten Bauteilen. Eine Unterkonstruktion aus Leimholzbindern sorgt einerseits für die notwendige thermische Trennung der Fassade, andererseits waren so einfache Verbindungsdetails zu den daran befestigten Glas- und Öffnungselementen möglich.

Bei Beleuchtung ist die Glasfassade kaum mehr wahrnehmbar

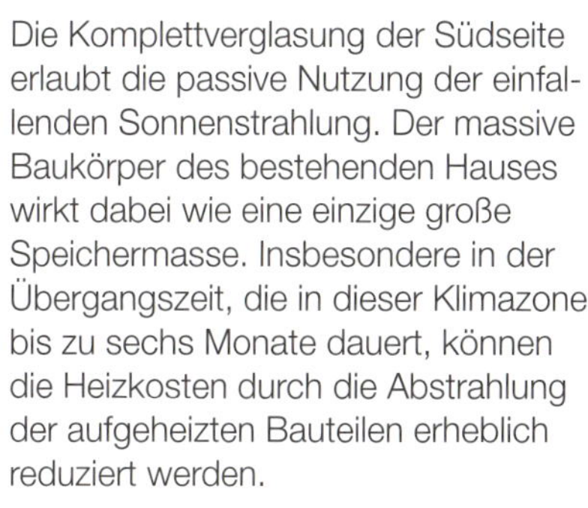

Die Komplettverglasung der Südseite erlaubt die passive Nutzung der einfallenden Sonnenstrahlung. Der massive Baukörper des bestehenden Hauses wirkt dabei wie eine einzige große Speichermasse. Insbesondere in der Übergangszeit, die in dieser Klimazone bis zu sechs Monate dauert, können die Heizkosten durch die Abstrahlung der aufgeheizten Bauteilen erheblich reduziert werden.

Perspektive Gartenfassade

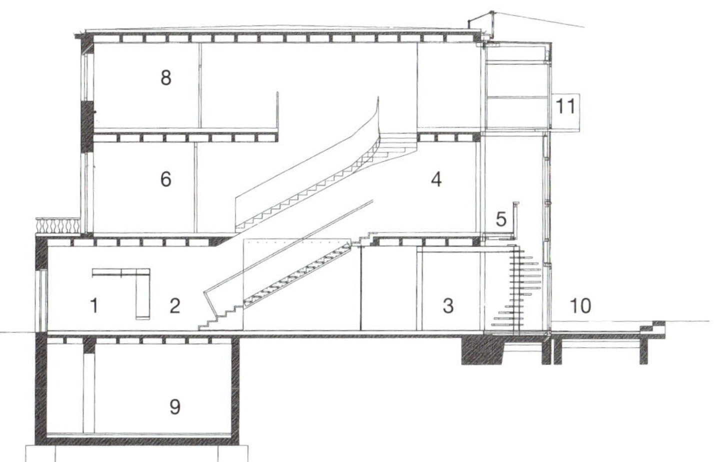

Schnitt

1 Garderobe
2 Diele
3 Essplatz
4 Wohnraum
5 Galerie
6 Office
7 Bad
8 Zimmer
9 Weinkeller
10 Terrasse
11 Balkon

Große Schiebeelemente öffnen die Fassade

Die Treppe im neu entstandenen Luftraum

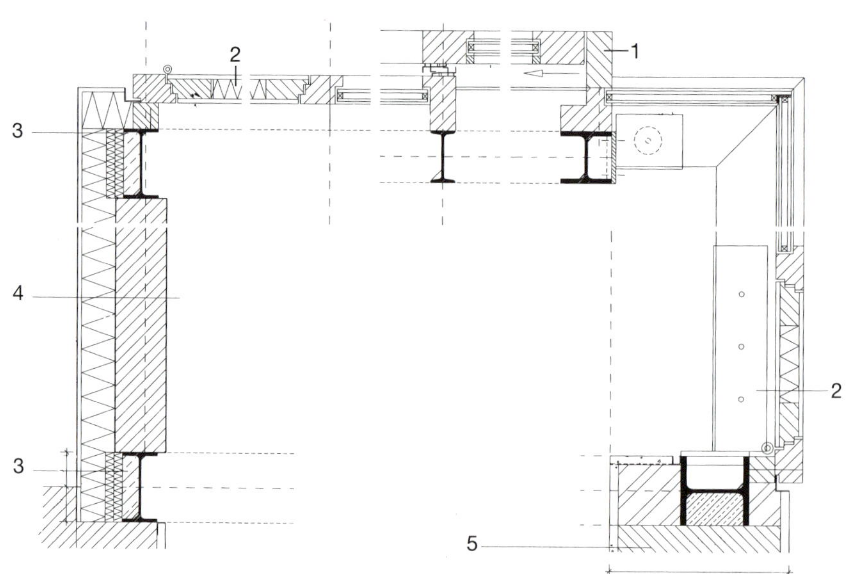

Horizontalschnitt Fassade

1 Schiebeelement
2 Vollbauelement
- Sperrholz 10 mm
- Dampfsperre
- Dämmung 45 mm
- Sperrholz 10 mnm

3 – Dünnputz 10 mm
- Polystyrol 80 mm
- F90 Feuerschutzplatten

4 – Dünnputz 1 cm
- Polystyrol 8 cm
- Sichtziegel Vormauerung 12 cm

5 – KZM Putz 2 cm
- Bestehendes Mauerwerk 42 cm
- KZM Putz 2 cm

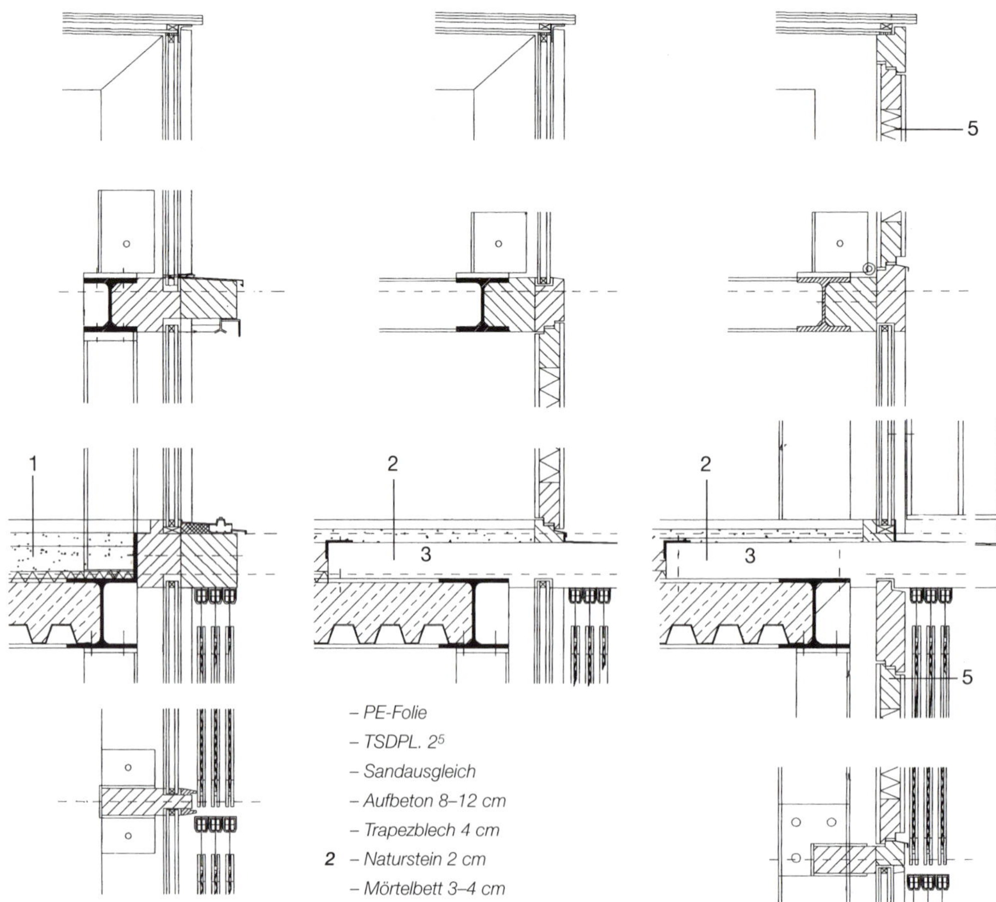

Vertikalschnitte Fassade

1 – Holzboden 3²
- Polsterholz 3/5
- Polsterholz 5/8
- Schüttung (dazw.) 8–10 cm
- PE-Folie
- TSDPL. 2⁵
- Sandausgleich
- Aufbeton 8–12 cm
- Trapezblech 4 cm

2 – Naturstein 2 cm
- Mörtelbett 3–4 cm
- Estrich 6 cm
- PE-Folie
- TSDPL. 2⁵ cm
- Aufbeton 8–12 cm
- Trapezblech zw. HEB 120 4 cm

3 Balkonplatte Brettstapel
4 Geländerstäbe 10/10
5 Vollbautür

Aquinofilm

Projekt:	Erweiterung und Umbau einer ehemaligen Bäckerei
Architekt:	Bauplan Götz Kimmerle, Köln
Standort:	Köln
Bauzeit:	Umbau 03/1996 bis 03/1997
Fläche:	Wintergarten 42,3 m^2 gesamt 141 m^2
Kosten:	Wintergarten DM 71.500 Photovoltaikanlage DM 53.600 Zuschüsse DM 23.000

Situation

Der Firmensitz der Filmproduktionsgesellschaft Aquinofilm ist in den Räumlichkeiten einer ehemaligen Bäckerei untergebracht. Der Hof, über den das Gebäude erreicht wird, wird von zwei Seiten von einer typischen Kölner Wohnbebauung und einseitig von einer Mauer umschlossen. Die vierte Seite wird durch das eingeschossige Bestandsgebäude gefasst. Trotz der teilweise hohen Nachbarbebauung ist der Hof gut belichtet.

Die Form des Sheddaches bestimmt den ganzen Anbau

Blick in den Innenraum

Entwurf

Der Bestand wurde vollständig entkernt und das Kellergeschoss nutzbar gemacht. Hier sind Dunkelräume wie die notwendigen Schnittplätze untergebracht. Die neuen Büro- und Kundenräume im Erdgeschoss wurden durch einen Anbau im Hofbereich ergänzt. Eingang und Empfangsbereich liegen im Altbau, eine dreistufige Treppe führt in den etwas tiefer liegenden Anbau.

Um den Hof nicht mit einer neuen, geschlossenen Bebauung zu eng wirken zu lassen, wurde der Anbau als Glashaus konzipiert. Darüberhinaus galt es zu bedenken, dass das Gebäude von den umgebenden Häusern in erster Linie von oben wahrgenommen werden würde. Dem Dach des Glashauses kam damit die Funktion einer weiteren Fassade zu.

Damit das primär von oben einfallende Licht optimal genutzt werden konnte, wurde das Dach in der Form dreier Glassheds ausgeführt. Das vorderste Shed wurde bis auf den Boden heruntergeführt, und bildet so die charakteristische schräge Fassade des Anbaus.

Drei seitliche Terrassentüren öffnen sich großzügig zum Hof.

Konstruktion

Der Wintergarten ist als Holzskelett ausgeführt. Auf der einfachen Konstruktion aus Brettschichtholz wurde eine mit Aluminiumprofilen befestigte Isolierverglasung aufgebracht.

Die Verglasung der Sheddächer entwässert an den Traufpunkten in innen liegende Kastenrinnen. Die Glasscheiben sind an diesen Stellen nur durch vertikale Klemmprofile gehalten.

Die Shed-Dächer sind darüberhinaus noch mit einer Photovoltaikanlage bestückt. Die im Glas integrierten Solarmodule decken nicht nur ca. 40% des Strombedarfes für das Büro, sondern sorgen auch für eine Verschattung des Innenraumes. Bei Bedarf können innen liegende Sonnensegel aufgezogen werden.

Durch die Solarzellen entsteht ein angenehmes Licht- und Schattenspiel im Inneren des Wintergartens. Gleichzeitig ist durch diese das notwendige Maß an Sichtschutz gewährleistet.

Neu angelegte Bepflanzungen in dem Hof, dessen Betonboden dafür teilweise entfernt wurde, verbessern das Mikroklima, bieten Sicht- und Sonnenschutz. Oberlichter in dem erhöhten Shed zum Altbau ermöglichen eine manuelle Entlüftung.

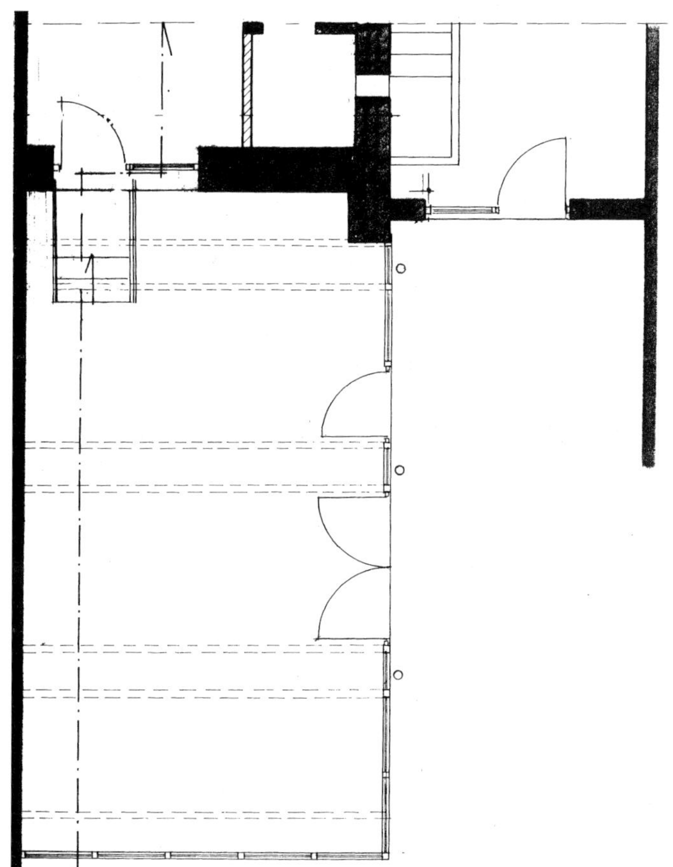

Durch die Solarelemente entstehen Licht- und Schattenspiele

Grundriss Wintergarten

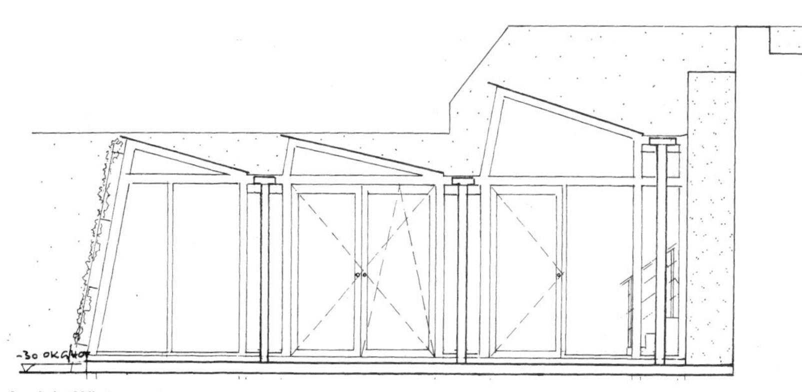

Ansicht Wintergarten

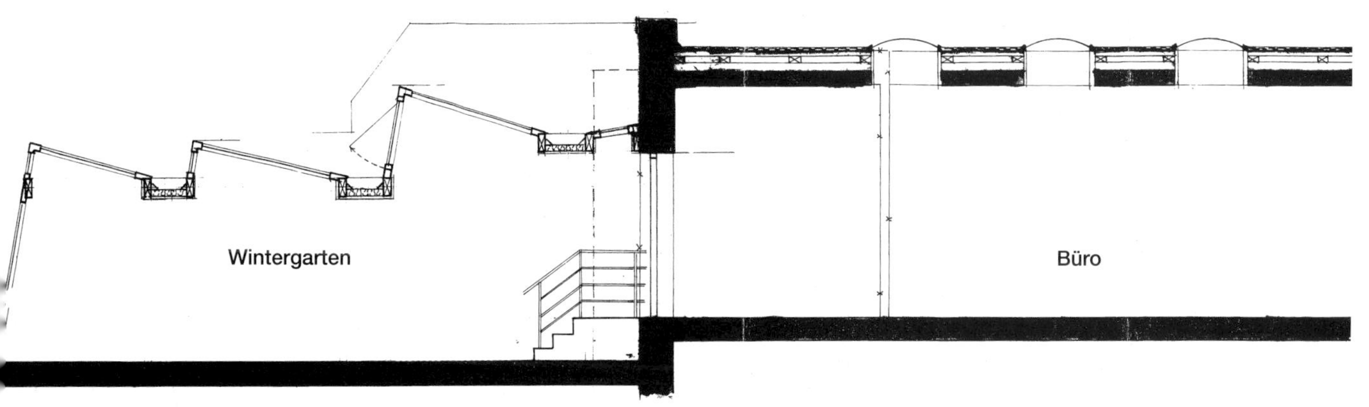

Längsschnitt Wintergarten

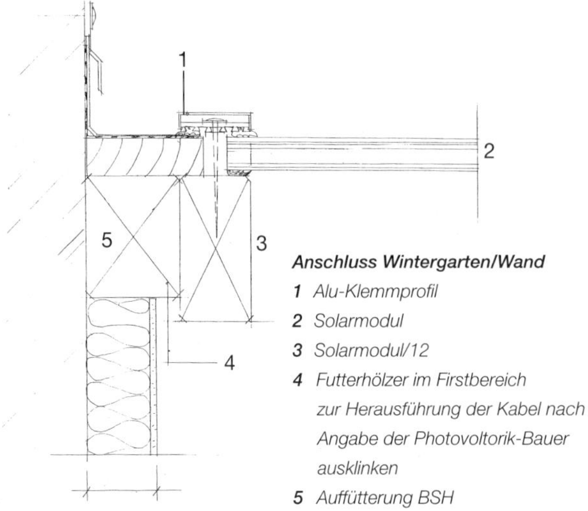

Anschluss Wintergarten/Wand

1 Alu-Klemmprofil
2 Solarmodul
3 Solarmodul/12
4 Futterhölzer im Firstbereich zur Herausführung der Kabel nach Angabe der Photovoltorik-Bauer ausklinken
5 Auffütterung BSH

Die Aufsicht erscheint als zusätzliche Fassade

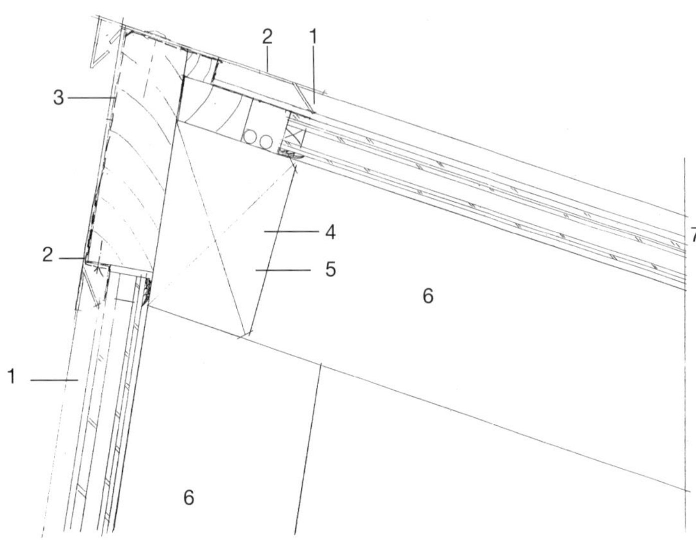

Detail Shed First

1 Alu-Klemmprofil
2 Butylband
3 Abdichtung
4 Kabelkanal
5 BSH dazwischen gesetzt
6 Sparren 6/14
7 Solarmodul

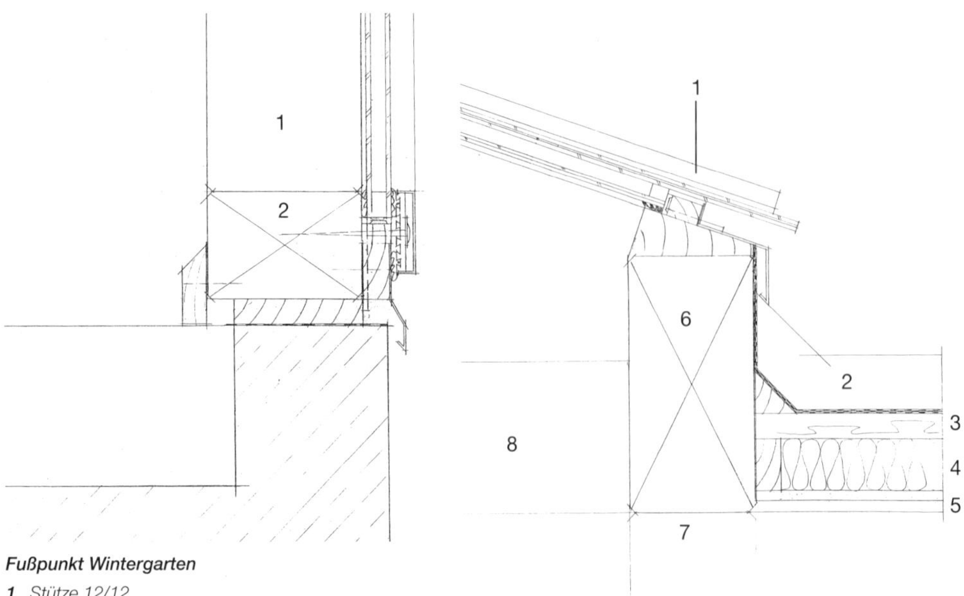

Fußpunkt Wintergarten

1 Stütze 12/12
2 BSH 8/12

Detail Shed, flache Seite

1 Alu-Klemmprofil
2 Rinne 1%
3 Schalung
4 Wärmedämmung
5 Furnierplatten
6 BSH 12/21
7 Stütze BSH 12/12
8 BSH 12/14

Wohnwerkstatt

Projekt:	**Umnutzung einer Autogarage in Wohn- und Atelierräume**
Architekt:	**Aarplan, Atelier für Architektur und Planung, Bern**
Standort:	**Urteren (CH)**
Bauzeit:	**Umbau 03/1996 bis 03/1997**
Fläche:	**insgesamt 21 Wohnung, Lofts, Ateliers**
Kosten:	**Wohnung 82,5 m^2: FR 250.000**

Situation

Die Hänni-Großgarage war bei ihrer Entstehung ein typisches Projekt der 60er-Jahre. Die Nutzung des Untergeschosses als Parkfläche und die Verkaufs- und Ausstellungsräume des Erdgeschosses bestimmen die Struktur des Gebäudes. Neben den technischen Einrichtungen wie Werkstatträumen und Waschanlage gab es hier auch eine Cafèbar für Kunden und Publikum.

Der Nutzung als Ausstellungshalle entsprechend war die Konstruktion des Hauptgebäudes stützenfrei ausgeführt, und zwar in der für die damalige Zeit innovativen Vorspannntechnik.

Nach der Schließung des Garagenbetriebes 1993 bestand die Gemeinde Urteren auf einer Umnutzung des Gebäudes zu einer Mischform aus Wohnen und Arbeiten.
Es galt, ein Umfeld zu schaffen, in der Start-up-Unternehmen unter günstigen

Das Hängedach mit seiner markanten Form

Die versiegelten Flächen wurden in Gärten umgewandelt

Bedingungen eine Infrastruktur vorfinden, die ein Nebeneinander von Wohn- und Arbeitsangeboten bietet.

Entwurf

Die Verteilung der Nutzungen orientiert sich an den topographischen und konstruktiven Gegebenheiten des Gebäudes. Im Untergeschoss, das zur Nordseite ebenerdig liegt, sind eine Reihe von Ateliers angeordnet. Die südseitig im Terrain liegenden Räume dienen als Lager und Kellerräume. Im Erdgeschoss und 1. Obergeschoss erlauben die freigespannten Decken und die Raumhöhe von vier Metern großzügige Loftwohnungen. Die nach Süden ausgerichtete Längsfassade dient zur Nutzung der Sonnenenergie.

Um das Dachgeschoss des 20 Meter tiefen Gebäudes als Wohnraum zu nutzen, mussten die Fassaden eine Höhe von 4,50 m erreichen. Damit auf dem Dach ein begehbarer Außenbereich eingerichtet werden konnte, wurde der Mittelteil des neuen Daches abgesenkt. Dadurch entstand das charakteristische Hängedach.
Die versiegelten Außenflächen wurden freigelegt und begrünt, im rückwärtigen Bereich zum Urterenbach entsteht ein Obstgarten.

Konstruktion

Um die vorgespannte Deckenkonstruktion nicht zu beeinträchtigen, wurde auf vertikale Durchbrüche verzichtet. Die bestehende Erschließung – Treppenhaus und Liftschacht – wird weiter benutzt. Im Norden dient eine vorgesetzte Laubengangkonstruktion zur Erschließung. Auf der Südseite hängt eine Stahlkonstruktion vor der Fassade, an der Balkone, Verschattungselemente und Sonnenkollektoren befestigt sind. Auf beiden Seiten sind die Fassaden als Doppelfassaden konzipiert, die jeweils verschiedene Funktionen übernehmen. Sie sind Bestandteil des Energiesystems und bilden zugleich einen wirksamen Schutz der Wohnungen vor Straßenlärm. Durch die Doppelfassaden entsteht in den Vorzonen ein Klima, das von der Temperatur her im Zwischenbereich liegt. Die südliche Wintergartenzone ist darüber hinaus an die elektronisch gesteuerte Lüftung angeschlossen und dient im Winter als zusätzliche Heizquelle.

Blick in die zur Fassade mehrfach zonierte Wohnung

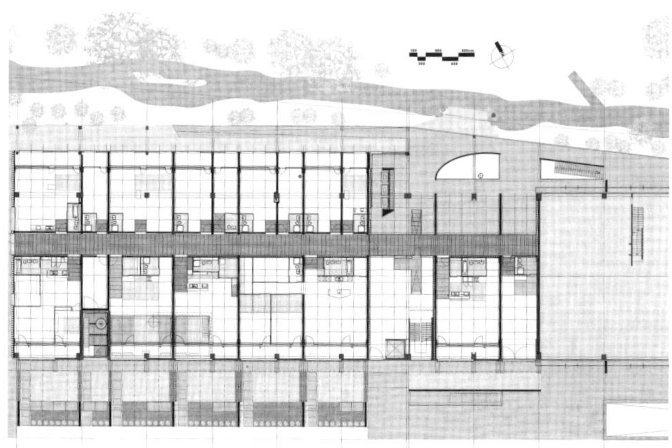

Grundriss Erdgeschoss

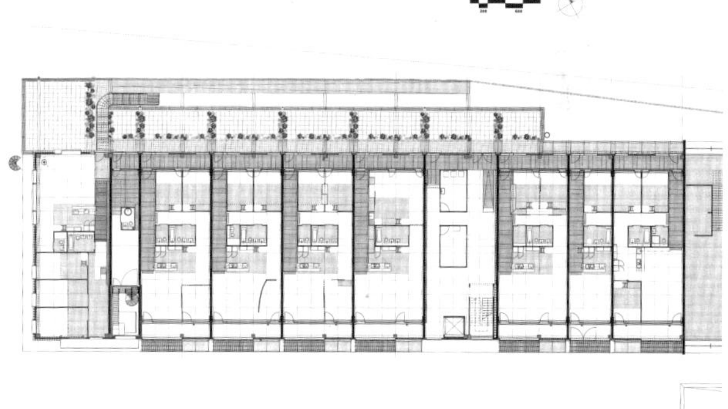

Grundriss 1. Obergeschoss

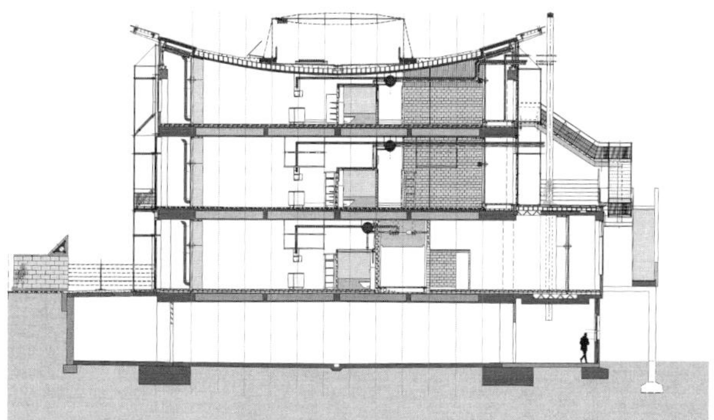

Querschnitt

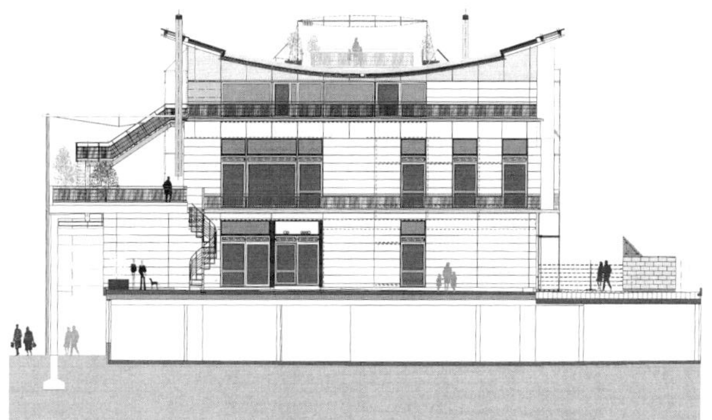

Giebelansicht

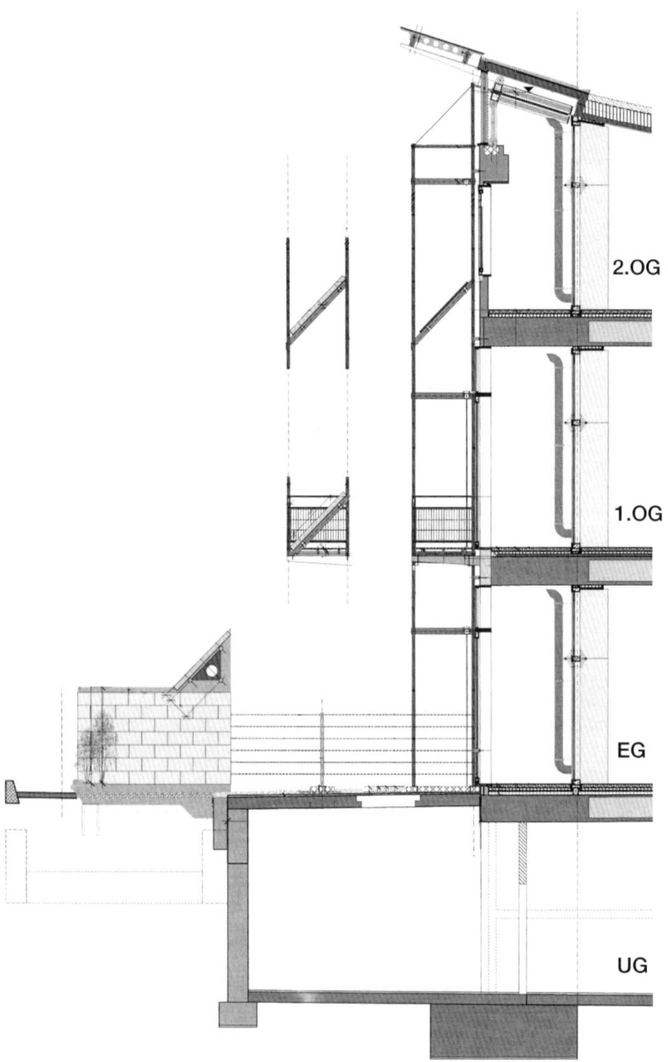

Fassadenschnitt

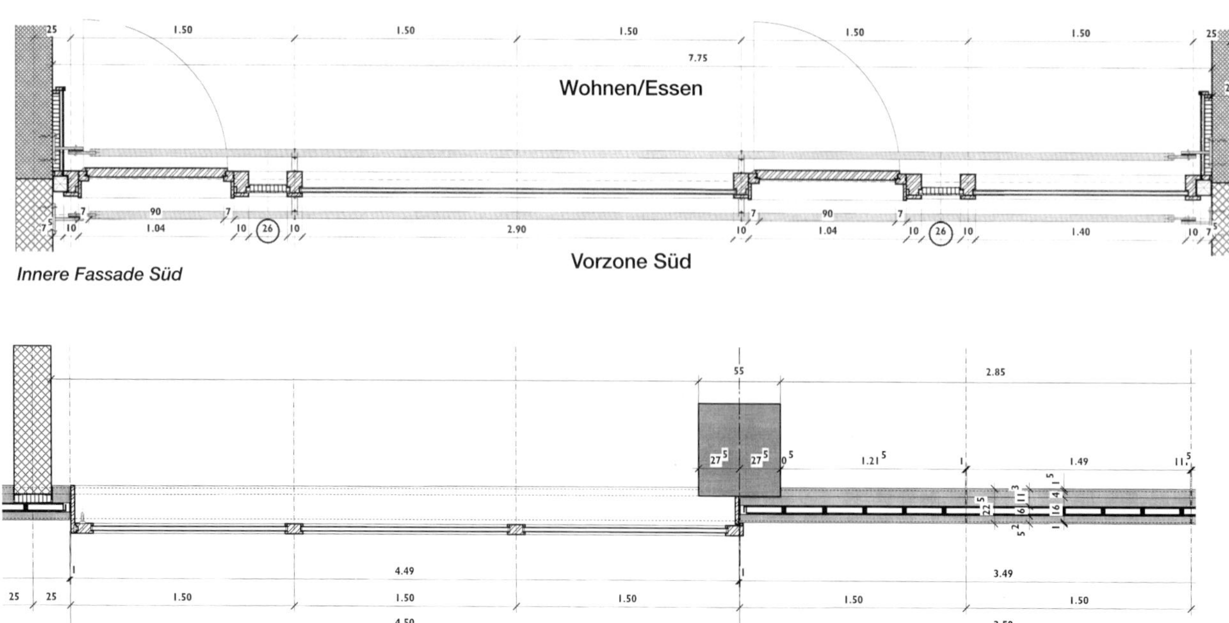

Innere Fassade Süd

Äußere Fassade Süd

Grenzbereiche

Haus Beyers

Projekt:	Umbau und Erweiterung eines Wohnhauses
Architekten:	Molestina + Kraus Gruppe MDK Architekten
Standort:	Köln
Fläche:	330 m^2
Kosten:	DM 500.000

Situation

Bei dem Umbau des Hauses Beyers galt es, eine bestehende Wohnstruktur so zu verdichten, dass sie für den veränderten Platzbedarf einer gewachsenen Familie weiterhin genügend Platz bietet. Ein Umzug mit der gesamten Familie wollten die Bauherren auf jeden Fall vermeiden.

Durch die Verdichtung und die Erhaltung des städtischen Wohnraums werden die vorhandene städtische Infrastruktur und Ressourcen gestärkt; eine weitere Versiegelung und Bebauung von Landschaftsfläche konnte in diesem Fall vermieden werden.

Entwurf

Für die Erweiterung wurde über die ganze Breite des bestehenden Hauses ein neuer, in der Höhe gestaffelter Baukörper angefügt.

Zu den Nachbargrundstücken grenzt eine dreigeschossige Betonschale den Anbau ab und schafft gleichtzeitig die Grundkonstruktion des Neubaus. Durch ein Abgraben des Hofes konnte der Keller als zusätzliche Wohnfläche gewonnen werden.

Wunsch des Bauherr war eine Sauna außerhalb des Hauses mit einem blickgeschützten Außenbereich. Sie liegt unterhalb des Gartens und ist vom Untergeschoss über den neu geschaffenen Hof erreichbar. Die breite Brücke, die auch als Terrasse nutzbar ist, bietet Sicht- und Wetterschutz.

Neben der Renovierung des bestehenden Reihenhauses, in deren Zug zwei neue Badezimmer eingebaut wurden, entstanden in dem Anbau ein erweiterter Wohnbereich, sowie ein neues Elternzimmer.

Der Luftraum vor der Fassade schafft eine vertikale Verbindung

Über eine interne Treppe wird das ausgebaute Untergeschoss als Rückzugsbereich und Arbeitszimmer genutzt. Aufgrund des Gebäuderücksprungs im Obergeschoss verfügen alle Zimmer über einen Terrassen- oder Außenraumanschluss.

Über den Einbau von Glasböden, gelang es, Tageslicht weit in das Innere des Hauses zu holen. Damit ist die durch den Anbau erhöhte Gebäudetiefe kein Nachteil für die Innenraumqualitäten.

Konstruktion

Die neue Fassade zum Hof wurde über die gesamte Höhe verglast. Sie ist nach Süden orientiert. Die Glasscheiben, bis zu fünf Meter lang, sind als horizontale „Schindeln" an dem hölzernen Tragskelett des Anbaus befestigt. Sie werden ohne Rahmen über punktuell angebrachte Klammern gehalten. Die Lüftung erfolgt über Klappelemente, die gleichzeitig eine innen liegende Verrschattung darstellen.

Die Holzkonstruktion besteht aus vorgefertigten Holzpanelsystemen und ist auf eine größtmögliche Einfachheit hin entwickelt, da der Bauherr einen großen Teil seines Hauses in Eigenleistung erstellt hat. Daher wurde für die Fassade ein einheitliches Anschlussdetail entwickelt, das in allen Geschossen Anwendung fand. Zusätzlichen Sicht- und Sonnenschutz bieten auf der Südseite große Buchenbäume, die an der Grenze zu den Nachbargrundstücken stehen.

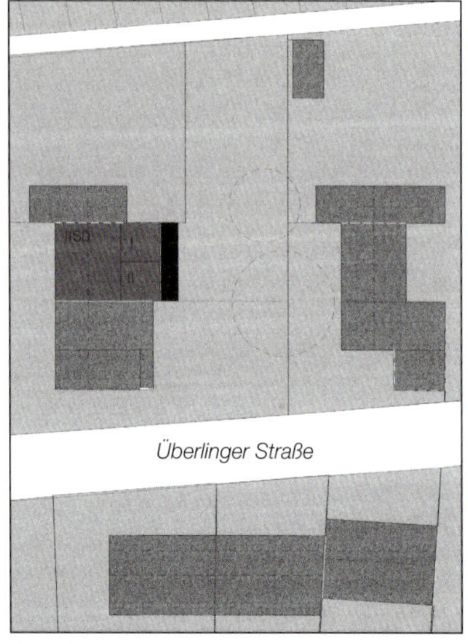

Lageplan

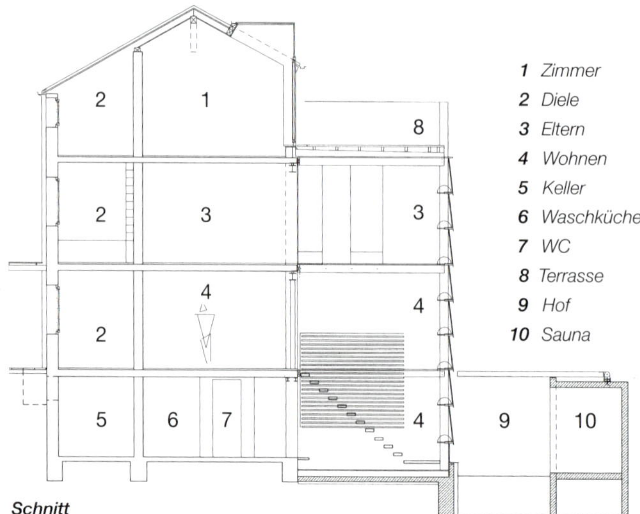

Schnitt

- ***1*** *Zimmer*
- ***2*** *Diele*
- ***3*** *Eltern*
- ***4*** *Wohnen*
- ***5*** *Keller*
- ***6*** *Waschküche*
- ***7*** *WC*
- ***8*** *Terrasse*
- ***9*** *Hof*
- ***10*** *Sauna*

Grundriss Untergeschoss
1 Garten
2 Küche
3 Flur
4 Kind
5 Bad

Grundriss Erdgeschoss
1 Küche
2 Diele
3 WC
4 Wohnen
5 Hof
6 Terrasse
7 Glasboden

Grundriss Obergeschoss
1 Bad
2 Diele
3 Zimmer
4 Schlafen/Ankleide
5 Eltern
6 Terrasse
7 Glasboden

Grundriss Dachgeschoss
1 Bad
2 Diele
3 Zimmer
4 Terrasse

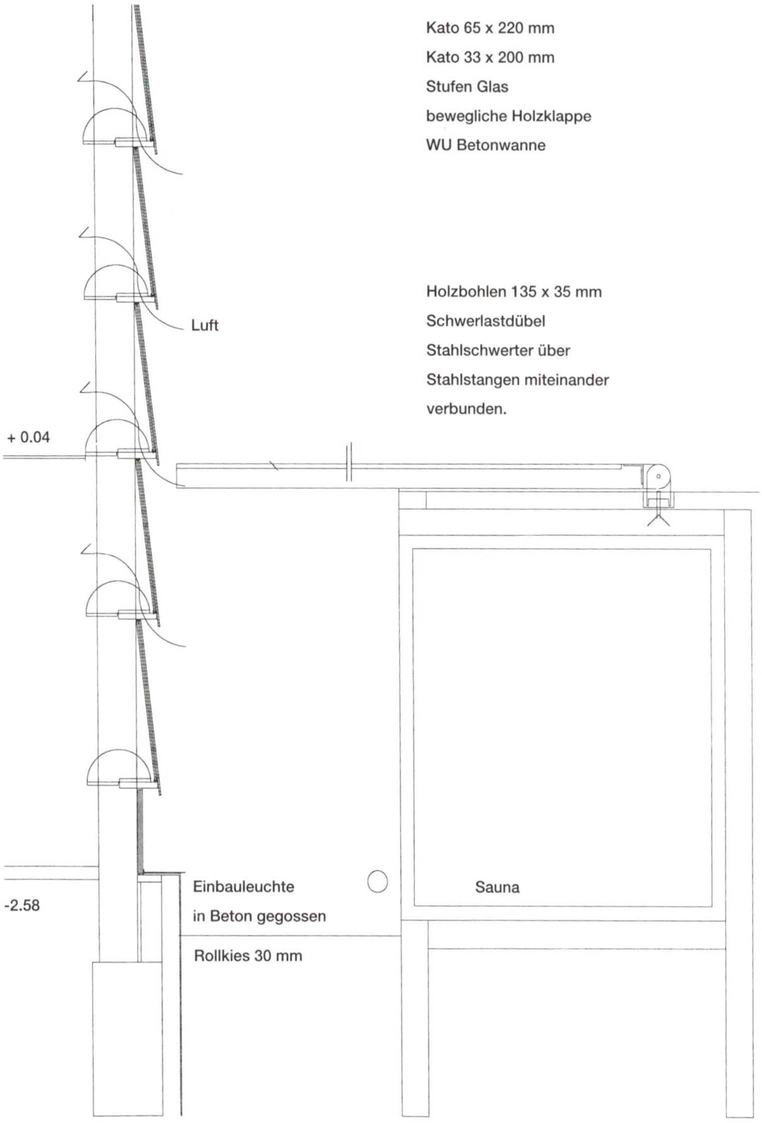

Kato 65 x 220 mm
Kato 33 x 200 mm
Stufen Glas
bewegliche Holzklappe
WU Betonwanne

Luft

Holzbohlen 135 x 35 mm
Schwerlastdübel
Stahlschwerter über
Stahlstangen miteinander
verbunden.

+ 0.04

-2.58

Einbauleuchte
in Beton gegossen

Rollkies 30 mm

Sauna

Fassadenschnitt

Sommer

Winter

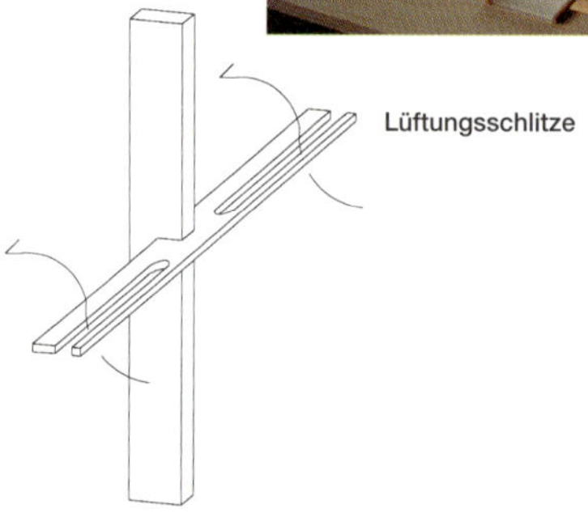

Lüftungsschlitze

Detail Lüftungsklappe

Blick vom Anbau in den Garten

Solarhaus Coburg

Projekt:	**Neubau einer Wohnsiedlung**
Architekten:	**Fink + Jocher, München**
Standort:	**Coburg**
Fläche:	**insgesamt 24 Wohnungen, 1.900 m² Wohnfläche**
Kosten:	**DM 3.950.000**
Landschaftsarchitekt:	**Ross + Marzog, München**

Situation

Das Solarhaus Coburg ist Teil der Siedlung Bertelsdorfer Höhe. Die viergeschossige Zeilenbebauung fasst verschiedene konstruktive und strukturelle Überlegungen zu einem ungewöhnlichen Entwurfskonzept zusammen. Die Zeile besteht aus einem Riegel und einem etwas verdreht angeordneten Kopfbau.

Die Zeilenbebauung beinhaltet in dem hier gezeigten Beispiel jeweils drei Wohneinheiten pro Geschoss, der Kopfbau je eine Wohnung.
Der Durchgang zwischen den Baukörpern ist Bestandteil des städtebaulichen Konzeptes, das eine diagonale Durchwegung der Siedlung vorsieht.

Entwurf

Die Wohnungen verfügen als Besonderheit über einen „Sonnenraum", der einerseits der Erschließung von Räumen innerhalb der Wohnung dient, gleichzeitig aber auch eine Sonneneinstrahlung bis in die Mitte des Gebäudes gewährleistet. Die hier angeordnete massive Kalksandsteinwand fungiert als innenliegende Speicherwand. Sie absorbiert die Wärme und gibt diese zeitverzögert ab. Durch Fensteröffnungen in der Wand werden die dahinter liegenden Räume zusätzlich mit Tageslicht auf der Südseite versorgt. Nach Norden konnten die Fensteröffnungen daher kleiner gehalten werden; farblich gestaltete Klappläden sorgen hier für einen temporären Wärmeschutz.

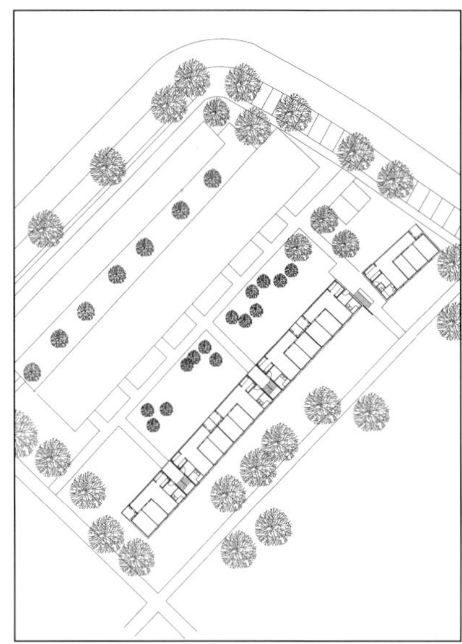

Grundriss Erdgeschoss

Der Sonnenraum kann vielfältig genutzt werden, vom Spielflur bis hin zum Arbeitsplatz. Die nach außen zu öffenden Fenster benötigen in geöffnetem Zustand keinen zusätzlichen Raum und sorgen gleichzeitig für eine ausreichende Lüftung.

Der großzügige Wohn- und Essbereich umfasst die gesamte Gebäudetiefe, dadurch entsteht ein offener Gesamteindruck der Wohnung.

Eine geschützte Loggia, die teilweise mit Glaslamellen versehen ist, ergänzt den „Sonnenraum" um einen geschützten Freiraum.

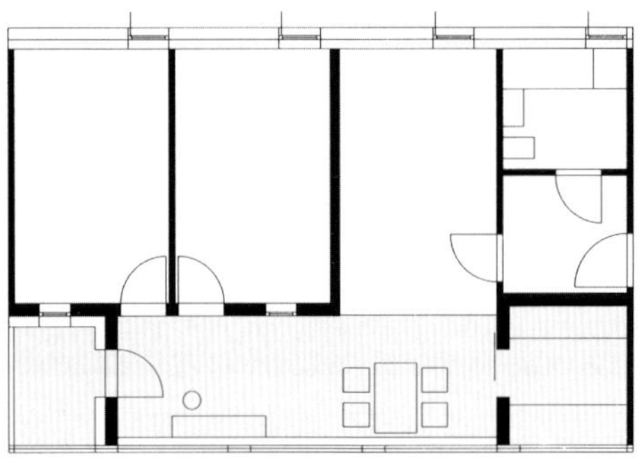

Grundriss Wohnung

Konstruktion

Die Nordseite ist als hochwärmegedämmte Massivwandkonstruktion ausgeführt. Auf der Südseite kommt in den Brüstungselementen der großflächigen Verglasung transparente Wärmedämmung zum Einsatz. Dahinter liegende massive Wände, die vorgefertigt sind, übernehmen auch hier die Funktion einer Speicherwand. Gleichzeitig wird hier in einem integrierten Rohrsystem Brauchwasser vorgewärmt.

Insgesamt liegt die Energiebilanz dank des guten A/V-Verältnisses und der hohen Wärmedämmung der Hüllflächen ca 40% unter der gültigen Wärmeschutzverordnung.

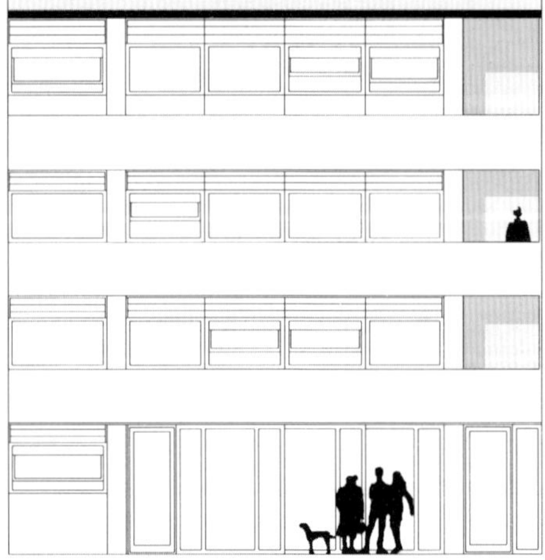

Ausschnitt Ansicht Süd

Die Südfassade mit transparenter Wärmedämmung und dahinter liegenden Sonnenräumen

Ausschnitt Ansicht Nord

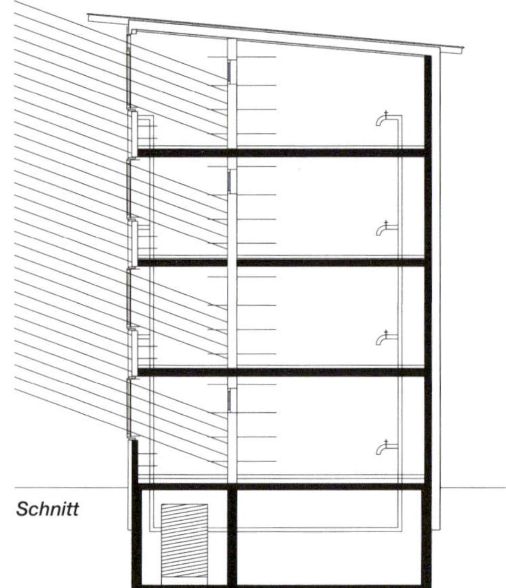
Schnitt

Fenster öffnen nach außen

Solar Shift

Situation

Das Grundstück des Privathauses ist bestimmt durch seine topographischen Gegebenheiten und seine Orientierung zu den Himmelsrichtungen. Ein steiler Nordhang entwickelt sich von der Straße hinunter, sodass die Öffnung zum Garten eigentlich auf der falschen, nämlich der nördlichen Seite liegen würde.

Entwurf

Das Konzept des Hauses reagiert auf die Orientierungsnachteile mit verschiedenen Maßnahmen. Die Topographie wird zu einer horizontalen räumlichen Schichtung genutzt. Die Fassaden präsentieren sich zu allen Seiten mit einem unterschiedlichen Charakter, der jeweils Ausrichtung und Nutzung widerspiegelt. Südseitig öffnet sich der Wohnraum ebenerdig zu einer großzügigen Freifläche, die von der Straße mit einer Ziegelmauerwand abgeschirmt ist. Die Zimmer im oberen der hier vorhandenen zwei Geschosse sind ebenfalls bis auf einen niedrigen Brüstungsbereich verglast. Die Nordseite, die dem Garten zugewandt ist, wirkt eher geschlossen. An den Ecken bieten Balkone in den oberen, der auf dieser Seite vorhandenen drei Geschosse, Möglichkeiten zum Austritt. Der im Erdgeschoss die ganze Hausbreite einnehmende Wohnraum öffnet sich mit einer großen Glasschiebetür zu einer Südterrasse, von der aus eine Treppe in den tiefer gelegenen Garten führt. Im Untergeschoss, das teilweise halb eingegraben ist, befindet sich

Projekt:	**Neubau eines Einfamilienhauses**
Architekt:	**Georg Driendl, Wien**
Standort:	**Wien-Hietzing (A)**
Bauzeit:	**1998**
Fläche:	**250 m²**
Kosten:	**ATS 15.200/m² NF**

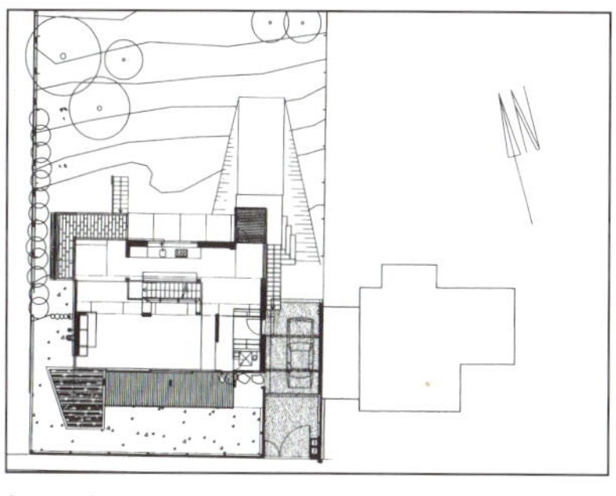

Lageplan

Zum nördlich gelegenen Garten sind die Öffnungen gezielt gesetzt

Die Südseite öffnet sich zur Sonne

Vor dem Wohnraum liegt eine geschützte Terrasse

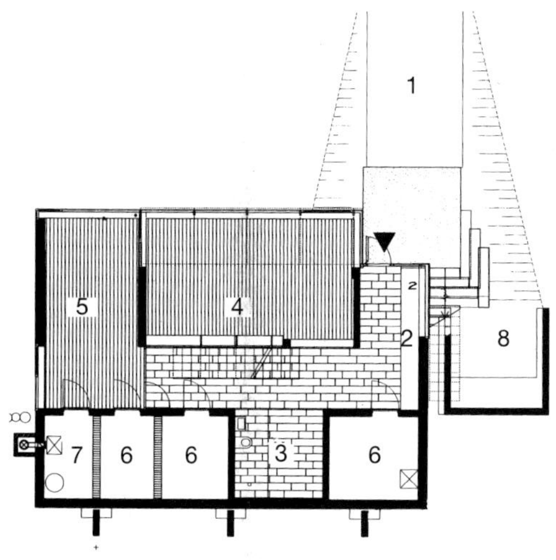

Grundriss Untergeschoss
1 Sep. Zugang
2 Haushaltsgang
3 Sauna/WC
4 Office
5 Werkraum
6 Lager
7 Technik
8 Geräte

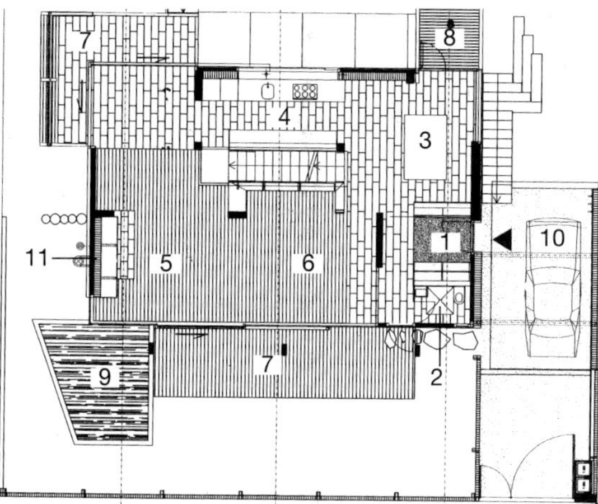

Grundriss Erdgeschoss
1 Windfang
2 Dusche/WC
3 Essplatz
4 Küche
5 Wohnraum
6 Bibliothek
7 Terrasse
9 Biotop
10 Carpot
11 Offener Kamin

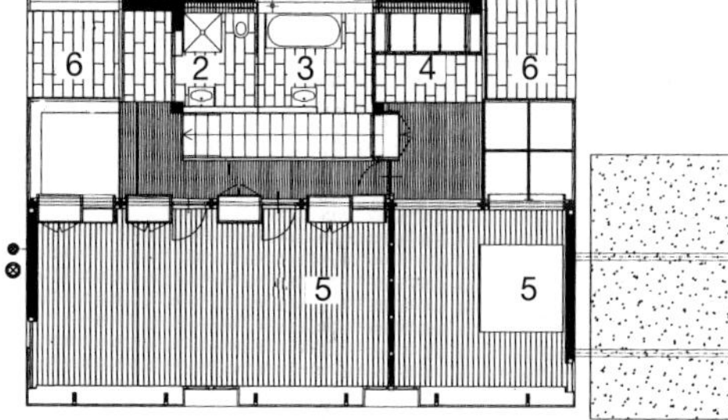

Grundriss Obergschoss
1 Galerie
2 Dusche/WC
3 Bad
4 Ankleide
5 Zimmer
6 Luftraum

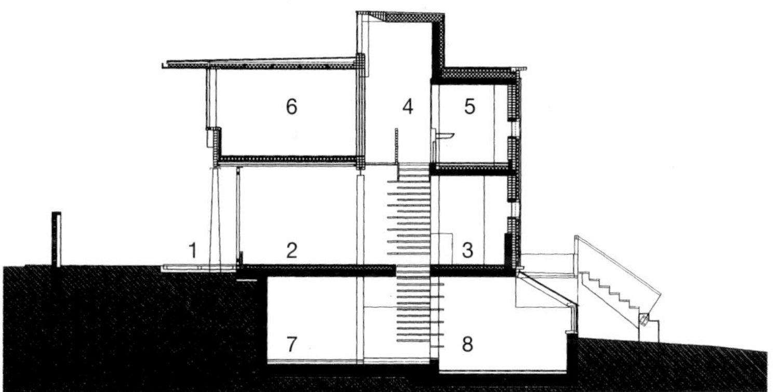

Querschnitt
1 Terrasse
2 Wohnraum
3 Küche
4 Galerie
5 Bad
6 Zimmer
7 Sauna
8 Office

neben Lager und Technikräumen ein Büroraum des Bauherren. Eine umlaufende Verglasung, auch über Kopf, sorgt hier für einen ausreichenden Lichteinfall.
Die Seitenfassaden zeichnen mit ihrem Wechselspiel mit Linien und offenen und geschlossenen Flächen die Struktur des Gebäudes nach. Charakteristisch ist dabei ein Shed-Oberlicht, das über die ganze Länge des Gebäudes verläuft. Es ist nacht Süden geöffnet und lässt Licht auch in die Nordhälfte des Hauses fallen. Die darunter verlaufende Treppe ist so offen konzipiert, dass das Licht auch die unteren Geschosse erreichen kann. Sie ist gleichzeitig in ein Bibliotheksmöbel integriert und schafft in ihrer Offenheit fließende Raumübergänge.

Konstruktion

Um das einfallende Sonnenlicht passiv zu nutzen, ist das Gebäude als Mischkonstruktion errichtet. Die Nordseite wurde als Stahlbetonskelett konstruiert, um ausreichend Speichermasse zu installieren. Die verbleibenden Ausfachungen sind in Normalformat-Sichtziegelmauerwerk ausgeführt. Die Rückwand des Shed-Oberlichtes wurde zusätzlich als Absorberwand angelegt. Das auftreffende Sonnenlicht erwärmt darin zirkulierendes Wasser, das in den Warmwasserkreislauf eingespeist wird.

Die Südseite besteht aus einer Holzkonstruktion.

Für die verwendeten Materialien wurde ein großer Anteil an Vorfertigung angestrebt. Dabei lag der Schwerpunkt auf großflächig elementierten Fertigteilen, wie BSH-Vierendelträger, Brettstapeldeckenelemente, sowie oberflächenfertige Holzverbundelemente im Dach und Wandbereich.

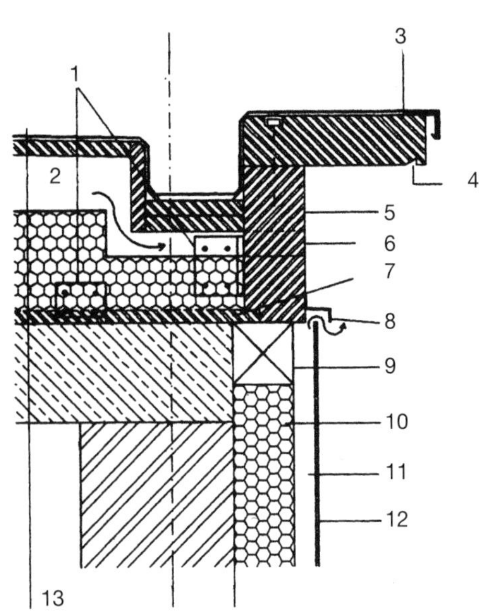

Detail Traufe Süd

1 *Befestigungswinkel*
2 *Keilpfosten*
3 *BSH 30/8, Lärche*
4 *Wassernase*
5 *BSH 10/25, Lärche*
6 *Bohrungen Ø 40 mm, alle 30 cm*
7 *Untersicht Sperrholz im Außenbereich 20 mm*
8 *Aluprofil Bug-Typ*
9 *Kantholz 10/10*
10 *Wärmedämmung 10 cm*
11 *Lattung 3/5*
12 *Glas 6 mm*
13 *Dachhaut*
Rauhschalung 24 mm
Lattung 3/5
Hinterlüftung
Windpappe
Wärmedämmung 16 cm

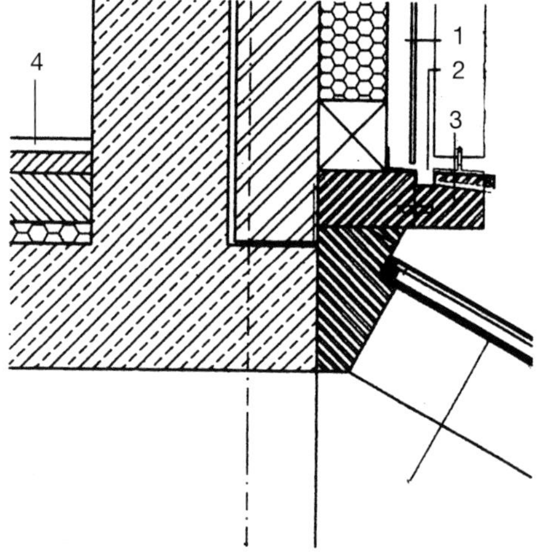

Detail Anschluss Schrägverglasung

1 *Lattung 3/5*
2 *Zinkblechabdeckung*
3 *BSH 10/8*
4 *Naturstein 2 cm*
Mörtelbrett 3 cm
Heizestrich 7 cm
Trennlage
TDP 34/30
Stahlbeton 18 cm

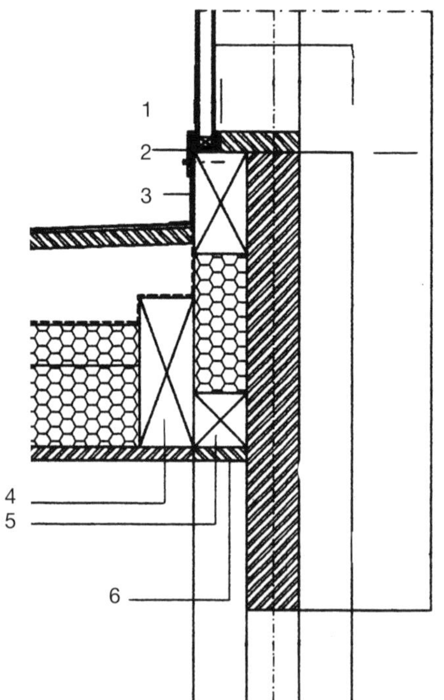

Detail Fußpunkt Oberlicht

1 *Dachhaut*
Rauschalung
Sparren
Hinterlüftung
Windpappe
Wärmedämmung 18 cm
Sperrholz 20 mm
2 *Glashalteleiste*
3 *Hochzug*
4 *BSH 8/22*
5 *BSH 8/8*
6 *Deckleiste*

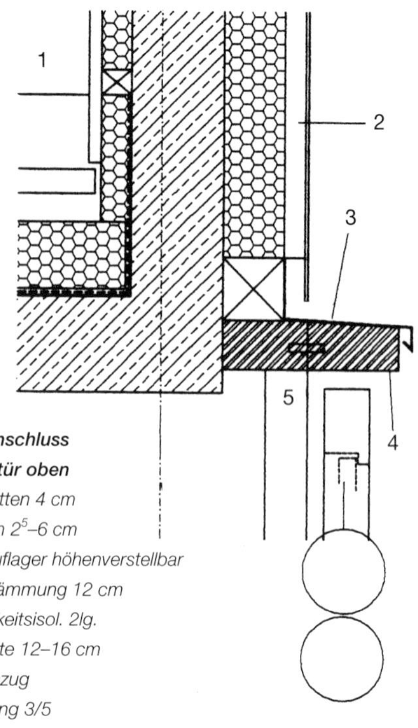

Detail Anschluss Schiebetür oben

Betonplatten 4 cm
Hohlraum 2^5–6 cm
Plattenauflager höhenverstellbar
Wärmedämmung 12 cm
Feuchtigkeitsisol. 2lg.
STB-Platte 12–16 cm
1 *Hochzug*
2 *Lattung 3/5*
3 *Zinkblechabdeckung*
4 *BSH 15/8*
5 *BSH 14/8*

Haus Pree

Projekt:	Neubau eines Einfamilienhauses
Architekt:	Oskar Pankratz, Haidershofen
Standort:	Linz (A)
Bauzeit:	1997
Fläche:	135 m^2
Kosten:	ohne Grundanteil, netto DM 2.400/m^2

Situation

Den Wünschen der Bauherren nach einem Niedrigenergiehaus in Holzbauweise kommt das Haus Pree auf ungewöhnliche Art und Weise nach.

Nach der Erstellung eines Sonnendiagramms wurde das Gebäude an der Nordseite des Grundstückes platziert, um eine optimale Besonnung und einen möglichst zusammenhängenden Außenraum zu schaffen. Gemeinsam mit dem schmalen Nebengebäude auf der Ostseite, dem Kellerersatz, entstand ein, den privaten Hofbereich abschirmendes Ensemble. Neben der großzügigen Terrasse wurde ein Schwimmteich angelegt.

Entwurf

Um Passivhaus-Standard zu erreichen, wurde neben der hochwärmegedämmten Gebäudehülle eine Reihe von Maßnahmen zur Energieeinsparung und -rückgewinnung entwickelt. Eine Lüftungsanlage, die an einen Erdkollektor angeschlossen ist, sorgt für eine gleichmäßige Temperaturkontrolle. Dabei wird die Luft im Winter durch den Kollektor vorgewärmt, im Sommer funktioniert das System im umgekehrten Betrieb als Kühlung. Ein kleiner Gaskonvektor mit einer Leistung von zwei kW Leistung ist die einzige zusätzliche Heizquelle. Er speist seine Wärme ebenfalls in die Lüftungsanlage mit ein.

Zur Straße präsentiert sich das Haus zurückhaltend

Die Solarwabenfassade ändert ihr Aussehen je nach Sonnenstand

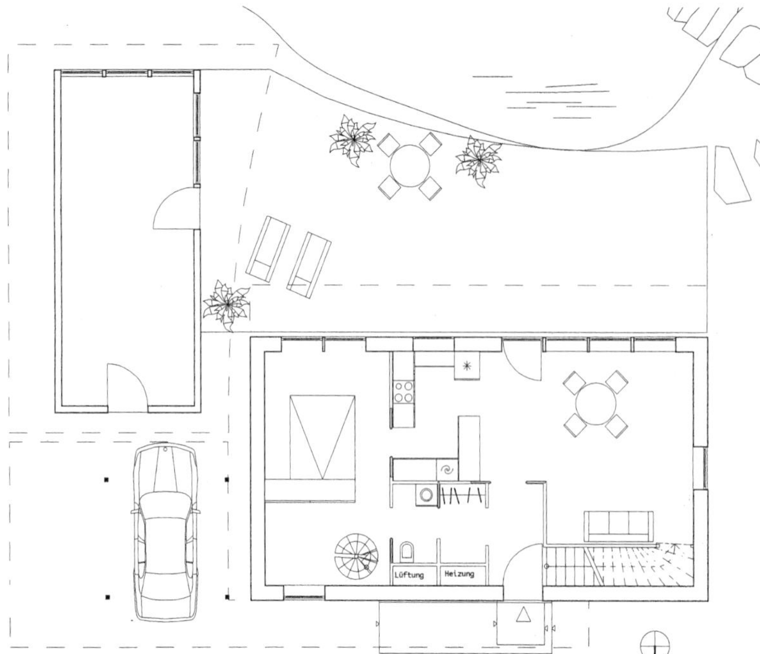

Grundriss Erdgeschoss

Nach außen hin auffälligster Bestandteil des Energiekonzeptes ist die Solarwabenfassade, die dem Haus sein ungewöhnliches Erscheinungsbild verleiht.

Bei diesem Fassadensystem werden hinter einfachen Glasscheiben Kartonwaben, ähnlich konventioneller Wellpappe, angeordnet. Die erwärmte Luft innerhalb der Kartonwaben wirkt als Luftpolster, das den Wärmefluss von innen nach außen verhindert, so die thermische Stabilität des Gebäudes erhöht.

Konstruktion

In diesem Fall wurden die Außenwände komplett vorgefertig und in einem Stück aufgerichtet. Sie bestehen aus hölzernen Doppel-T-Trägern, zwischen die das Kartonwabensystem montiert wurde. Der restliche Zwischenraum wurde mit Zellulosedämmung ausgefüllt. Dahinter liegen die Traghölzer für die Decken. Der Gesamtaufbau der Wände beträgt 39 cm. Sie erreicht einen U-Wert von 0,13 (statisch) – 0,04 Wm^{2}K, eine Unterschreitung des vorgegebenen Wertes der Bauordnung (0,5 Wm^{2}K) um bis zu 90%.

Durch diese Bauweise konnte die Bauzeit erheblich reduziert werden, die Wände und das Dach wurden innerhalb von acht Tagen aufgerichtet und wetterfest gemacht. Darüber hinaus erreicht diese Konstruktion eine hohe Winddichtigkeit, ein wichtiges Kriterium für den Passivhaus-Standard.
Im Inneren sind Wände und Decken mit Lehm verputzt, naturbelassen, oder mit Kaseinnaturfarben gestrichen. Die verwendeten natürlichen Materialien erzeugen in Verbindung mit der wenig Schwankung unterworfenen Temperatur ein ausgeglichenes Raumklima.

In die Südfassade integrierte Sonnenkollektoren unterstützen die Brauchwassererwärmung.

Trotz der erhöhten Kosten bei Fassade und Lüftungsanlage konnte durch die erzielten Einsparungen das Haus Pree zu den Kosten eines durchschnittlichen Einfamilienhauses gebaut werden.

Grundriss Obergeschoss

Durch die Ausrichtung des Hauses fällt das Licht bis tief ins Innere der Räume

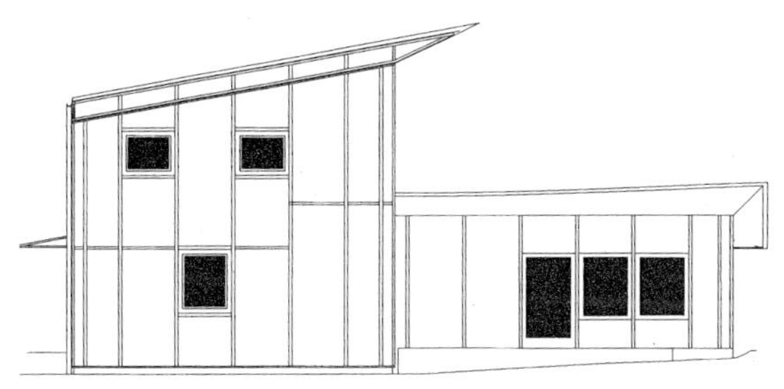

Ansicht West

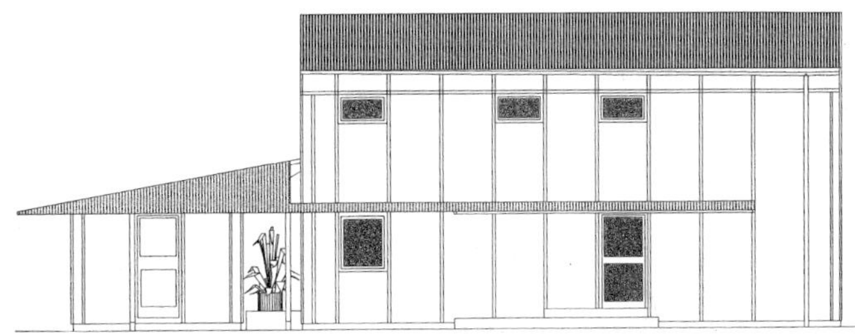

Ansicht Nord

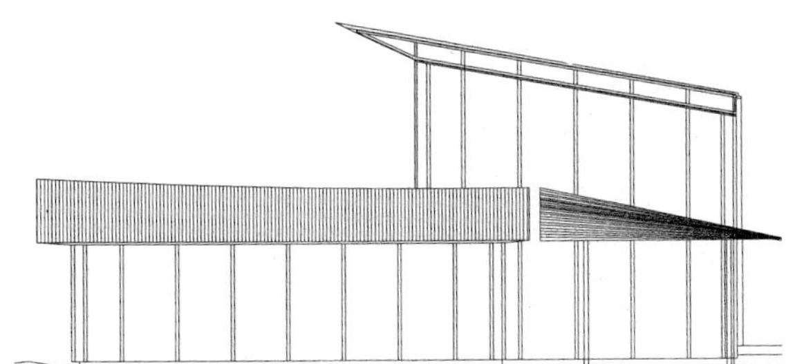

Ansicht Ost

Ansicht Süd

Die Wände wurden in einem Stück aufgerichtet

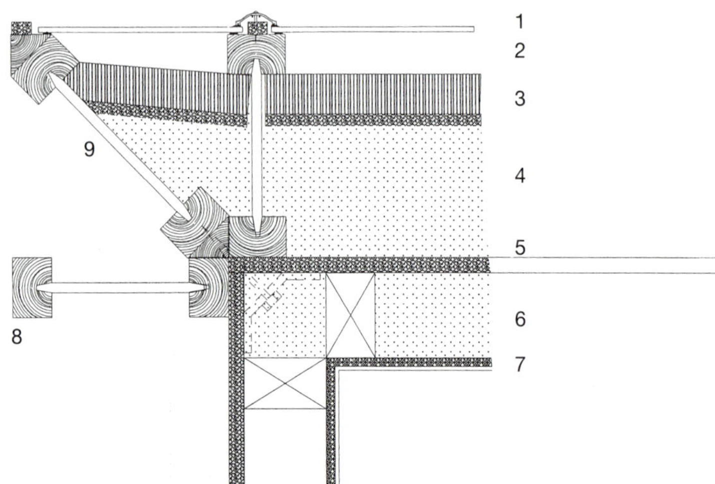

Eckdetail

1 Einscheibensicherheitsglas 6 mm
2 Luftspalt 47 mm
3 Kartonwabe aufkaschiert auf 14 mm OSB 64 mm
4 Zellulosedämmstoff eingeblasen 150 mm
5 OSB 18 mm
6 Zellulosedämmstoff eingeblasen 100 mm
7 Fermazell 10 mm Lehmfeinputz 3 mm
8 Masonite I-Träger 260 mm
9 Masonite I-Träger 300 mm

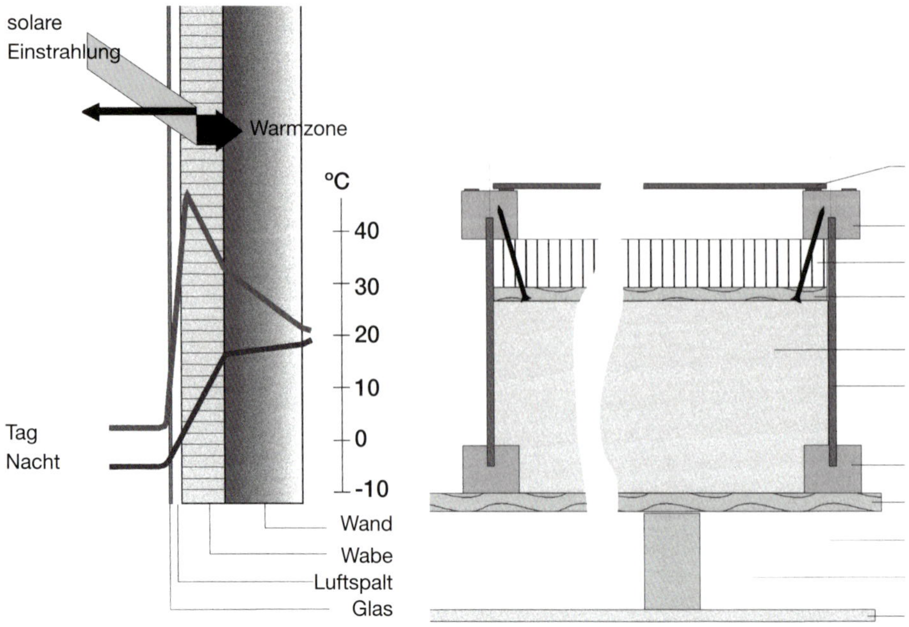

Temperaturdiagramm

Horizontalschnitt Wand

1 Glas 6 mm
2 Gurt/Luftspalt 47 mm
3 Solarwabe 50 mm
4 Wabenrückwand 14 mm
5 Zellulosedämmung 150 mm
6 Steg 9 mm
7 Gurt
8 OSB-Platte 18 mm
9 Deckenauflager 10 x 6 cm
10 Vorsatzdämmung 100 mm
11 Zementgeb. Spanpl. 10 mm mit Lehmputz 3 mm

4 Anhang

Architektenverzeichnis

Aarplan
Atelier für Architektur, Verkehrs- und Raumplanung
Tellstraße 20
CH-3014 Bern
Tel. 0041 (0) 31 13 32 51 51

Architekten Linie 4
Dipl.-Ing. Architekten BDA
Martin Bächle, Karin Meid-Bächle
Maria Kollmann, Uwe Schlenker
Seestraße 9
78464 Konstanz
Tel. (0 75 31) 95 50 15

Architekturstudio Bulant & Kamenova
Architektin Dipl.-Ing. Aneta Bulant-Kamenova, Fleischmarkt 16/3/38
A-1010 Wien (W)
Tel. 0043 (0) 175 13 67 00

Architektur und Städtebau
Karin Meyer
Dipl.-Ing. Architektin BDA
Nordring 49
44787 Bochum
Tel. (02 34) 68 61 53

Bauplan Architekturdienste
Dipl.-Ing. Götz Kimmerle
Gereonswall 136
50670 Köln
Tel. (02 21) 56 25 37-0

Dipl.-Ing. Architekt
Ralf Buberti
Vogelsang 16
37170 Uslar
Tel. (0 55 51) 70 81 48

Georg Driendl, Architekt
Mariahilferstraße 9
A-1060 Wien
Tel. 00 43 (0) 1/5 85 18 68

Joachim Eble Architektur
Berliner Ring 47 a
72076 Tübingen
Tel. (0 70 71) 96 94-0

Ernst + Kamb, Ottostraße 9
67657 Kaiserslautern
Tel. (06 31) 36 21 50

Fink + Jocher
Dietrich Fink, Prof. Dipl.-Ing. Architekt
Thomas Jocher,
Prof. Dipl.-Ing. Architekt
Barer Straße 44
80799 München
Tel. (0 89) 28 66 00-0

Wolf Frey Architekt
Eduard-Schmidt-Straße 27
81541 München
Tel. (0 89) 11 33 66

Glas & Raum
Dipl.-Ing. Kemal Gündogan
Amyastraße 92
52066 Aachen
Tel. (02 41) 6 54 94

Hans-Jörg Hatzesberger
Hieblmühle
94081 Fürstenzell
Tel. (0 85 48) 5 20

Michael Hölzenbein Architekten
Josefstraße 10
78166 Donaueschingen
Tel. (07 71) 8 32 90-0

Dipl.-Ing. Architekt
Manfred Huber
Untere Dorfstraße 21 a
85405 Baumgarten
Tel. (0 87 56) 22 08

Kathan-Schranz-Strolz
Colingasse 3
A-6020 Innsbruck
Tel. 00 43 (0) 5 12/56 14 78-0

Dipl.-Ing. Bärbel Knäuper
Architektin AKNW
Bergstraße 219
51519 Odenthal
Tel. (0 21 74) 7 47 59-0

Prof. Karla Kowalski,
Michael Szyszkowitz-Kowalski
Elisabethstraße 52
A-8010 Graz
Tel. 00 43 (0) 3 16/6 85 45 90

Tobias Kröll
Architektur im Spritzenhaus
Rheinbacher Straße 37
53340 Ersdorf
Tel. (0 22 25) 1 81 80

LOG ID
Prof. Dieter Schempp
Sindelfinger Straße 85
72070 Tübingen
Tel. (0 70 71) 94 83-0

Harry Ludszuweit
Dipl.-Ing. Freier Architekt BDA
Auf der Staig 44
78166 Donaueschingen
Tel. (07 71) 16 35 21

Molestina + Kraus
Gruppe MDK Architekten
Wormser Straße 21
50677 Köln
Tel. (02 21) 3 40 74-0

Nickl & Partner Architekten GmbH
Prof. Hans Nickl, Christine Nickl-Weller
Osterwaldstraße 10
80805 München
Tel. (0 89) 36 05 14-0

Oed & Häfele
Freie Architekten BDA
Kelternstraße 9
72070 Tübingen
Tel. (0 70 71) 2 36 56

Oskar Pankratz
Architekt
Vestenthal 24
A-4431 Haidershofen (NÖ)
Tel. 00 43 (0) 74 34/4 23 53

Reinberg, Trebersburg, Raith
Lindengasse 39/10
A-1060 Wien
Tel. 00 43 (0) 1/5 24 82 80

SCHAUDT ARCHITEKTEN BDA
Dipl.-Ing. Helmut Hagmüller
Hafenstraße 10
78462 Konstanz
Tel. (0 75 31) 2 20 02

Schulte Architekten
Dipl.-Ing. Wilhelm Schulte
Gladbacher Straße 17
(Medienpark)
50672 Köln
Tel. (02 21) 94 99 43-11

Axel Tilch, Gisela Drexler
Architekten
Am Steinigen Graben 3
86911 Riederau
Tel. (0 88 07) 72 20

Dipl.-Ing. Bernd Volmerhaus
Architekt AKNW
Schmiedestraße 27
58300 Wetter/Ruhr
Tel. (0 23 35) 7 26 64

Wörner + Partner
Eschersheimer Landstraße 27
60322 Frankfurt
Tel. (0 69) 9 59 10 00

Dipl.-Ing. Architekt Ralf Zander
Badener-Tor-Straße 7
76275 Ettlingen
Tel. (0 72 43) 1 59 60

Service/Adressen

Im Folgenden sind Adressen von Herstellern, Wintergartenbauern, Gutachtern und Informationsstellen zum Thema Wintergarten aufgeführt. Die Auswahl ist redaktionell bedingt.

1. Glashersteller

INTERPANE
Sohnreystraße 21
37697 Lauenförde
Tel. (0 52 73) 8 09-0

ISOLAR GLASBERATUNG GMBH
Postfach 12 69
55478 Kirchberg
Tel. (0 67 63) 5 21 und 5 22
www.wagner-gruppe.de

Pilkington Flachglas
Haydnstraße 19
45884 Gelsenkirchen
Tel. (02 09) 1 68-0

VEGLA
Vereinigte Glaswerke GmbH
Viktoriaallee 3–5
52066 Aachen
Tel. (02 41) 5 16-0

Plexiglas/Makrolon
Röhm GmbH
Chemische Fabrik
Kirschenallee
64293 Darmstadt
Tel. (0 61 51) 18 01
www.roehm.com

2. Verglasungssysteme

BUG-Alutechnik GmbH
Bergstraße 17
88267 Vogt
Tel. (0 75 29) 9 99-0
www.bug.de

Josef Gartner & Co
Werkstätten für Stahl- und Metallkonstruktionen
Postfach 20/40
89421 Gundelfingen
Tel. (0 90 73) 84-0

Hermann Gutmann Werke GmbH
Nürnberger Straße 57–81
91781 Weißenburg
Tel. (0 91 41) 9 92-0

RAICO Bautechnik GmbH
Dorfstraße 1 a
87746 Erkheim
Tel. (0 83 36) 79 66
www.raico.de

SCHÜCO International KG
Karolinenstraße 1–15
33609 Bielefeld
Tel. (05 21) 7 83-0
www.schueco.de

TS-Aluminium-Profilsysteme GmbH & Co KG
Industriestraße 18
26629 Großefehn
Tel. (0 49 43) 91 91-0

3. Lüftungs- und Steuerungstechnik

Lüftomatic GmbH
Postfach 13 63
69193 Schriesheim
(0 62 03) 1 02-1
www.lueftomatic.de

SIEGENIA-FRANK KG
Postfach 10 05 51
57005 Siegen
Tel. (02 71) 39 31-0
www.siegenia.de

SOMFY
Felix-Wankel-Straße 50
72108 Rottenburg
Tel. (0 74 72) 93 00

Nova-air
J. Orbesen Teknik ApS
Esterhöjvej 57
DK-4550 Asnaes
Tel. 00 45 (0) 56 65 17 17
www.nova-air.dk

4. Beschattungen/Markisen

Hüppe Form
26133 Oldenburg
Tel. (04 41) 40 20

Rau arabella
Postfach 13 65
73303 Geislingen/Steige

WAREMA Renkhoff GmbH
Vor-der-Bergstraße 30
97828 Marktheidenfeld
Tel. (0 93 91) 2 00
www.warema.de

5. Dichtprofile

BSP Silikon-Profile GmbH
Hagenauer Straße 51
65203 Wiesbaden
Tel. (06 11) 9 28 42-0

EGO Dichtstoffwerke
GmbH & Co BetriebsKG
Lilienthalstraße 7
82205 Gilching
Tel. (0 81 05) 2 17-0

SIPRO
Silicon-Profil-Produktion GmbH
Zaberenerstraße 25
65091 Wiesbaden
Tel. (06 11) 92 81 30
www.sipro.de

6. Fenster

Holzbau Seufert-Niklaus GmbH
Lindenweg 2
97654 Bastheim
Tel. (0 97 73) 9 18 10
Horizontal- und Vertikal-Schwingfenster aus Holz

7. Wintergartenbauer

Christian Bechtel
Am Hohenroth 26
35614 Asslar
Tel. (0 64 41) 78 13 12
www.wintergarten-bechtel.de

Diefenthaler
Mühlstraße 31
86707 Westendorf
Tel. (0 82 73) 99 78-0
www.diefenthaler.de

Fachverband Holzwintergarten e.V.
Fabrikstraße 3
84048 Mainburg
Tel. (0 87 51) 40 03
Mitgliederliste

Dipl.-Ing. K. Gündogan
Amyastraße 92
52066 Aachen
Tel. (02 41) 6 54 94

Meuvo ÖkoTechnik
Angerbrunnenstraße 10
85356 Freising
Tel. (0 81 61) 8 28 61
www.meuvo.de

8. Sachverständige

Dipl.-Ing. BDB Gerhard Klingelhöfer
Beratender Ingenieur für Bautechnik
Sachverständiger für Bauschäden
Goethestraße 49
35415 Pohlheim
Tel. (0 64 03) 6 24 43

Dipl.-Ing. Rüdiger Knäuper
Öffentlich bestellter Sachverständiger für Schäden an Gebäuden
Bergstraße 219
51519 Odenthal
Tel. (0 21 74) 74 75 90
www.Knaeuper-Bauplanung.de

Sachverständigensozietät Wetzlar
Wolfgang Wahl GmbH
Architekten Ingenieure
Postfach 29 69
35539 Wetzlar
Tel. (0 64 41) 94 25-0

Sachverständigenverzeichnisse der örtlichen Industrie- und Handelskammern

9. Informationsstellen

Arbeitsgemeinschaft der Verbraucherverbände e.V. (AgV)
Heilsbachstraße 20
53123 Bonn
Tel. (02 28) 6 48 90

BINE Bürger Informationszentrum Neue Energietechniken
Mechenstraße 57
53129 Bonn
Tel. (02 28) 23 20 86
www.fizkarlsruhe.de

Energieinstitut Vorarlberg
Stadtstraße 33/ccd
A-6850 Dornbirn
Tel. 00 43 (0) 55 72/31 20 20
www.vol.at/Energieinstitut

i.f.t. Institut für Fenstertechnik e.V.
Postfach 10 04 51
83004 Rosenheim
Tel. (0 80 31) 2 61-0
www.ift-rosenheim.de

Industrieverband Dichtstoffe e.V.
Wahlerstraße 16
40472 Düsseldorf
Tel. (02 11) 90 48 70

Informationsdienst Holz
Arbeitsgemeinschaft Holz e.V.
Rather Straße 49 a
40476 Düsseldorf
Tel. (02 11) 47 81 80
www.argeholz.de

Stichwortverzeichnis

DER STOFF AUS DEM WINTERGARTEN-TRÄUME SIND...

Die Kollektion SYMPROL AVANTGARDE ist speziell für die Licht- und Raumverhältnisse in Wintergärten die perfekte Lösung. Sie vereinigt die Forderungen nach einem gesunden Raumklima mit den höchsten ästhetischen Ansprüchen. Durch harmonisch kombinierbare Design-Kreationen eröffnen sich unbeschränkte Variationsmöglichkeiten zur individuellen Gestaltung nach Ihrem persönlichen Geschmack.

Die hochqualitative Verarbeitung sowie die ausschließliche Verwendung von spinndüsengefärbten Acryl-Markengarnen machen die mit SYMPROL AVANTGARDE von Fröhlich + Wolff ausgestatteten Wintergärten zu Wohlfühl-Oasen für viele Jahre.

Sprechen Sie mit uns über innovative Lösungen für die Wintergartenbeschattung oder wenden Sie sich direkt an den Fachhandel.

FRÖHLICH + WOLFF Textil GmbH
Postfach 31 01 07, 34057 Kassel
Ellenbacher Str. 13, 34123 Kassel
Telefon (05 61) 9 52 29-0
Telefax (05 61) 9 52 29 22
Internet: www.froehlich-wolff.de
e-mail: mail@froehlich-wolff.de

Ein Unternehmen der ***SATTLER*** Gruppe

Abbildungsnachweis

Alle Abbildungen, die nicht gekennzeichnet sind, wurden von den Architekten, den Unternehmen oder den Autoren zur Verfügung gestellt.

Titel: Eckelt Glas, A-Steyr
Titel Einleitung: Schüco, Bielefeld
Titel Fachbeiträge: Kemal Gündogan, Aachen
Titel Projekte: Engelhardt/Sellin, Aschau
Titel Anhang: ESA Michael Palfi, Linz

Fachbeiträge

S. 13	SCHÜCO, Bielefeld
S. 15	BINE, Bonn
S. 16	IBK, Darmstadt
S. 17	SCHÜCO, Bielefeld
S. 19	Christian Bechtel, Asslar
S. 21	Rainer Blunk, Tübingen
S. 23	Christian Bechtel, Asslar, und Kemal Gündogan, Aachen
S. 24	SCHÜCO, Bielefeld
S. 25	Norbert Wansleben, Köln
S. 27	Rainer Blunk, Tübingen, Fa. Lacker, Waldachtal, i.f.t., Rosenheim
S. 28	RAICO, Erkheim
S. 29	i.f.t., Rosenheim
S. 30	SCHÜCO, Bielefeld, und Röhm, Darmstadt
S. 31	IVD e.V., Düsseldorf, i.f.t., Rosenheim
S. 32 und 33	BUG Alutechnik, Vogt und Kemal Gündogan, Aachen
S. 34 und 35	SCHÜCO, Bielefeld
S. 36	Kemal Gündogan, Aachen
S. 39	WAREMA, Marktheidenfeld
S. 40	WAREMA, Marktheidenfeld
S. 46	Rainer Blunk, Tübingen

Projekte

S. 51 - 54	Zwischenraum: Klaus Meuren, Meuvo ÖkoTechnik, Freising
S. 67 - 70	Haus im Grünen: Zooey Braun, artur
S. 71 - 74	Membran: Eckelt Glas, Steyr, und Rupert Steiner, Wien
S. 93 - 96	Sonnenhaus Riederau: J. Fehlhaber, Beton Verlag, Düsseldorf
S. 97 - 100	Siedlungshaus Kaiserslautern: Archiv Gruner + Jahr, Hamburg, Fotograf: v. Bassewitz
S. 101 - 104	Haus Buberti: Engelhardt/Sellin, Aschau
S. 105 - 108	Minimalist: Günther F. Kobiela, Stuttgart
S. 113 - 116	Haus Oertel: Marie Luise Oertel, Odenthal
S. 141 - 144	Seniorenheim Titting: Dieter Leistner, artur, Zeichnungen aus DETAIL, Zeitschrift für Architektur + Baudetail, Heft 6/1992
S. 147 - 150	Mediendruckerei Lahr: Rainer Blunk, Tübingen
S. 151 - 154	Kindertagesstätte Niederrad: Klaus Kinold, München
S. 155 - 158	Ökologischer Wohn- und Gewerbehof „Prisma“: S. J. Gragnato, Stuttgart
S. 165 - 168	Sonnendach: Jürgen Schmidt, Hamburg
S. 169 - 172	Solar Cube: James H. Morris, London
S. 183 - 186	Haus Beyers: Christian Richters, Münster
S. 191 - 194	Solar Shift: James H. Morris, London

14 Josef Hartmann Schreinerei

Am Eichet 2
86633 Neuburg/Donau
Telefon (08431) 4 70 33
Telefax (08431) 31 98

Wintergärten
direkt vom Schreiner.
Besuchen Sie unsere Ausstellung.
Fordern Sie unser kostenloses
Info-Material an.

17 OPTIMA Baufertigteile Erlangen GmbH

Frankenstraße 75
91088 Bubenreuth bei Erlangen
Telefon (09131) 82 62 40
Telefax (09131) 82 62 50
http.//www.OPTIMA-online.de

Wir freuen uns
über Ihre Anfrage!
Übrigens: Wir vertreiben auch Fenster und Haustüren über rund 500 Händler im gesamten Bundesgebiet!

Literaturverzeichnis

Einfamilienhäuser und passive Energiesparmaßnahmen.
Eine experimentelle Untersuchung, BINE Informationsdienst, Bonn 1991

Energiesparhäuser mit hybrider und passiver Sonnenenergienutzung, BINE Informationsdienst, Bonn 1990

Grüne Solararchitektur bei Reihenhäusern – Energiebilanzen und biologische Aspekte, BINE Informationsdienst, Bonn 1991

Eberhard Baust: Praxishandbuch Dichtstoffe, Hrsg. Industrieverband Dichtstoffe e. V. (IVD), Düsseldorf 1996

Dieter Balkow, Klaus von Bock, Heinz W. Krewinkel + Robert Rinkens: Glas am Bau, Stuttgart 1990

Greiner/Weber: Pflanzen für den Wintergarten, München 1993

Edgar Haupt, Anne Wiktorin: Wintergärten – Anspruch und Wirklichkeit, Staufen 1996

IBK-Seminar-Handbuch 240: Glashäuser 2000 – Wintergärten, Glaseingangshallen, Glas-, An- und Einbauten, Darmstadt 1999

Christoph und Maria Köchel: Kübelpflanzen. Der Traum vom Süden, München 1997

LOG ID: Naturerlebnis Wintergarten, Niedernhausen 1993

Holger Reiners: Wohnen im Wintergarten, München 1995

Dieter Schempp, Martin Krampen, Fred Möllring: Solares Bauen Stadtplanung – Bauplanung, Köln 1992

Ulrich Timm: Der Wintergarten – Wohnräume unter Glas, München 2000

AgV der Verbraucherverbände e. V., 53123 Bonn
Verbraucherzentrale: Wintergärten, Wohnqualität durch Sonnenenergie, Bonn 1994

Peter Weissenfeld: Holzschutz ohne Gift? Holzschutz und Oberflächenschutz in der Praxis, Staufen 1994